나는 내성적인 영업자입니다

느리지만 결정적으로 고객의 마음을 여는 사람들의 비밀

나는 내성적인 영업자입니다

신동민 지음

시그니처
SIGNATURE

가치 있고 존중받는 사람이 되려면

나는 영업이라는 직종으로 사회에 첫발을 내디뎠고, 그 경험을 바탕으로 기업의 최고경영자가 되었다. 고객의 문 앞에서 '저 문을 열까 말까' 수없이 망설이던 영업 초년병 시절부터 다국적 기업에서 전 세계 영업 조직을 진두지휘하기까지 수많은 영업인을 만나왔다. 그러는 동안 사라지지 않는 질문이 하나 있었다. 이 질문은 시간이 지날수록 점점 강렬하게 심장에 각인되었다. 분명히 머리가 아니라 심장이었다.

영업이란 무엇일까? 영업은 인간이 살아가는 동안 행하는 활동의 기본적인 것들 모두를 포함한다. 인간의 삶에서 떼려야 뗄 수 없는 생존, 욕망, 수요, 소비, 관계 등 어느 것 하나 영업과 관련이 없는 것이 없다. 우리는 인생을 살아가면서 끊임없이 무언가를 사고판다. 생존 자체를 위해서, 혹은 어떤 보이지 않는 욕망에 의해서 구체적인 형체가 있는 물품들과 보이지는 않지만 그럴만하다고 여겨지는 가치들을 사기도 하고 팔기도 한다.

단순히 돈을 받고 파는 것만 영업이 아니다. 화폐가 생기기 훨씬 이전부터 영업 행위는 존재했으므로, 그리고 인류의 마지막까지 어떤 형태로든 영업은 존재할 것이므로 오히려 영업과 연관 지어 생각할 수 있는 것은 돈이라기보다 인간 자체이다. 물론 거래의 대금으로 돈을 주고받은 시기가 있었다. 그러나 긴 인류사를 놓고 보았을 때 그것은 얼마 안 되는 기간이었고, 그 기간에도 실제로 거래되는 것은 진실과 신뢰라고 하는 인간의 마음이었다. 그것의 가치를 보다 정확하게 주장하기 위해 관철시켰고 측정하기 위해 경청하고 설득했다.

나는 영업을 가장 훌륭한 예술 행위라고 생각한다. 사람에게 감동을 줄 수 있다는 점에서 그렇고, 매 순간 사람과 사람이 마주쳐야 한다는 점에서 더욱 그렇다. 혼자 하는 영업은 존재할 수 없는 것이다. 그러나 예전부터 우리나라에서는 영업이라고 하면 으레 낮게 평가해온 것도 사실이다. 솔직히 말하면 아직도 영업 직종을 권하면 고개를 절레절레 흔드는 이들이 많다. 직장인들에게 영업직으로 옮길 것을 권하면 마치 좌천된 듯한 반응을 보인다.

4차 산업혁명 시대 가장 전망 있는 직업은?

그러나 확신을 갖고 말할 수 있다. 최고가 되려면 반드시 영업을 알아야 한다. 어느 조직에서든 혹은 독립을 해서든 영업을 알지 못하고는 일의 본질에 접근하기 어렵다.

이 책을 쓰면서 영업자(者)라는 호칭에 대해 많은 고민을 하였다. 영업하는 사람을 어떻게 불러야 할까? 영업인, 영업사원, 영업맨, 세일즈맨 그리고 최근 유행하는 영업프로, 새롭게 영업사(士) 등 수많은 단어가 떠올랐다. 사(士)와 같은 호칭은 왠지 무슨 자격을 가진 사람이라는 사족 같은 느낌이 들었다. 세일즈맨, 영업프로 등은 화장을 짙게 한 느낌이다. 업의 본질에 더 가깝게 다가가는 호칭은 자(者)가 들어간 영업자(營業者)라는 결론을 내렸다. 기자(記者), 성직자(聖職者), 과학자(科學者), 기술자(技術者) 등 모두 업의 본질에 충실하고, 한길을 묵묵히 걷는 직업들이다. 그런 면에서 영업자(營業者)가 직업의 본질에 가장 가깝다는 생각이 든다.

그러나 막상 현장에서 일하고 있는 영업 담당자 본인들은 자칫 영업자라는 말이 불편하게 들릴지도 모른다. 만약 영업자라고 불리는 것이 어색하고 불편하다면 영업과 자신의 역할에 대해서 한번 더 생각해보길 바란다. 영업은 껍질을 벗고 본질에 다가갈 때 완성되는 것이다. 진정한 본질은 화려한 수식을 붙이지 않아도 드러날 수밖에 없는 그런 성질의 것이다.

최근에 가장 핫한 화두는 4차 산업혁명이라고들 한다. 4차 산업혁명 시대를 맞아 그동안 각광받던 많은 직업들이 기술의 발달로 사라질 것이라는 전망도 많다. 전문직조차도 기계와 인공지능 컴퓨터가 대신할 것이라는 비관적인 전망이 우세하다. 그럼에도 영업은 미래 유망직종으로 당당히 이름을 올리고 있다. 사람과 사람이 상호작용을 하는 영업이 인공지능으로 대체되는 것은 모든 직업군 중에서 가장 마지막이 될 것이다. 영업은 인류가 멸망하지 않는 한 건재할 것이다. 이것이 바로 내가 대학에서 젊은 학생들에게 미래 진로를 이야기할 때 자신 있게 영업직을 권하는 이유이다. 새로운 시대에 가장 전망 있는 직업은 단연코 영업이다. 이제는 스스로 당당하게 영업자라고 이야기해도 되는 세상이 되었다.

당신이 가진 무기는 무엇입니까?

내성적 vs 외향적, 이성적 vs 감성적, 진보적 vs 보수적, 부자 vs 가난한 사람 등. 세상은 많은 것들을 둘로 나누어 본다. 이런 이분법적인 생각은 편견으로 가득 찬 세상을 만들어 낸다. 내성적인 사람은 영업을 하기 어렵다는 편견도 일반화되어 있다. 우리는 왜 내성적인 사람은 영업에 잘 어울리지 않는다고 생각하는 걸까?

첫 직장에 입사를 하고 영업을 하겠다고 했을 때, 소심하고 내성적으로 보이는데 영업을 할 수 있겠냐는 질문을 받았다. 그런 질문을 받고 스스로도 '낯 가리고 내성적인 성격인 내가 과연 영업으로 성공할 수 있을까' 하는 의문을 가졌다. 세월이 많이 흘렀지만 지금도 영업직원을 인터뷰할 때는 똑같은 질문들이 오고 간다. 과연 영업은 외향적이고 활달하고, 사교적인 사람들만 잘 하는 것일까?

그러나 실제 영업현장에서는 내성적인 영업자들이 탁월한 성과를 만든다. 천성은 내성적이지만 환경에 적응하기 위해 외향적인 성향으로 자신을 훈련시킨 영업자도 있다. 대단히 많은 수가 그렇다. 겉보기에는 외향적이고 활달한 영업자 같지만, 그들의 내면은 그렇지 않다. 내성적이다. 겉으로 드러나는 성격은 훈련을 통해 감출 수 있을지 몰라도 내면의 근본 성향과 기질은 바뀌지 않는다. 외향적인 기질이 영업에 유리하다는 세간의 속설 때문에 피나는 노력을 한 것이다. 그러나 나는 그런 사람들을 볼 때 아쉬운 마음이 먼저 든다. 그런 열정과 노력으로 타고난 자신의 본성을 아끼고 제대로 갈고닦았다면 훨씬 훌륭한 성과를 낼 수 있었을 것이다.

영업에 있어서 내성적인 성향은 결코 약점이 아니라고 나는 주장한다. 나 역시 내성적인 성격의 소유자로서 영업 현장을 두루 경험했다. 실제로 영업 일선에서 그들의 타고난 성향은 위대한 성과를 창조해왔다는 사실이 내 주장의 근거를 뒷받침한다.

우리는 새로운 시대에 살고 있다. 세상은 변했고, 지금도 엄청난 속도로 변하고 있다. 발바닥에 땀이 나도록 뛰어다니던 옛날 방식의 영업이 아니라, 지식과 전략으로 무장한 첨단의 전문 영업 시대이다. 구시대의 고정관념을 떨쳐버릴 때가 되었다. 이제는 내성적인 영업자가 더 각광받는 시대가 본격적으로 열렸다.

- 마음으로 경청하고 고객을 이해하는 영업자
- 탁월한 기획력을 가진 전략적인 영업자
- 창의적인 방법을 찾아 항상 공부하는 영업자
- 진솔한 태도를 보이는 영업자
- 인연의 끈을 이어가는 영업자

내성적인 사람들이 가진 이런 장점들을 극대화하면서 영업에 임한다면 반드시 좋은 성과가 있을 것이다. 나는 그렇게 믿는다. 이 책을 통해서 내성적인 영업자들이 자기 안에 숨겨진 보석을 찾기를 바란다. 그 보석은 영업 현장에서 광채를 내며 남다른 성과로 이어질 것이다. 내가 이 책에서 한 일은 사실 아무것도 없다. 단하나 세상이 잘못 판단하고 있던 인식의 한계를 지적해서 바로 잡고 싶었다. 이 책이 내성적인 성향의 영업자들이 본인이 가지고 있는 장점을 돌아보는 계기로 활용된다면 나는 그것으로 무척 행복할 것이다.

영업으로 잔뼈가 굵은 사람이다 보니 이런 당부 또한 빼놓을 수 없겠다. 내성적인 영업자뿐만 아니라, 외향적인 영업자들까지 함께 활용할 수 있는 영업/마케팅의 기본 법칙들을 실전 사례를 들어 설명했다. 이 책이 영업 현장에서 느끼는 영업자들의 크고 작은 고민들에 대한 작은 팁으로라도 쓰인다면 또한 영광일 것 같다. 정말 전에는 다음 두 가지를 모르고 살았다. 하나는 영업이라는 직업의 필연성이고, 다른 하나는 내성적인 성격의 소유자들이 가지고 있는 직업인으로서의 가능성이었다. 그렇다고 이 책이 두 마리 토끼를 다 잡았다고 자만하는 것이 아니다. 오히려 부족하나마 나와 같은 길을 가고 있는 이들의 앞길에 조금의 도움이 되길 바란다. 이 땅의 모든 영업자들이 조직에서 그리고 자신의 인생에서 가치 있고 존중받는 사람이 되기를 기대한다.

2018년 새날을 기다리며
세상의 모든 영업자들을 응원하는 신동민

3장 나 는 내 성 적 인 영 업 자 입 니 다

4장 고 객 의 마 음 을 여 는 1 5 단 계

5장 12가지 Q&A로 배우는 영업 실행의 기술 · 271

나는 어떤 성향의 사람일까?

- 나는 많은 수의 친구보다 소수의 친한 친구들과 있는 것이 편하다.　그렇다 **아니다**

- 나는 외부에서 다른 사람들과 어울리는 것보다
  혼자 조용히 쉬는 것이 좋다.　그렇다 **아니다**

- 나는 고민이 생기면 조용히 혼자서 생각을 하는 편이다.　그렇다 **아니다**

- 나는 어떤 상황이 생겼을 때 일단 조심스럽고
  세밀하게 판단한 뒤 결정을 내리는 편이다.　그렇다 **아니다**

- 나는 문제를 창의적인 방법으로 해결하려고 노력한다.　그렇다 **아니다**

- 나는 다른 사람의 말을 집중해서 잘 들어주는 편이다.　그렇다 **아니다**

- 나는 말을 할 때 되도록 신중하게 생각한 뒤
  정확하게 의미를 전달하려고 한다.　그렇다 **아니다**

- 나는 모든 일에 철저히 준비하는 편이다.　그렇다 **아니다**

- 나는 다른 사람의 간섭 없이 독립적으로 일하는 것이 편하다.　그렇다 **아니다**

- 나는 일을 할 때 조용한 곳에서 집중하는 것이 더 능률적이다.　그렇다 **아니다**

- 나는 모든 일이 계획대로 진행될 때 마음이 편하다.　그렇다 **아니다**

- 나는 시끄럽고 화려한 불빛이 있는 곳이 불편하다.　그렇다 **아니다**

• 나는 사람이 많은 곳에 가면 불편하다.　　　　　　　　그렇다 **아니다**

• 나는 모임에 가면 조용히 있을 수 있는 구석자리가 편하다.　　그렇다 **아니다**

• 나는 외출 후 돌아오면 몹시 피곤함을 느낀다.　　　　　　그렇다 **아니다**

• 나는 위험을 감수하면서 결정을 하는 것이 부담스럽다.　　그렇다 **아니다**

• 나는 처음 만나는 사람과 이야기하는 것이 편하지 않다.　　그렇다 **아니다**

• 나는 주말에 약속이 없어도 전혀 지루하지 않다.　　　　그렇다 **아니다**

• 나는 혼자 쇼핑하는 것이 더 편하다.　　　　　　　　　그렇다 **아니다**

• 나는 주기적으로 나 혼자만의 시간과 공간이 필요하다.　　그렇다 **아니다**

위의 질문 중에서▶

그렇다가 5개 이하이면 당신은 외향적인 사람이다. 대부분의 상황에서도 외향적으로 행동하고 주변사람들도 당신을 외향적으로 평가한다.

그렇다가 5~10개라면 당신은 상황에 따라 외향적 성격과 내향적 성격이 혼재되어 나타나는 사람이다. 대부분 보통 사람들은 상황에 따라서 다르게 반응한다. 가정에서의 모습과 직장에서의 모습이 다른 것이 대표적이다.

그렇다가 15개 이상이라면 당신은 전형적인 내성적인 사람이다.

본 체크리스트는 여러 심리학 분석방법들을 토대로 내성적인 사람들의 특징을 발췌 정리한 것이다. 이미 분석된 과학적인 질문을 이해하기 쉽게 일반화한 질문이다. 가령 MBTI Myers-Briggs Type Indicator 나 Insight 같은 기법에서 내성적인가 외향적인가를 판별하는 공통적인 질문들을 실제 일상생활과 연결해서 쉽게 판단할 수 있도록 만들었다.

영업은 기획력이 중요하다. 그리고 생각을 하면서 움직여야 결과를 기대할 수 있다.
영업은 몸이 하는 일이 아니라 머리가 하는 일이다. 몸이 근질근질해서 무작정
움직이고 싶더라도 일단 참고 대상을 관찰하라. 그것의 내용을 아주 뿌리 깊게 파악하라.
그렇게 한다면 기획적 마인드라고 하는 것의 토대는 만들어진 셈이다.
기획적 마인드가 몸에 조금씩 자리 잡게 되면 그것은 엄청난 장점으로 작용할 것이다.

1장

발바닥에
땀나도록
뛰지 마라

이 문을
열 것인가?
말 것인가?

　　　　　영업을 하는 사람이라면 반드시 해야 할 것이
있다. 바로 고객을 방문하는 일이다. 그런데 이게 말처럼 쉬운 일
이 아니다. 더구나 처음 영업을 시작하는 사람들에게는 심각한 병
이 하나 있게 마련인데, 고객의 문 앞에 서면 도통 스스로가 컨트
롤되지 않는다는 사실이다. 고객이 호의적이지 않은 사람이라면?
그의 사무실 문 앞에 다가섰을 때 이 병은 더욱 심각해진다. 문고
리를 잡고 이 문을 '열 것인가 말 것인가' 몇 번이고 망설이게 된
다. 아예 내 앞에 있는 것이 문이 아니라 그냥 벽이었으면 좋겠다
는 생각을 하기도 한다. 그러나 아무리 봐도 이건 벽이 아니라 문
이다. 나는 이 문을 열고 들어가야 한다. 영업을 하는 사람이라면
그 어느 누구도 피할 수 없는 현실이다. 경력이 쌓인 영업사원들

중에도 이런 고민에서 벗어나지 못하는 사람이 꽤 있다는 사실에서 보더라도 이건 정말 심각한 문제 중의 문제다. 호된 신고식이라고 할 수 있지만 영업직을 선택한 사람들이 가장 극복하기 힘든 과정 중의 하나다. 그러나 이 문을 열고 들어간다 하더라도 내 앞에는 산더미 같은 것들이 쌓여 있다.

모든 일에는 시작점이 있다
....

오래전 현장에서 영업할 때의 경험을 잊을 수가 없다. 대형병원에 의료장비 영업을 하던 시절이었는데, 꼭 팔아야 하는 새로 출시된 장비가 있었다. 나는 이것을 꼭 팔아야 한다고 나 자신에게 최면을 걸었다. 그런데 하필 가장 구매 가능성이 높은 병원의 원장님이 산부인과 전문의였다. 일단 당당하게 병원문을 열고 들어갔지만 이상하게 원장님 진료실 앞에만 서면 가슴이 두근거렸다. 양복 차림의 젊은 남자가 산부인과 진료 대기실에서 하염없이 기다리는 모습을 상상해 보시라. 가뜩이나 산부인과 진료실 앞에서 기다리고 있는 웬 남자 때문에 다른 여자 환자들이 불편해한다는 소리를 여러 번 들은 터였다. 익히 알고 있는 바로 그 단단한 나무 재질의 의자였건만 병원 복도를 왔다 갔다 하는 환자들 틈에 섞여 있노라면 그 딱딱한 의자에서 바늘이 솟는 것 같았다. 앉아있다기 보다는 가시방석에 엉덩이를 걸치고 있다는 표현이 더 정확할 것이다. 대기 환자가 줄어들어 잠시라도 틈이 생기면 벌떡 일어서서 문 앞으로 다가갔다. 이 문을 두드리고 들어가야 하는데, 마음보다 몸이 먼저 반응을 했다. 우선 문을 두드리기 전부터 가슴이 두근거렸다. 망설이고 망설이다 겨우 용기를 내서 노크를 했다.

그다음은 어떻게 되었을까. 문을 열고 인사를 하자마자 "만날 필요 없다니까!" 당장 나가라는 고함소리가 들렸다. 몸은 얼어붙었고 앞이 캄캄해졌다. 그렇다고 그냥 돌아설 수도 없는 노릇 아닌가. 그분은 이미 우리 회사에 대한 이미지가 좋지 않았던지라 나의 방문이 반가울 리 없었을 것이다. 당연한 반응이었지만 입장이 정말 난감했다. 그래도 용기를 내야 했다. 여기까지 와서 그리고 기다린 시간이 얼만데. 5분만 시간을 내주시면 안 될까요. 들어간 것도 나온 것도 아닌 엉거주춤한 자세로 진료실 문 앞에서 아예 사정을 해 보았다. 그러나 분위기는 냉담하기만 했다. 무작정 기다리다가 어떤 날은 포기하고 돌아오기도 하고, 어떤 날은 막무가내로 버텨보기도 했다. 한동안 그렇게 시간이 흘렀다. 진료실 밖으로 나오는 원장님과 잠깐 마주칠 때도 있었으나 차가운 시선만 돌아왔다. 더 이상의 진전은 없었다. 돌파구를 찾지 못한 채 그저 초조한 시간만 흐르고 있었다.

그러던 어느 날이었다. 평소 병원에서 친하게 지내던 관계자로부터 전화가 왔다. 원장님이 모친상(喪)을 당했으니 조화라도 보내라는 내용이었다. 이미 퇴근한 시간이었는데 전화까지 주다니, 그의 조언에 감사했다. 내일 출근하자마자 조화라도 보내야겠군.

수화기를 내려놓고 잠시 후 문득 이런 생각이 들었다. 모친상이라는데 조화보다는 직접 조문을 가야 하는 것 아닐까. 주소를 보니 꽤나 먼 지방의 시골이었다. 저녁을 먹는 동안 '가보는 게 좋겠다'와 '가도 반길 리가 없을 텐데, 거리도 너무 멀잖아'라는 생각이 수백 번 머릿속을 교차했다. 그 짧은 순간에도 인간은 정말 많은 생각을 한다는 사실에 놀랐다. 내비게이션도 없는 시절이었으므로 지도를 보고 찾아가야 했는데, 찾을 수나 있을까? 하는 생각으로 결정은커녕 머릿속은 더 복잡하게 꼬여갔다. 그러다가 마침내 결정했다. 일단 가보자. 못 찾으면 돌아오면 되지! 저녁을 먹는 둥 마는 둥 검은색 양복을 차려입고 길을 나섰다. 문제는 또 있었다. 몇 시간을 운전해서 근처에는 도착한 것 같았다. 그러나 이미 밤늦은 시각에 지도를 보고 시골집을 찾아간다는 것은 예상외로 너무 어려웠다. 한참을 헤매고 있는데 저쪽 국도변에 작은 근조등(謹弔燈)이 보여 핸들을 꺾어 좁은 시골길로 들어섰다. 그러나 또 이게 어찌 된 일인지 가도 가도 목적지가 보이지 않는 것이다. 한동안 불빛조차 보이지 않는, 칠흑처럼 깜깜한 밤길이 계속 이어졌다. 포기할까. 아니야, 여기까지 왔는데 그래도 인사는 드리고 가야지. 그때의 내 눈이 헤드라이트가 비추는 전방의 가시거리 끝에서 조금도 벗어날 수 없었다면 어쩌면 나의 두뇌는 이 두 가지 생각 말고는 전혀 하지 않았던 것 같다. 말하자면 나머지는 어둠이 전부인 공간에 나와 내가 운전하는 차가 있었을 뿐이다. 얼마나 시간이 지났을까. 저쪽에서 작은 마을의 불빛이 보이기 시작했다.

상갓집이란 곳이 이렇게 반가울 줄이야. 안도감으로 상갓집에 들어섰다. 저기 원장님이 보였다. 그런데 갑자기 병원에서의 이미지 때문이었던 걸까 긴장감으로 바짝 얼어버렸다. 주춤거리고 있는 사이 원장님이 성큼성큼 다가와 내 손을 덥석 잡는 것이었다. 멀리까지 와줘서 고맙다는 말씀이었다. 그렇게 차갑게만 느껴지던 원장님이었는데, 그분의 손이 참 따뜻하다는 느낌이었다. 자정이 훌쩍 넘은 시간이었지만 잘 내려왔다는 생각이 들었다. 조문을 하고 차려준 밥 한 그릇을 먹었다. 밤이 늦었으니 자고 내일 아침에 가라는 말씀이 있었지만 아무래도 밤샘은 무리였다. 아는 사람 한 명 없는 시골 상갓집인 데다가 내일 아침 출근도 문제였기 때문이다. 잠시 후 인사를 드리고 그 길로 집으로 돌아왔다. 도착하고 보니 이미 날이 밝아 있었다.

며칠이 지나서 다시 그 병원의 원장님을 만나러 갔다. 여전히 무뚝뚝했지만, 진료 중이니 진료실 말고 원장실에서 기다려달라고 했다. 젊은 영업사원의 마음을 조금이나마 인정해주신 듯했다. 그 이후에 알게 된 일이지만 그날 그렇게 먼 상갓집으로 조문을 간 사람은 그리 많지 않았다고 한다. 특히 비즈니스 관계에 있었던 사람은 극소수였던 것이다. 그 이후의 일은 순조롭게 진행되었다. 그날 밤, 긴긴 시간 다녀온 상갓집에 관한 경험이 내 평생의 자산이 되었음은 말할 필요도 없다.

문 앞에서 노크를 할까 말까 망설이고, 문을 열까 말까 망설이고, 어떤 일을 할까 말까 망설이는 그 짧은 시간 동안 우리는 엄청나게 많은 생각을 한다. 그러나 결국 두 가지 경우 중 하나를 선택해야 한다. 문을 열 것인가, 말 것인가. 여기에 존재하는 경우의 수는 단 두 가지뿐이지만, 어떤 것이든 선택하고 난 이후의 상황은 그야말로 천양지차가 된다. 당연한 말이지만 노크를 하고, 문을 열어야만 그다음을 기대할 수 있다. 문을 열지 못하면 그다음은 아예 존재조차 하지 않는다. 복권을 사야지만 당첨이라는 행운도 있는 것처럼 문을 열어야만 몇 단계 다음 과정인 계약서의 사인이 있는 것이다. 아직도 고객의 문 앞에서 고민하는가. 열리지 않은 문은 그저 벽에 불과할 뿐이다.

대학에서 강의 할 때 학생들에게도 하는 이야기다. 만약 좋아하는 사람이 있다면 어떻게 해야 할까? 간단하다. 먼저 말을 걸어야 한다. 말을 걸지 못하면 둘 사이의 관계에는 시작점 자체가 없는 것이다. 시작하고 싶다면 말을 걸어라. 그래야 상대방이 어떻게 생각하는지를 알 수 있고 전화번호라도 받아낼 수 있다. 혹시 모르지 않는가? 평소 상대방도 말을 건 사람에게 호감을 느끼고 있었는지. 무엇보다 일단 시작을 해야 한다. 용감한 사람이 미인을 얻는다는 말은 진리다. 용감한 사람이란 자신 앞에 놓인 문을 두드린 사람이고, 또 그 문을 연 사람이다. 하나 더 명심할 점은 두드리고서도 열지 않았다면 그 역시 시작은 없다는 것이다.

이 세상 모든 일에는 반드시 시작점이 있다. 시작을 하지 않으면 과정도 없고 결과도 없다. 살다 보면 할까 말까 깊이 고민하게 만드는 일을 여럿 만나게 된다. 무슨 일이든 결과가 어떻게 될지는 아무도 모른다. 어쩌면 정답을 못 찾을 수도 있다. 그러나 일단 시작을 해야 한다는 것이다. 그래야 과정이든 결과든 존재한다.

영업하는 동안 방문하지 않아서 기회를 잃어버린 경우는 있었어도 방문해서 문제가 된 경우는 없었다. 인생이란 수많은 후회와의 동행이다. '했었어야 했는데…'라는 생각의 표면에는 언제나 후회란 놈이 있다. 그때 하지 않았으므로 해서 지금 현재 자신이 원하지 않는 상황에 처해 있음을 강하게 인식하는 것이다. 누군가는 '먹을까 말까 하는 생각엔 먹지 말고, 할까 말까 하는 생각엔 무조건 하는 것이 답'이라고도 했다. "길이란 이어져 있어 계속 가야만 한다"라고 프로스트는 시 '가지 않은 길'에서 말했다. 직접 걸어가 보지 않은 길은 누구도 모른다. 하루에 얼마나 많은 일을 생각하고 또 그것을 얼마나 실행에 옮기는가? 곰곰이 생각해 볼 필요가 있다. 두드리지 않아서 기회가 없는 것은 아닌지. 우리에겐 "단풍 든 숲 속에 두 갈래 길"이 있다.

때로 전화 한 통이 운명을 바꾼다
······································

지인에게서 들은 이야기다. 외국계 회사의 한국 대표인데, 어느 날 사무실에 전혀 모르는 사람이 찾아왔다고 한다. 모르는 사람이었지만 꼭 만나고 싶다고 해서 잠깐 시간을 내었던 모양이다. 만나고 보니 취업을 원하는 구직자였다. 이력서 한 장을 들고 와서는 꼭 입사하고 싶은데 직원을 채용하는지, 만약 한다면 지금 당장이 아니라도 그 기회는 언제쯤일는지 등을 꼼꼼히 물어보았다고 한다. 대표 입장에 성가신 마음이 들기도 했지만 찾아온 성의를 생각해서 몇 마디 대화를 나눈 후 돌려보냈다는 것이다. 한참의 시간이 지나 직원 채용을 할 상황이 되었는데, 수없이 쌓여있는 이력서 중에 유독 눈에 띄는 한 장이 있었다고 한다. 예전에 찾아왔던 바로 그 구직자의 이력서였다. 당연히 그 구직자는 면접에서 다른 경쟁자들에 비해 더 좋은 인상을 주었고, 결국 그 회사에 취업했다는 것이다.

우연이라고 생각하는가? 다른 많은 사람들이 생각만 하고 있을 때 그는 자신이 원하는 회사를 직접 방문했고, 그 회사 대표의 사무실 문을 두드렸다. 무례하다고 생각할 수도 있지만 그것은 방문의 방법과 방문자의 처신에 따라 얼마든지 달라질 수 있다. 보편적이지 않은 '나만의 방식'을 터무니없는 행동이라 비난하겠는가. 얼마든지 좋은 인상을 남길 수 있다.

스티브 잡스는 12살 때 세계적인 업체 HP의 창업자인 빌 휴렛 사장에게 전화를 걸었다. 그 전화 한 통이 바로 오늘의 애플을 있게 했다는 이야기가 있을 정도니 주목해보도록 하자. 12살 아이였던 스티브 잡스는 HP에 전화를 걸어 자신이 주파수 계수기를 만들고 싶은데 부품을 줄 수 있는지 물었고, 빌 휴렛은 이런 잡스에게 부품뿐만 아니라 여름 동안 HP에서 일할 수 있는 기회를 주었다. 잡스의 이러한 경험은 컴퓨터 전공자가 아닌 자신의 향후

진로에 엄청난 영향을 끼쳤을 것이 분명하다. 오늘의 애플은 이런 작은 일에서 시작되었다. 전화 한 통이 운명을 바꾸었다는 말이 좀 과장되게 들릴지 모르지만 모든 일에는 시작점이 있다는 프레임으로 보면 틀린 말도 아니다. 그럼 좀 반어적으로 들릴 테지만 이런 말은 어떤가. "내가 날리지 않은 슛은 결코 들어가지 않았다". 미국 아이스하키 리그 시즌 최고득점자인 웨인 그레츠키의 말이다.

내성적인 사람들에게 '열 것인가 말 것인가'는 좀 더 심각하게 와 닿는다. 내성적이란 말에서 벌써 이미지가 떠오르지 않는가. 내성적인 사람이 좀 더 망설이고 주저하는 경향이 있는 것은 분명하다. 이렇게 볼 때 내성적인 사람이 영업에 적합하지 않다는 고정관념도 일부는 맞는 말이다. 그렇지만 이런 고민의 순간은 다만 사람마다 가지고 있는 정도의 차이일 뿐, 누구나 고민하는 부분이고 넘겨야 하는 과정이기도 하다. 누구든지 어느 순간이 되면, 열 것인가 말 것인가 하는 고민이 단지 문 앞에서의 한 찰나적 고민임을 깨닫는 시기가 온다. 이런 과정을 넘어서야 단단한 영업인으로 성장하게 된다.

가능한 '고민은 짧게', 그리고 '실행은 즉시' 하라. 이런 습관이 몸에 밴다면 고객의 문 앞에서의 부담은 장벽이 될 수 없다. 만약 지금도 망설이고 있으면 기억하라. "두 잇Do It"이 답이다.

무언가를 자꾸 보면 호감이 생긴다

프랑스 파리의 명소 중의 하나인 에펠탑은 1889년 3월에 프랑스 혁명 100주년에 맞추어 개최된 파리만국박람회를 기념하기 위해 만들어졌다. 에펠탑이라는 명칭은 건축가인 귀스타브 에펠Gustave Eiffel의 이름을 따서 지어졌다. 그런데 파리 시민들은 아름다운 도시 파리의 철골 구조물을 비난했다. 프랑스인의 자존심과도 같은 파리에 높이 320미터나 되는 송전탑처럼 생긴 철탑을 반기는 사람은 없었다. 그래서 당초에는 20년만 유지하다가 철거하기로 했다. 그러나 실제 철거 시점이 되었을 때 파리 시민들은 철거를 반대했다. 자꾸 보면 익숙해진다고 시간이 지난 후 파리사람들은 에펠탑을 파리의 명물로 받아 들였다.

미국의 사회심리학자 로버트 자욘스Robert Zajonc의 실험이다. 5,000명을 대상으로 조사를 해보니 34%가 5블록 이내에 거주하고 있는 사람과 결혼했다고 한다. 자주 볼 수 있는 기회가 있었기 때문이다.
무언가를 자주 보다 보면 호감도가 높아진다. 사람도 마찬가지이다. 자꾸 만나게 되면 익숙해지고 호감이 생긴다. 영업에서도 자주 만나서 익숙해지는 것이 도움이 된다. 처음 보는 영업자보다 자주 만나는 영업자를 익숙하게 여기는 것은 당연하다. 지속적인 노출이 주는 긍정적인 효과다.

내성적인 사람이 더 잘하는 이유

　　　　　　　세상에는 많은 편견이 존재한다. 내성적인 사람은 영업직에 적합하지 못하다고 판단하는 것도 그중 하나다. 내성적인 사람은 사교적이지 못하고, 사람과 어울리는 것을 싫어한다고 생각하기 때문이다. 세간에서는 흔히 영업 잘 하는 사람을 떠올릴 때 외향적인 성향에다 누구에게나 스스럼없이 말을 잘 건네는 성격의 소유자라고 생각하는 경향이 있다. 물론 그렇게 생각하는 것에도 일리는 있다. 아무래도 생면부지의 사람에게 쉽게 접근할 수 있다는 점은 누가 보아도 장점일 수 있을 테니까. 그런데 현실에서 영업을 잘하는 사람들을 보면 의외로 조용하고 차분하며 내성적인 사람들이 많다. 그렇다. 여기서 하고 싶은 말은 편견은 편견일 뿐이라는 거다. 단정적으로 말해 우리에게 확실하다고 믿어져 고정관념으로 통용되고 있는 생각과는 다른 것이 현실이다.

요즈음 웬만한 회사에서는 직원을 채용할 때 성격검사, 즉 '직무적합도'라는 검사를 시행한다. 회사별로 다양한 방법을 개발해서 적용한다고 하는데, 잘 알려진 방법 중 하나인 MBTIMyers-Briggs Type Indicator를 통해 성격유형을 추정한다. MBTI는 외향(E)-내향(I), 감각(S)-직관(N), 사고(T)-감정(F), 판단(J)-인식(P)이라는 양극을 이루는 네 가지 차원에 의해 사람의 성격을 16가지 유형으로 분류한다. 이 중에서 영업직을 선발할 때는 외향E-내향의 유형을 집중적으로 보기도 하는데, 주목해야 할 점은 어느 누구도 극도의 외향이나 극도의 내향을 가지고 있지는 않다는 것이다. 이 세상에 하나의 일방적인 성격만을 가지고 태어난 사람은 없다. 인간이란 존재는 양쪽의 성격과 기질을 모두 갖추고 있지만, 어느 쪽 유형으로 보다 기울었는가로 판단할 수밖에 없는 것이다. 때문에 단순히 검사 결과에만 의존한다면 그 사람의 성향을 판단함에 있어 상당한 오류를 범할 가능성이 있다. 사실이 이렇다면 외향적이라고 표현되는 사람이 영업을 잘 할 것이라는 것은 단지 편견에 불과하다는 생각에 동의할 것이다. 세상에는 완전하게 외형적인 성격도 존재하지 않을뿐더러 순수한 의미로서의 내성적인 성향의 인격도 존재하지 않기 때문이다.

어릴 때부터 우리는 외향적인 사람이 그렇지 않은 사람에 비해 훨씬 좋은 평가를 받는 것을 많이 보아왔다. 어린아이 때부터 말 잘하고, 노래 잘 하고, 친구 잘 사귀는 사람을 선호하도록 교육받았던 것이다. 부모들부터 외향적이고 활달하게 성장하도록 훈육을 받았으며, 학교에 들어가서도 이러한 상황은 변하지 않았다. 있는 듯 없는 듯 조용히 지내는 아이보다는 활발하고 적극적인 아이들이 선생님이나 주변 동료 학생들로부터 환영을 받았다. 이런 평가와 판단의 기준이 어디에 있는지도 모르면서 요즘도 부모들은 발표력에 도움이 될까 해서 아이들을 스피치학원에 보내기도 하고, 심지어는 사회성을 키운다는 명분으로 캠프 같은 데도 참여시킨다. 그러나 자신의 아이는 유독 변하지 않는 것 같다. 이런 부모들은 자신의 아이를 바라볼 때마다 어쩐지 못마땅하다. 다시 다른 방법이 없을까 찾게 된다. 이건 내성적인 성격의 소유자 본인도 마찬가지다. 내성적인 사람이라면 누구나 할 것 없이 어릴 때부터 은근히 외향적인 아이들을 부러워했다. 나는 왜 저렇게 안될까. 나도 저 아이처럼 적극적으로 행동하고 싶은데. 마음과 달리 실제로는 그렇게 할 수 없는 답답함 때문에 주눅이 들기도 여러 번이었다. 그저 말없이 부러워할 뿐이었다. 여기서 짚고 넘어가자. 사람의 성격은 타고나는 것이다. 그것은 변하는 성질의 것이 아니다.

신경학적 측면으로 보았을 때 외향적인 사람의 뇌는 외부 자극을 에너지로 움직이지만, 내성적인 사람의 뇌는 내부적으로 에너지를 생산한다고 한다. 그래서 내성적인 사람은 다른 사람들과 교류할 때 소모하는 에너지가 많다. 사람이 많은 곳에 갔을 때 내성적인 사람은 기운이 빠지는 반면 외향적인 사람은 활기차게 되는 이유가 여기 있다. 심리학자인 카를 융은 내성적인 사람은 에너지가 내부로 흐르고, 외향적인 사람은 에너지가 외부로 흐른다고 했다. 외향적인 사람의 뇌는 더 많은 자극을 통해 에너지를 얻는다. 즉 사람을 만나고 외부 활동을 하면서 에너지를 얻기 때문에 왁자지껄한 파티에서 이곳저곳 끼어들며 본인의 이야기를 하기도 하고 그런 장소의 분위기를 만끽한다. 외향적인 사람은 이런 분위기에서 살아 있음을 느끼지만, 내향적인 사람은 이런 곳에 가면 두통에 시달리며 안절부절못하게 되는 것이다.

이렇게 볼 때 내향적인 사람이라고 하면 통상 사람 만나는 것 자체를 싫어하는 은둔형이라는 이미지를 연상할 것이다. 그러나 분명히 알아야 할 점은 그들은 상대적으로 소수의 사람과 사교하려는 것이며 시끄럽고 혼란스러운 상황을 싫어하는 것일 뿐, 내향적인 사람이라고 해서 사람을 싫어하는 것은 아니란 사실이다.

세상이 원하는 영업자의 자질

그렇다면 어떤 스타일이 영업에 유리할까? 그것은 시대와 업종에 따라 다를 것이다. 백 년 전의 보부상은 당연히 외향적인 사람이 유리했다. 열심히 돌아다니면서 시끄럽게 손님을 끌어 모아야 했고, 물건에 대해 목청 높여 설명을 해야만 했었다. 그리 오래되진 않았지만 5일장이 열리던 장터에서의 약장수는 어떤가. 목이 터져라 손님을 끌어 모아서 재미있는 말재주로 모인 손님들을 울리고 웃겨야 했다. 하지만 지금 우리가 살고 있는 시대는 전혀 그렇지 않다.

현대의 고객들은 편안한 느낌을 주면서 동시에 그 분야의 전문가인 사람을 원한다. 물건을 사러 갈 때 우리가 기대하는 것이 무엇인지를 생각해 보자. 나의 취향과 요구사항을 정확히 알아차려서 제대로 된 선택을 돕는, 제품과 서비스에 관한 전문적인 지식을 겸비한 사람을 원하는 것 아닌가. 지금은 오히려 조용하고 전문적이며 내성적인 성향의 사람이 유리한 시대이다. 현대의 영업은 수많은 고객을 동시에 상대할 필요가 없어졌다. 이러한 환경에서라면 내성적인 유형의 사람이 엄청난 장점을 발휘할 수 있다.

다음은 현대 사회가 원하는 8가지 영업자의 자질이다.

첫째, 일단 듣는다

말 잘하는 영업자보다 듣기 잘하는 영업자를 요구하는 시대다. 예전처럼 북 치고 장구 치며 떠들어대는 영업자의 말을 들어줄 고객은 많지 않다. 그들의 신기에 가깝던 달변은 어느덧 오래전 이야기가 되었다. 물론 아직도 옛날의 방식으로 영업을 하는 곳이 있기는 하다. 대형마트 판촉 행위에 동원된 영업자들은 여전히 상품 판매를 위해 목이 찢어져라 외쳐대며 호객행위를 하는 전통적인 방식을 고수한다. 그러나 이런 방식은 일부의 경우를 제외한 대부분의 영업에서는 이제는 찾아볼 수도 없는 추억 속의 진풍경이 되었다.

먼저 고객의 요구Needs를 파악하기 위해 고객의 목소리에 차분히 귀 기울이도록 하자. 현대인들은 누구나 자기를 알아주는 사람과 소통하려는 욕구를 가지고 있으며, 다른 사람이 권하는 물건보다 본인이 원하고 본인에게 필요한 것을 사려고 한다. 이런 상황에서는 잘 들어주는 영업자가 환영을 받는다. 구매의욕을 느낀 고객에게 신뢰를 줄 수 있기 때문이다. 타인의 목소리에 성심껏 귀를 기울여주는 사람. 내성적인 사람들은 대부분 이런 성격의 소유자이다. 내성적인 성격의 영업자가 성공하는 세상이라고 감히 단언해도 될까. 하나밖에 없는 입보다 두 개나 되는 귀를 잘 활용하자. 그러면 곧 성공으로 가는 길 위에 서 있게 될 것이다.

둘째, 상대를 관찰해서 무엇을 원하는지 읽어낸다

내성적인 사람들에게는 기본적으로 이런 특징이 있다. 주로 상대의 이야기를 들어주는 쪽이기 때문에 상대를 섬세하게 관찰할 수 있는 능력이 있으며, 그로 인해 상대가 무엇을 원하는지 읽어내려는 태도가 자연스럽게 갖추어져 있다. 상대를 관찰하는 능력과 태도는 사실 영업에 있어서 대단히 중요하다. 섬세한 관찰은 상대의 생각을 이해하고 나아가 그가 무엇을 원하는지를 파악할 수 있게 한다. 가령 자동차 전시장에 들어갔다고 하자. 내가 고객이라면 어떤 것을 원할까. 두 가지 경우가 있다. 하나는 전시장을 천천히 돌아보며 알고 싶은 것을 충분히 물어볼 수 있는 분위기이다. 물론 그런 분위기를 유지하면서 필요한 시점이라고 생각될 때 그것을 차근차근 설명해준다. 다른 하나는 내 의도와는 상관없이 나를 이리저리 데리고 다니며 자동차의 좋은 점이라고 생각되는, 영업자 자신이 알고 있는 모든 것을 아주 유창하게 떠들어댄다. 대부분의 고객은 침착한 분위기를 원한다. 집 다음으로 가장 비싼 물건을 구매하러 온 것인데, 시장바닥처럼 어수선한 분위기를 원하는 사람이 어디 있겠는가.

자 이제부터가 중요하다. 그렇다면 이런 상황에서 영업자는 고객의 관심이 어디에 있는지 어떻게 알아낼 수 있을까? 설명하는 도중 메모를 한다거나 고개를 끄덕인다면, 바로 그 부분에 고객이 관심을 가지고 있음을 재빠르게 알아차려야 한다. 고객의 반응 하나하나를 주의 깊게 관찰하고, 고객이 제스처를 취할 때마다 대응하라. 이렇게 하면 고객은 자연스럽게 대화에 몰입하게 된다. 누구든지 말하지 않더라도 내가 원하는 것을 신속히 알아차려서 필요하다고 생각되는 정보를 정확히 제공해주는 사람을 가장 신뢰한다. 내성적인 사람은 그들의 특성상 이런 게 가능하다. 고객의 마음을 읽는데 더 적합하다고 할까. 더구나 상대방이 내성적인 고객이라면 더 말할 것도 없다.

셋째, 적은 투구 수로 승률을 높인다
내성적인 영업자는 효율적이다. 많은 수의 고객을 상대하기보다는 핵심 고객만을 상대할 줄 안다. 고효율이다. 영업에 있어서 승률은 중요하다. 승률이 바로 결과이기 때문이다. 마운드에 올라선 투수가 있다. 그가 고민하는 것이 무엇일까. 상대팀을 이기고 싶다는 욕망이 전부일까. 가장 적은 투구 수로 상대를 제압해야만 다승을 이룰 수 있다는 것을 이미 그들은 안다. 그러므로 투수는 강속구와 변화구 등을 던질 때 신중하게 계산하고 또 계산한다. 한 경기 안에서 던지는 구질만이 그들의 승부처가 아니다. 시즌은 길다. 젊은 시절 스타덤에 올랐다가 사라진 선수들이 얼마나 많은가. 영업도 이와 마찬가지이다. 적은 투구 수로 승리를 거두는 투수가 선수 생명도 오래간다. 고객들은 천방지축으로 뛰어다니는 영업자보다는 정확한 목표에 집중하는 스타일을 더 원한다.

넷째, 내가 하고 싶은 말보다 고객에게 집중한다

외향적인 영업자들은 대부분 말을 많이 한다. 제품에 대한 지식이 조금이라도 있다면, 더구나 그것이 전문적인 지식에 속한다면 그들의 입을 통해 나오는 말은 더욱 많아진다. 그를 마주하고 있는 고객은 이렇게 생각한다. '영업자가 왜 본인이 하고 싶은 말만 늘어놓는 거지.' 이렇게 말을 하다 보면 결국 고객에게 집중할 수가 없다. 냉정하게 말하자. 이때 영업자는 본인에게 집중하고 있는 것이지 고객에게 집중한 것이 아니다. 대부분 외향적인 사람들의 단점이란 이런 것이다. 상대를 보고 이야기하지만 정작 내용을 들여다보면 자기 이야기를 하고 있거나, 사교적인 것 같지만 상대의 입장에서 보자면 본인 지향적이다.

내성적인 사람은 고객에게 집중할 줄 안다. 예민한 성격이라서 고객을 유심히 관찰할 수 있으며 자신을 드러내기보다 공감하는 능력을 가지고 있다. 때로 마초 같은 남성에게 빠져들기도 하지만 대부분 여성은 자신을 마음 깊이 이해해주고 세심하게 배려해주는 남성에게 호감을 느끼지 않던가. 고객과 영업자의 관계를 이와 다르게 보아선 안 된다. 나를 알아주는 사람에게 끌리는 것은 인간의 본성이다.

다섯째, 끊임없는 학습을 통해 구매 포인트를 만들어낸다

내성적인 사람은 기본적으로 공부하는 스타일이 많다. '덕후'(일본어 오타쿠(御宅)를 한국식으로 발음한 '오덕후'의 줄임말)라고 불리는 부류도 보통 내성적인 성격의 소유자들이다. 자신의 관심 분야를 끈질기게 파고드는 이런 성격은 대상을 연구하는데 있어 깊은 통찰력이라는 남다른 능력으로 자리 잡을 것이며 그것은 결국 기획력으로 연결된다. 호모 아카데미쿠스Homo Academicus라고 했던가. 사실 '배우고 공부하는'이라는 수식어가 특히 직장인이라는 단어 앞에 놓인 지는 상당히 오래되었다. 현대 사회에서 직업을 가지고 활동하는 모든 사람들에겐 반드시 필요한 조건이다.

고객들은 정작 본인이 무엇을 원하고 있는지조차 모를 때가 많다. 대부분 사람은 구매 당사자의 입장에 놓였을 때 주로 그냥 성능 좋은 것, 그냥 가격이 싼 것 등으로 자신의 니즈Needs를 추상적으로 표현하는 경우가 허다하다. 적어도 영업자라면 이런 고객들에게서도 표면적으로 노출되지 않은 잠재된 요구를 끌어낼 줄 알아야 한다. 이때가 바로 신중한 분석과 판단이 필요한 시점이다. 본인이 무얼 원하는지조차 모르던 것을 영업사원으로부터 듣게 될 때, 자신도 모르는 잠재된 요구를 영업사원이 일깨워줄 때 어떤 변화가 일어난다. 고객 자신이 그것을 인정하기만 한다면 흔쾌히 구매로 이어질 수 있는 것이다. 분석과 판단은 그래서 중요하다. 그렇지만 아무런 준비도 없는 상태에서 정확한 분석이 이루어질 수 없으며 합리적인 판단은 더욱 만무하다. 고객들이 알아주지 않는다고 불평 말고 평소에도 늘 배우고 공부하자. 호모 아카데미쿠스가 되자. 이제 이건 선택이 아니라 필수다.

여섯째, 어떤 경우라도 신뢰를 먼저 생각한다

주로 조용한 사람들이 진솔하다는 평가를 받는다. 이 말은 반대로 말이 많은 사람은 진솔해 보이지 않는다는 의미도 된다. 그의 이야기가 아무리 재미있더라도 진솔하다는 이미지를 심어주기엔 무리가 있다.

〈천일야화〉라는 것이 있다. 익히 알려진 바대로 1001일 밤 동안 세헤라자데가 샤리아 왕에게 들려준 이야기를 말한다. 여기엔 '신밧드의 모험'이라든가 '알라딘'이라는 것들이 포함되어 있는데, 이 〈천일야화〉는 죽음으로부터 벗어나려는 세헤라자데의 지혜가 담겨있다. 왕비의 부정에 충격을 받은 샤리아 왕은 모든 여성에게 증오심을 느낀 나머지 매일 밤 처녀와 잠자리를 하고 날이 밝으면 그녀를 죽였다고 한다. 마침내 세헤라자데의 차례가 되었다. 세헤라자데는 죽음에서 벗어나기 위해 매일 밤마다 왕에게 흥미로운 이야기를 들려주었다. 그녀의 이야기를 듣는데 매료된 왕은 천일 동안이나 그녀를 죽이지 않았고, 결국 여성에 대한 증오심을 거둘 수 있었다. 이후 샤리아 왕과 세헤라자데는 행복하게 평생을 함께 했다. 분명 이야기의 힘이 만들어 낸 기적이다.

그런데 그건 문제의 핵심이 아니라고 본다. 〈천일야화〉에서 읽어내야 할 것이 있다면, 이야기의 힘이 만들어낸 기적이라기보다 인간의 신뢰에 대한 강렬한 메시지이다. 샤리아 왕은 왕비의 부정으로 모든 여성에 대한 신뢰를 잃었다. 신뢰를 잃은 아내에 대한 복수는 모든 여성에 대한 살인으로 이어졌다. 그 어떤 여성도 자신이 죽어야 하는 이유를 모른 채 형장으로 끌려갔다. 그렇지만 세헤라자데는 그것을 알았다. 무엇이 문제였는지. 어떻게 해야 자신과 함께 모든 여성이 살아날 수 있는지. 문제는 신뢰였다. 그녀는 천일 하고도 하룻밤 동안 샤리아 왕과의 신뢰를 쌓았고 신뢰를 확인한 왕은 그녀를 살려주었다.

다시 본론으로 돌아가자. 구매과정에 있어서 상대에 대한 신뢰는 무엇보다도 중요하다. 신뢰는 최종 구매로 가는 과정의 중요한 관문이다. 신뢰감이 형성되지 않으면 고객은 결정을 하지 않고 대안을 끊임없이 생각하게 된다. 이때 고객의 머릿속에 떠오르는 대안들이란 자신을 상대하는 영업자를 무용지물로 만들기 일쑤다.

더 이상은 어떻게도 해볼 수 없는 상태. 이것을 영업의 죽음, 곧 영업의 종말이라고 표현해도 되겠다. 너무 나간 비약이라고 생각하는가. 그렇다면 자신의 경험을 떠올려보라. 신뢰를 잃은 고객의 태도가 어떻게 변했었는지.

일곱째, 고객의 요구가 무엇인지 궁금해한다

고객의 상황을 잘 살펴서 정확한 요구를 찾아줄 수 있어야 한다고 했다. 그런데 이 요구라는 것은 동전의 양면과 같다.

영업과 관련된 유명한 이야기가 있다. 신발을 판매하는 영업사원 두 명이 아프리카를 방문했다. 예상대로 신발을 신고 있는 사람이 아무도 없었다. 한 사람은 아무도 신발을 신은 사람이 없으니 신발을 살 사람도 없을 것 같다며 돌아갔다. 다른 영업사원은 아무도 신발을 신은 사람이 없으니 시장이 매우 넓다고 생각하고 어떻게 하면 이들에게 도움이 될 수 있을까 고민했다. 신발을 신지 않고 생활하는 아프리카인들을 잠재고객으로 보기 시작한 것이다. 신발을 신으면 좀 더 빨리 달릴 수 있고 더 빨리 달리면 사냥도 더 잘할 수 있다고 그들에게 설명했다. 더구나 야생에서 생활하는 이들에게 신발은 부상을 방지할 수 있는 제품이기도 하다. 후자의 영업사원 생각에 신발은 이들에게 반드시 필요한 물건이었다. 신발을 팔았을지 못 팔았을지는 각자의 생각에 맡긴다.

물론 알고 있는 이야기일 수 있다. 그렇지만 대단하지 않은가. 상황은 동일했다. 두 사람은 같은 곳을 방문했고, 정확하게 같은 목적을 가지고 있었다. 그러나 고객의 요구가 무엇인지를 고민한 사람은 후자였고, 그는 결국 자신의 목적을 이루었다. 창의적이란 말을 너무 멀리 있는 것으로 느끼지 말자. 조금만 시각을 달리 한다면 다른 결과가 만들어진다. 우리는 결코 은하계 저쪽을 탐험할 우주선을 만들려는 것이 아니다. 물론 이런 엄청난 우주선을 개발하는 것도 아주 단순한 것에서 출발한다. 과거나 현재나 고객의 잠재 수요를 개발하는 것은 영업자의 중요한 자질 중 하나다. 그리고 여기엔 체념하지 않는 창의적 노력이 필수다. 땅에 동전이 떨어져 있다. 그것의 뒷면을 볼 수 있는 눈은 누구에게나 있다.

여덟째, 남다른 배려심이 있다

사회생활을 하다 보면 상대방에 대한 배려심이 남달리 깊은 사람을 만날 수 있다. 식당에서 고객과 초밥을 먹고 있다. 카운터 너머에 있는 셰프는 테이블 위의 초밥이 줄어드는 속도를 유심히 관찰하며 새로운 초밥을 만들어 하나하나 놓아준다. 식사 중이던 일행은 어느 정도 배가 불러오자 초밥을 먹는 속도가 줄어든다. 술잔에 손이 자주 가게 된다. 셰프는 고객의 의사를 아주 간단히 물어보고, 초밥 대신 안줏거리인 횟감을 놓기 시작한다. 이런 정도로 고객을 배려할 줄 아는 곳이라면 최고급 식당으로 인정해줄 수 있다. 배려랍시고 불쑥 고객의 대화에 끼어들거나 고객에게 농담을 건네는 경우도 종종 있다. 솔직히 말해서 이건 배려라고 할 수도 서비스라고 할 수도 없다. 식사를 하러 온 고객일수록 자신만의 공간과 시간을 필요로 한다. 여기에 갑작스럽게 생긴 외부로부터의 지나친 관심과 개입은 심리적 부담을 줄 수밖에 없다. 큰소리로 농담을 건네 고객을 즐겁게 해주는 것이 서비스라고 생각하는가. 고객의 식사 도중 뜬금없이 끼어들어 쓸데없이 말참견하는 것보다 이와 같은 세심한 배려가 고객에게 만족감을 준다. 조용하고 차분한 사람들은 이런 배려심이 남다르다.

내성적인 사람은 본인이 가진 자질과 능력을 극대화할 필요가 있다. 앞서 언급했듯 대부분 내성적인 사람은 적극적이며 활동적인 기질에 대해서 은근히 부러워한다. 어쩌면 본인도 그렇게 되고 싶어서 남모르는 시간을 할애하고 있었을지 모른다. 요즘 직장인들 사이에는 회식자리를 위해 댄스학원이나 가요학원 같은 데를 이용한다는 이야기도 많이 나오는데, 이런 게 정말 당사자의 인생 전체로 보았을 때 얼마나 유익할지는 의문이다. 다른 사람에게 아무리 좋은 것이 있더라도 그것을 나의 것으로 만드는 데는 한계가 있다. 남의 것을 배우느니 차라리 나의 것을 발전시키는 게 쉽고 안정적인 법. 내가 가진 보석을 갈고 다듬어 사용하는 편이 자연스럽고 효과 면에서도 낫지 않을까.

좋은 영업자의 자질?

1. 재미있고, 매력적이고, 누구나 즐겁게 해주는 사람

2. 아주 인상 깊은 지식이나 특별한 기술을 가진 것 같은 사람

3. 아주 사교적이고 누구와도 즐겁게 대화할 수 있는 사람

4. 강한 전염성을 가질 만큼 확신을 가진 사람

5. 좋은 평판을 소중하게 생각하고, 간절히 바라는 사람

6. 돈과 소유물을 통해서 지위와 명예를 소중히 여기는 사람

7. 감정과 진심을 흉내 내고 연기할 줄 아는 사람

8. 결과에 상관없이 본인의 일이 모두에게 이익이 된다고 철저히 믿는 사람

위의 8가지 특징을 보면 어떤 사람이 떠오르는가? 좋은 영업자의 자질을 갖춘 사람이라고 생각되는가? 위의 특징은 미국에서 발행된 잡지에서 사기꾼의 전형적인 모습으로 발표된 내용이다.

발로 하는 사람 vs 머리로 하는 사람

　　　　　　　　　영업에 대한 고정관념은 엄청나게 많다. 이런 고정관념에 관한 내용을 일일이 열거하자면 책으로 쓴다고 해도 한 권으로는 부족할 것이다. 그중에서 가장 많이 회자되는 이야기 하나는 '구두 굽이 닳는 만큼 실적이 나온다'는 것이다. 많은 사람들이 고개를 끄덕일지 모르겠다. 옛날에는 그랬다. 요즘에도 이렇게 영업하는 사람이 있다면 비효율적인 직원이라는 평판을 얻기 딱 좋다. 그는 영업을 하는 것이 아니라 그저 돈과 시간을 낭비하고 있는 것이다.

　지금처럼 교통과 통신이 발달하기 전에는 얻을 수 있는 정보가 제한적이었다. 그래서 열심히 뛰어다니는 영업사원들이 보다 빠르고 많은 정보를 얻을 수 있었다. 이렇게 얻은 정보가 실제 영업에서 엄청난 도움이 되었던 것도 사실이다. 더구나 한 번 본 사람보다는 자주 본 사람이 익숙해지기 마련이니, 인간의 심리적 차원을 고려한다면 열심히 그리고 자주 고객을 대하는 사람이 영업을 할 때 유리한 것은 당연했다.

그런데 세상이 변했다. '지금은 정보화 시대Information Age'라는 말이 나온 지가 벌써 언제인가. 교통과 통신의 발달은 정보 수급에 있어 엄청난 기회를 제공하고 있다. 훨씬 쉬우면서 효과적인 정보가 지천으로 널려 있는 게 요즘 세상이다. 직접 보고 들어야만 알 수 있었던 수많은 정보들을 이제는 손바닥 안에서 취합할 수 있다. 생각해 보면 웃음 밖에 안 나오지만 전엔 고객의 출신학교, 고향, 취미 같은 개인적인 정보를 지인들을 찾아 물어물어 확인했다. 요즘 같아선 스마트폰으로 단번에 끝낼 수 있는 일인데도 말이다.

세상이 엄청나게 빠른 속도로 돌아가는 것을 실감한다. 예전엔 고객과 커피 한잔 마시면서 이런저런 이야기를 나누던 여유가 있었는데, 지금은 그런 여유를 찾기 힘들다. 세상이 발달할수록 여유는 점점 더 사라진다니 아이러니하기도 하다. 본인에게 필요한 핵심적인 논의가 끝나면 휑하니 회의실을 나가버리기 일쑤다. 어떤 회사는 아예 방문객을 위한 회의실에 타이머가 돌아가고 있어서, 정해진 시간이 되면 회의가 중단되어버리고 만다. 물질적으로 풍요로워진 건 사실이지만 그에 맞추어 더 바쁜 세상이 되었다.

누구에게 집중할 것인가

....

회사에서 영업 관련 회의를 하다 보면 정말 열심히 뛰는 것 같은데 실적이 잘 나오지 않는 직원들이 있다. 어떤 경우는 조금만 신경 써서 진행 상황을 들여다보면 답이 보인다. 소위 돈이 안 되는 고객들만 열심히 쫓아다니고 있었던 것이다. 그들이 열성적으로 쫓아다니는 고객 리스트에는 잠재 매출액이 상대적으로 적은 고객 투성이다. 무작정 많이 만난다고 좋은 게 아니다.

잠재고객이 누군지 제대로 파악하고, 예산이 얼마인지, 누가 최종 결정을 할 것인지 등등 영업 관련 중요사항에 대한 정보를 철저히 파악해야 한다. 그저 나에게 잘해주니까 편하게 언제든지 만날 수 있으니까 시간과 노력을 투자하는 것은 결국 결과를 내고 싶지 않다는 이야기다. 영업은 사교활동이 아니지 않은가.

영업자에게만 국한된 것이 아니다. 각 회사들도 당사에서 집중할 고객을 파악하는데 전력을 다한다. 엄청난 비용을 들여서 데이터를 분석하고 테스트를 한다. 투자 대비 이익을 극대화하기 위해서는 고객 선정이 첫 단추가 될 수 있으므로, 마케팅에서도 가장 우선적인 것이 고객 선정이다. 고전적이어도 S.T.P(Segmentation: 시장 세분화, Targeting: 목표 설정, Promotion: 홍보, 촉진)가 현대에까지 설득력을 발휘하고 있다는 것은 어쩌면 당연한 일이다. 총은 정확히 과녁을 향해 쏘아야 한다. 아무리 열심히 쏘아도 그곳이 과녁이 아니라면 의미가 없다.

시중 모 백화점의 경우이다. 상위 1% VIP 고객이 매출의 25%를 차지한다고 한다. 이런 고객들은 일 년에 1억 원 이상을 쓴다. 연간 10억 원 이상을 구매하는 최상위 VVIP 고객들도 있다. 이런 VIP들을 위해서 백화점은 상상 초월의 서비스를 제공한다. 발렛 주차 같은 것은 기본이고, 고급스러운 디너파티와 1:1 전담으로 쇼핑을 도와주는 '퍼스널 쇼퍼 서비스' 등이 이들을 위해 운영된다. 일 년에 100만 원씩 쓰는 고객 100명을 관리할 것인가? 1억 원씩 쓰는 고객 한 명에 최선을 다할 것인가? 물론 100명에게 홍보할 비용을 한 명에게 몰아서 지원할 것인지에 대해서는 신중한 결정이 필요하다. 그런데 현실은 이렇다. 최근에는 대부분 업체가 상위 5% 고객에게 집중한다. 투자 대비 이익ROI: Return on Investment이 좋기 때문이다.

신용카드 업계도 마찬가지이다. 소수의 프리미엄 카드를 운영하고 있다. 이들이 집중하는 고객은 연회비만 최고 250만 원까지 기꺼이 지불하는 큰 손들이다. 프리미엄뿐만 아니라 VIP라고 불리는 '월 천 고객', 매월 천만 원 이상을 카드로 결제하는 고객들도 많다. 이런 고객들을 잡기 위해 마케팅 역량을 집중한다. 왜 이런 고객에게 집중할까? 한 명의 카드 소지자가 월 1,000만 원을 쓰면 월 30만 원을 쓰는 고객 30명을 관리하는 것보다 수익이 더 높다. 심지어 연회비를 250만 원 내는 사람과 연간 250만 원을 소비하는 사람 중에 누구에게 투자할 것인가는 물어볼 필요조차 없다.

혹시 열심히만 하고 있지 않은가

외향적인 사람들은 에너지가 넘치고 활동량도 많아 고객을 열심히 찾아다닌다. 그중에는 잠재 고객의 우선순위를 생각하지 않고 그저 열심히 달리는 사람도 많다. 심지어 돌아다니며 사람 만나는 것 자체를 즐기는 게 아닌가 하는 생각이 드는 영업자들도 있다. 그냥 열심히만 하는 것이다. 전체 고객의 20%가 80%의 매출을 가져다준다는 파레토 법칙Pareto's Law을 명심하자.

열심히 하는데 결과가 잘 나오지 않는 영업자는 회사 입장에서는 상당히 곤란하다. 영업자 본인의 에너지 소모도 엄청나겠지만, 회사 측에서 보면 상당한 영업비용이 들기 때문이다. 움직이는 것이 돈인 세상이다. 단순히 교통비만 해도 만만치 않은 비용이 든다. 매출은 적은데 비용이 많이 든다면 이건 좀 생각해 볼 문제이지 않을까.

반면 평소에 조용한 영업자를 보자. 이들은 좀 다르다. 천성적으로 여러 사람을 만나는 것이 부담스러워서 그런지 소수에 집중하려고 노력한다. 두둔하려는 게 아니라, 그들은 상위층의 소수 잠재고객에 집중함으로써 오히려 전체 매출액을 늘리기까지 한다. 성격 탓이겠지만 그들은 고객 정리에 꼼꼼하며, 시간을 집중적으로 사용한다. 단순 계산으로야 많은 고객을 확보하는 것이 유리할 것 같아 보이지만, 누구에게나 시간적 제약은 있는 것이므로 결국 한계에 부딪치고 만다.

고객의 숫자에 목숨 걸지 말고 투자할만한 대상을 찾아 그들에 집중하도록 하자. 고객 파악에 꼼꼼하게 신경 쓰며 시간을 낭비하지 않는 영업자들에게 늘 좋은 결과가 따랐다. 좋은 결과를 원하는가. 여기저기 에너지를 분산시키지 말고 먼저 차분해지도록 하라. 주변에 내성적으로 보이는 사람이 무언가 골똘히 기획하는 모습이 보인다면 그들이 어떻게 하는지를 유심히 관찰하라. 거기엔 무언가 있다.

영업은 기획력이 중요하다. 그리고 생각을 하면서 움직여야 결과를 기대할 수 있다. 영업은 몸이 하는 일이 아니라 머리가 하는 일이다. 몸이 근질근질해서 무작정 움직이고 싶더라도 일단 참고 대상을 관찰하라. 그것의 내용을 아주 뿌리 깊게 파악하라. 그렇게 한다면 기획적 마인드라고 하는 것의 토대는 만들어진 셈이다. 기획적 마인드가 몸에 조금씩 자리 잡게 되면 그것은 엄청난 장점으로 작용할 것이다.

움직이기 전에 생각하는 습관은 실제 영업 현장에서는 필수적인 요소이다. 한 번 더 깊이 생각한 후 실행에 옮기자. 다시 한번 말하지만, 필요한 것은 관리하고 있는 고객의 숫자가 아니라 집중해야 하는 고객에 대한 통찰이다.

지갑을 여는 고객에게 집중하라

사회학자이자 경제학자인 빌프레도 파레토 Vilfredo Federico Damaso Pareto 는 19세기 영국의 부와 소득 유형을 연구해서, 전체 인구의 20%가 전체 부의 80%를 차지한다는 결과를 발표했다. 이런 20:80의 법칙은 부의 불평등을 연구하는 데서 출발했지만, 모든 일이 균등하게 분배되지 않는다는 의미로 광범위한 영역에서 사용되고 있다.

경제생활에서 파레토의 법칙을 보면 20%의 소비자가 전체 매출의 80%를 차지한다고 볼 수 있다. 많은 고객 군이 있어도 실제 수익을 가져다주는 고객은 20%의 상위 고객이다. 그래서 항공, 백화점, 카드회사 등이 VVIP 마케팅을 대대적으로 펼친다. 실제 어느 백화점의 경우를 보면 상위 1%가 25%의 매출을 가져다주고, 20%의 고객이 80%의 매출을 기록했다.

영업을 하는데도 파레토의 법칙이 유효하다. 내 고객 중에서 누가 나에게 수익을 가져다주는가 확인해야 한다. 상위 20% 고객이 견고한 수익을 가져다줄 것이다. 20%는 두 가지 기준으로 파악해보면 쉽다. 먼저 일정기간 동안 매출액 상위 20%를 보는 방법으로 전통적인 접근법이 있고, 구매가능성을 질문과 설문을 통해 숫자로 파악하여 상위 20%를 자세히 들여다보면 된다. 구매가능성은 예산, 시기, 필요성 등 적절한 요소로 파악해보면 된다. 영업은 선택과 집중이다. 지갑을 여는 고객에게 집중하는 것이 수익을 올리는 방법이다.

나는 나의 방법을 쓰기로 했다

영업이라는 것이 무엇인지도 모른 채 사회생활의 첫발을 디뎠다. 답답하고 막막한 마음에 영업에 관련된 책이라면 닥치는 대로 읽었다. 읽으면 읽을수록 책에는 좋은 말들이 많았다. 그러던 중 문득 그렇게 좋은 내용들이 나와는 맞지 않는다는 느낌이 들었다. 그렇지만 책에서 읽은 내용을 숙지하고 있다가 현실에서 부딪쳐 보는 것 말고는 다른 대안이 없었다. 이렇게도 해보고 저렇게도 해보았다. 열심히 하다 보니 조금씩 나아진 부분도 있는 것 같았다. 그런데 왠지 남의 옷을 입은 것처럼 어색한 건 어쩔 수 없었다. 이 일을 평생 할 수 있을까. 잠을 뒤척인 밤이 하루 이틀이 아니었다.

고객을 만나러 갔지만, 낯가림이 심한 나는 쉽게 말을 건넬 수가 없었다. 도대체 무슨 말을 해야 할지를 몰랐다. "안녕하세요? 저는 어느 회사 누구입니다."라고 인사하고 나면 그다음은 어떤 말로 상대를 리드해야 하는지, 어떤 상황을 만들어야 고객을 편안한 분위기로 유도할 수 있는지 너무나 막막했다. 눈만 멀뚱멀뚱하고 있었고, 아주 짧은 침묵이 한없이 길게 느껴졌다. 책에서 배운 대로 아이스 브레이킹Ice Breaking을 시도해보았다. 날씨 이야기도 해보고 취미 이야기도 해보았지만, 여전히 생각처럼 대화가 잘 풀리지 않았다. 얼마나 어리숙하고 우스꽝스러운 모습이었겠는가. 나는 영업에 적합한 사람이 아니야. 시간이 지날수록 이런 생각에 더 파묻혔다.

사실 난 어릴 때부터 내성적이었다. 동네 아이들과 모여서 놀기보다는 조용히 있는 것이 좋았으며, 혼자서 책 읽고 장난감 조립할 때가 더 편했다. 학교에서도 마찬가지였다. 없어지더라도 전혀 알아차리지 못할 아주 조용한 학생이었다. 고등학교 시절 수학여행을 갔을 때 일이다. 어쩌다 그렇게 되었는지 도무지 이유가 떠오르지 않지만, 아무튼 수학여행 저녁 행사에서 사회를 맡게 되었다. 보통은 오락부장 같은 친구들이 하는 역할이었는데 얼떨결에 생각하지도 못했던 임무가 주어진 것이다. 가뜩이나 남녀공학인데다가, 그것도 전교생이 모인 광장에 천하가 다 아는 소심한 성격이 마이크를 잡고 선 것이다. 지금 생각해도 식은땀이 다 난다. 그때나 지금이나 무슨 말을 했는지 전혀 기억이 없다. 어쩌면 기억에 없는 편이 더 나은 건지도 모르겠다.

대학 4년 내내 친하게 지낸 과 동기 하나 없었다. 대학 생활이라고는 하지만 남들이 생각하는 낭만이라고는 찾아볼 수 없었다. 주로 도서관에서 소설이나 에세이를 읽으면서 시간을 보냈다. 심지어 80년대 학번의 필수 놀이라고 할 수 있던 당구마저 칠 줄 몰랐으니 어련하겠는가. 당구장이나 생맥주집으로 우르르 몰려다니는 일이 나에겐 상당히 불편한 일이었다. 이런 성격의 소유자가 겁도 없이 영업을 하겠다고 덤볐으니, 얼떨결에 시작한 영업의 길은 험난하기 그지없었다.

자네는 왜 영업을 하나?
· ·

평소처럼 영업을 하러 병원을 방문해 고객 면담을 기다리고 있었다. 항상 만나는 경쟁사의 직원과 간단히 인사를 했다. 항상 유쾌하고 활발한 사람이었다. 혼자서 한참이나 업계 돌아가는 이야기와 본인의 경험을 영웅담처럼 신나게 떠들어 댔다. 고객이 진료실 문을 열고 나오자 그 경쟁사 직원은 대뜸 먼저 인사를 하더니 스스럼없이 이야기를 하면서 유쾌하게 사라졌다. 이런 과정을 겪으면서 많은 생각을 하게 되었다. 어떻게 하면 영업을 잘할 수 있을까? 다른 사람처럼 재미있게 말하는 능력도 없고, 그렇다고 논리적으로 말을 잘하는 것도 아니다. 어떻게 하면 되는 걸까? 고민에 고민을 거듭했지만 쉽게 답을 찾을 수가 없었다. 영업 말고 다른 일을 해야 하는 건가 하는 생각이 들기도 했다. 단지 한번 시작한 일을 포기하기엔 자존심이 너무 상해서 근근이 버티고 있었다.

한 번은 대형장비 관련 계약 건이 있어서 해당 병원 병원장과 면담을 하게 되었다. 나이로 보면 아버지뻘이었고, 직책에 어울리게 근엄하게 생긴 분이었다. 이런 분과 마주하고 있으니 미리 준비해두었던 말이 있었지만 잘 될 리가 없었다. 한마디로 버벅거리고 있었다. 계약 조건에 대해서 대화를 하던 중 문득 그분이 나에게 물었다. "자네는 왜 영업을 하나?" 마땅한 대답을 찾을 수가 없었다. 나 스스로 생각해도 분명한 정체성이 없었던 것이다. 대답을 못 찾아 머뭇거리고 있는데, 그분이 이런 말씀을 하셨다. "자네는 진지하고 순수하게 보여서 남을 속이지는 않을 것 같네. 그래서 이번 계약을 하는 거야." 계약을 해서 들뜬 상태였지만 그분의 말씀은 정말 많은 생각을 하게 만들었다. 나는 어떤 영업사원이지? 왜 이 일을 하고 있는 걸까? 이 일을 언제까지 할 수 있을까? 이런 생각이 끊임없이 머릿속에서 맴돌았다.

당시 영업하는 사람들 중에는 솔직하지 않은 사람도 많았다. 고객이 조금만 여지를 보이면 갖가지 얕은 술책이나 감언이설로 유리한 조건을 만드는 방식이 통용되었다. 말 잘하고, 잘 놀고, 술 잘 먹는 사람들이 영업하는 사람들의 세상이었다. 나는 그들과는 다른 사람이었고 그럴 재주도 없었다.

나는 어떤 영업사원일까? 나만의 스타일로 영업을 하고자 마음을 먹었다. 사람은 백 명이면 백 명이 전부 다르다. 각자의 스타일이 있다. 다른 사람이 되려고 노력을 한다고 해도 결국은 그렇게 되지도 못할뿐더러, 남의 옷이 좋아 보여서 억지로 내 몸에 껴입는다 해도 남의 옷이지 나의 옷은 아닌 것이다. 사람은 각자 자신만의 느낌이 있다. 경력이 붙으면서 그런 느낌들 하나하나가 얼굴에 나타난다고 하지 않던가.

나만의 느낌. 나만의 얼굴. 그렇다면 나만의 스타일은 무엇일까? 답을 찾아야 했다.

정답은 각자의 몫
. . . .

무슨 일이든지 어떤 결과를 위해 나아가는 방법에는 정답이라는 것이 따로 정해져 있지 않다. 간혹 영업하는 방법에 관해 묻곤 하는데, 영업이라는 일에서도 역시 그 방법에 정해진 바는 없다. 한마디로 정답은 없다. 그러므로 더욱 자신만의 영업 스타일이 필요하다. 내성적인 사람이라면 내성적인 스타일대로 영업하면 될 일이지 굳이 행동가 기질이 부러워서 외향적으로 성격 개조를 하려고 든다면 오히려 악순환만 더할 뿐이다. 자신이 가진 장점을 잘 파악해서 그걸 극대화하도록 하자.

영업은 한번 하고 마는 단거리 활동이 아니다. 장거리 레이스다. 그것은 취미가 아니라 평생을 가져가야 할 직업이다. 내 진면목이 아닌 가면을 쓰고 평생을 갈 수 있다고 생각하는가. 가면을 쓰고 잠시 훌륭한 연기를 할 수 있을지언정 가면을 벗고 본인의 모습으로 돌아왔을 때의 허탈함을 채울 수는 없을 것이다. 자신이 아닌 상태로 인생을 살아가기는 너무 힘들다. 본인의 모습으로 살아갈 때 가장 행복하다.

나는 나의 방법대로 영업을 하기로 결심했다. 일단 술 접대를 하지 않는다. 사실 회사에서 허용하지 않아 술을 접대할 경비도 없었고, 개인적으로도 2차, 3차로 이어지는 술자리가 너무 힘들던 터였다.

무엇보다도 불가근불가원(不可近不可遠) 원칙을 지키려고 노력했다. 특히 우리나라에서는 학교나 고향 등으로 관계를 엮어서 조금이라도 끈이 닿으면 형님, 동생 하며 말을 섞는데, 난 철저하게 거리를 유지했다. 물론 이런 모습을 좋지 않게 보는 사람도 있었다. 항상 너무하다 싶을 정도로 깍듯하게 대하니 재수 없다고 생각했을지도 모른다. 그러나 고객이 좀 허술해 보인다고 해서 시쳇말로 바가지를 씌우거나 하진 않았다. 필요한 것은 필요하다고 권유했으며 필요 없는 것은 필요 없다고 분명하게 이야기해 줌으로써 나중에 욕먹을 상황을 만들지 않았다. 혹시 상황이 바뀌더라도 충분히 설명할 수 있다는 당당함과 자신감이 있었다.

이런 성격 탓에 시간이 많이 걸렸다. 그러나 노력은 나를 배신하지 않았다. 오랜 시간이 지났어도 고객들은 나를 기억해 주었고, 내가 다른 보직으로 옮긴 뒤에도 그들은 나에게 작은 도움이라도 될까 해서 따로 연락을 주곤 했다.

물론 여전히 서운해하는 사람이 있는 것으로 안다. 그들 관점에서 나는 일반적인 한국 사회가 바라는 것처럼 유들유들하지도 융통성 있지도 않은 성격이다. 그렇지만 나는 대신 깔끔하고 담백한 거래를 하려고 했다. 그래서인지 시간이 지나서 영업사원에게 배신감을 느꼈다거나 뒤통수를 쳤다는 소리를 들은 적은 없었던 것 같다. 다시 말하지만 정답은 없다. 나는 나의 방법을 찾았을 뿐이다. 지금은 현장에서 직접 영업을 하지는 않지만, 여전히 많은 고객과 대리점 등의 거래처와 비즈니스를 하고 있다. 지금도 나의 관점은 분명하다.

　이제 당신 차례다. 어떤 방식을 선택하든 그것은 자유다. 대신 잘 하려고 하기 전에 먼저 자신에게는 어떤 영업 스타일이 맞는지를 아는 것이 중요하다. 그래야 영업에 빛을 발한다. 당신은 어떤 스타일인가.

첫인상, 첫문장에 최선을 다하라

심리학자인 솔로몬 애쉬Solomon Eliot Asch가 제시한 이론으로 가장 먼저 제시된 정보가 추후 알게 된 정보보다 더 강력한 영향을 미친다는 현상이다. 인상 형성에 첫인상이 중요하다는 것으로 첫인상 효과라고도 하고, 3초 법칙이라고도 불린다.

솔로먼 애쉬Solomon Asch의 실험은 아주 간단하게 초두, 첫인상 효과를 설명했다.

A : 예쁘다, 착하다, 고집 있다, 소극적이다.
B : 고집 있다, 소극적이다, 예쁘다, 착하다.

두 사람 중에서 누구에게 더 호감을 느꼈을까? 대부분의 사람들이 A에 더 호감을 가졌다고 답변했다. 그렇지만 사실은 4가지 성격을 순서만 바꾸어 놓았을 뿐이다.

사람들을 만나면 우선적으로 첫인상이 결정되고, 첫인상은 특별한 사건이 발생하지 않는 한 잘 바뀌지 않는다. 고객들은 첫인상의 감정을 기억한다. 인상뿐만 아니라 영업자가 말하는 첫 번째 내용을 상대적으로 잘 기억하게 된다. 사람들은 첫 만남에서 욕을 하거나 나쁜 짓을 했던 사람이 나중에 착한 일을 해도 가식을 떤다고 추정한다. 셰익스피어는 '사랑은 첫인상과 함께 시작된다'라고 했다. 영업자는 첫인상, 첫문장에 최선을 다해야 한다. 첫인상의 관리가 영업 전체 과정에 중대한 영향을 미칠 수 있다.

영업을
어떻게 배우냐는
질문에 대하여

영업을 어떻게 배우냐고 묻는 사람들이 의외로 많다. 퍼즐 같은 생각을 한번 해보자. 세상 모든 질문은 그렇다. 두 가지로 나뉠 수 있는데, 하나는 질문을 던진 사람이 이미 답을 알고 있는 경우고, 다른 하나는 그 질문에 대한 답이 세상에는 없는 경우다. 재미있지 않은가. 대답은 의외로 간단하다. 이 대답은 질문을 던진 사람이 이미 알고 있는 경우에 해당한다. 평상시 생활을 하면서 배우라. 세상 사람들 모두가 나의 선생이고, 내가 살고 있는 이 세상이 바로 학교다. 역설하자면 나를 가르치는 선생은 세상에 널려 있으며 내가 배워할 학교는 엄청나게 넓다. 그곳에서 그들이 가르치는 것을 내 처지에 맞게 선택하면 된다. 어떤 특별한 책이나 교육 프로그램이 기다리고 있다고 생각한다면 바로 후자인 세상에는 없는 답을 찾고 있는 경우다. 즉 책이나 교육 프로그램 등 어떤 특수한 시스템을 통해서 영업이 체득된다고 생각하는 사람이 있다면 그는 이제 고정관념에서 벗어날 필요가 있다.

구매 준비가 된 고객 알아차리기
· ·

지금 나는 고객이다. 내게 물건을 판 영업직원에게 얼마나 만족했는가? 물건은 마음에 들었는데 영업직원이 싫어서 그냥 발길을 돌린 적은 없는가? 영업직원 때문에 다시 찾은 곳은 어디였나? 단순한 물음이 아니라 중요한 키워드가 될 수 있다. 잘 염두에 두길 바란다.

자동차를 한 대 구매하려고 전시장을 찾았다. 전시장 직원들은 입구에서부터 이런 것을 물어볼 것이다. 처음 방문하는 것인지, 아는 영업사원은 있는지, 아니면 마음속에 정해놓은 차종은 있는지, 있다면 그것이 어떤 차종인지, 아니면 지금 타고 있는 차종은 무엇인지. 그러다가 그냥 둘러보러 왔다고 대답하면 그쪽에서 근무하는 영업사원 한 명이 와서 인사를 꾸벅할 것이다. 자 지금부터 이 사람이 바로 나의 영업 선생이다. 명함은 어떻게 주는지, 자기소개는 어떻게 하는지, 질문은 어떻게 하는지를 세심히 살펴보라. 좋은 점은 좋은 대로 나쁜 점은 나쁜 대로 취사선택을 해서 자신의 것으로 만들기 바란다.

어떤 차를 찾는지 간단히 물어보더니 영업사원은 차에 대한 설명에 완전히 몰입하기 시작한다. 그중 90%는 '누가 물어봤어?' 하는 내용이다. 듣고는 있지만 '이 친구 참 어렵게 영업한다'는 생각이 떠나지 않는다. 차를 사려는 사람에게는 공통적으로 가지고 있는 관심사도 있지만, 대부분 원하는 요구사항과 취향이 매우 다양하기 마련이다. 어떤가. 이 직원이 만드는 분위기가 어쩐지 코미디의 한 장면 같지 않은가.

예전에 만났던 어떤 자동차 회사의 영업사원이었다. 그는 차에 대해서 전문적이라고 생각되는 내용을 어떻게 해서든지 기술적으로 설명하려고 애쓰는 스타일이었다. 아마 내가 남자여서 그랬을 것이다. 그런데 그 영업사원의 설명이 별로 귀에 들어오지 않았다. 내가 듣기에 그의 설명은 전문적인 지식이라기보다는 좀 아는 수준이거나, 그냥 회사에서 교육받은 정도의 수준이었다. 자동차를 좋아하는 고객이라면 그 정도는 이미 넘어서 있다는 사실도 모른 채 그 역시 자기 자신에만 충실했다. 고객에 비해 자동차 영업사원의 지식이 오히려 모자랐으니 흥미롭게 들리지 않는 것은 당연했다.

어떤 영업사원은 내가 가장 중요하게 생각하는 부분을 쓸데없는 기능이라고 깎아내리는 것이었다. 그 기능 때문에 그 차를 보러 간 것인데 당연히 나는 발길을 돌릴 수밖에 없었다. 그다음 전시장을 찾았을 즈음엔 이곳저곳을 돌아본 뒤였으므로 어떤 차를 구매할 것인지 거의 결정을 한 상태였다. 오늘은 꼭 최종 결정을 하리라 마음먹었는데 이번에도 또 영업사원이 망쳤다. 묻는 말에 대답은 하지 않고, 엉뚱한 소리만 해대는 것이었다. 원하는 차종에 대해서 몇 가지 옵션을 확인하고 조건이 맞으면 계약하려던 참이었는데, 계속 다른 차종을 권하는데 열을 올렸다.

이제 돌아볼 만큼 돌아보았고 차종도 충분히 비교하여 마음의 결정을 한 후였다. 당장 계약을 하고 차를 사겠다는데 영업사원이란 사람이 오히려 방해를 해대는 웃지 못할 상황이었다. 굴러들어 온 고객을 일부러 밖으로 차 내버리는 형국이 아닌가. 정말 당혹스러웠다. 아니 영업을 오래 한 사람으로서 측은한 마음이 들었다. 다 잡은 고기를 그물 밖으로 던져버리다니.

나에게 최종적으로 차를 판 영업사원은 말수가 적었다. 묻는 질문에만 정확하게 답변을 할 뿐, 그리고 내가 원하는 몇 가지 사항들에 대해서 적절히 해결하거나 대안을 제시했다. 아무도 출근하지 않은 일요일, 전시장에서 휴일 근무를 하다가 가장 비싼 차 하나를 계약하게 된 것이다. 대화를 해보니 단번에 그가 베테랑이라는 것을 알 수 있었다. 그는 내가 단순히 방문한 것이 아니라 이미 차를 구매할 준비가 되었음을 알아차리고 있었던 것이다.

하나를 더 사게 만드는 비결
· ·

이번엔 옷가게에 한 번 들러보자. 들어서자마자 영업사원이 다가오더니 이것저것 한꺼번에 많은 옷을 권한다. 더구나 권하는 옷들이 고객보다는 판매사원의 취향이다. 먼저 고객이 어떤 옷을 입고 있는지 확인하지도 않은 채, 일방적으로 자기 취향이나 신제품 위주로 설명을 시작한다. 방문한 고객이 슬림핏을 입고 있다면 슬림핏에 대해서 이야기를 시작하고, 클래식핏을 입고 있다면 클래식 쪽으로 이야기를 해야 하는 것이 정석일 텐데, 그런 기본적인 것도 지키지 않는 것이다.

어떤 경우는 아예 손님을 방치하기까지 한다. 그냥 둘러보러 왔다고 하니까 정말 그대로 내버려 두는 것이다. 그러면 손님은 한번 획 보고 나가게 되어 있다. 편안하게 둘러볼 수 있게 분위기를 만들어도 항상 적당한 거리에서 관찰하고 있어야 하는 것 아닌가. 이때야말로 고객이 어떤 옷을 만져보는지, 만져보는 옷의 색깔과 현재 입고 있는 옷의 색깔은 어떻게 다른지 등등 정보를 파악하는 시간이다. 그리고 적당한 시간이 되면 질문을 던져야 한다.

자주 가는 신사복 매장의 점장님은 나에게 꼭 하나를 더 사게 만드는 재주가 있다. 마음에 드는 옷을 정확히 골라 코디처럼 옷을 맞추어 준다. 이분은 이미 나의 취향을 알고 있으니, 본인이 옷을 먼저 골라주고 내 반응을 찬찬히 살핀다. 내가 어떤 생각을 하는지 읽어낼 줄 안다고 할까. 그만큼 관찰력이 뛰어나고, 말을 꺼내는 타이밍이 뛰어나다. 당연히 구구절절 설명하지도 않는다. 게다가 적절한 가격대에 매칭이 잘되는 아이템을 추가로 권하기 때문에 바지 하나를 사러 가서 콤비를 하나 고르게 되고, 양복을 사러 가면 적당한 재킷을 추가로 사게 된다. 물론 많이 사게 하는 것이 답은 아니지만, 추가로 구매한 옷도 잘 입게 되니 또 방문할 수밖에 없는 것이다. 심지어 같은 매장을 들르더라도 그가 외출 중이거나 휴무이면 말 그대로 둘러보기만 하고 다음번에 다시 방문하도록 만든다.

무엇이 다른가? 하나를 사러 온 사람에게 두 개를 팔 수 있는 영업사원도 있지만, 정말 사려고 노력하는 고객을 밀어내는 영업사원도 있다. 이 차이가 하루아침에 보이지는 않는다. 항상 고객의 관점에서 생각하도록 노력하고 그것이 영업하는 사람의 관점과 무엇이 다른지 눈여겨보며 그 차이를 숙지한다면 그 시기는 의외로 앞당겨질 수 있다.

되는 사람은 어떻게 해서 되는 건지, 안 되는 사람은 왜 안 되는 건지 한눈에 보이기 시작하면 이미 많은 것을 습득한 것이다. 일단 유심히 관찰해보기 바란다. 대형마트의 만두 시식코너에서 일하는 판매원일지라도 그의 말 한마디 한마디를 하나도 놓치지 말고 경청하자. 듣고 끝내는 것이 아니라 계속 곱씹으며 생각하고 또 생각해 보자. 왜 저렇게 말하는 건지, 무엇을 말하려고 하는 건지, 그리고 고객으로서 나의 기분과 반응은 어떻게 변화되고 있는지. 생각이 정리된 후에는 이제 나라면 같은 상황에서 어떻게 멘트를 할 것인지 고민하는 것이다. 이런 사이클이 반복되면 이제 그 차이가 확연히 느껴진다. 외국어 공부에서도 책상에서 하는 문법보다 실전 감각이 더 중요하다고 하지 않던가. 반복된 이런 훈련이야말로 결국 실전 영업을 위한 최상의 공부인 셈이다.

주말이면 외국 고급차 판매 매장을 방문하고, 또 국산 자동차 매장에도 가보자. 인테리어, 응대 방식, 영업사원들의 복장 등 무엇이 다른가를 살펴보는 것이다. 돈 드는 일이 아니다. 그냥 가서 그들과 이야기해보면 된다. 백화점 화장품 코너도 가보고, 신사복 매장에도 가보길 바란다. 판매하는 사람마다 무엇이 다르고, 또 나는 고객으로서 그들에게 무엇을 느끼는지 파악하다 보면 점점 더 많은 것을 알게 될 것이다.

만나는 모두가 나를 가르치는 선생이라는 생각으로, 스스로 고객이 되어 훈련을 하다 보면 답이 나오게 되어 있다. 어떤 점이 좋았으며 어떤 점은 마음에 들지 않았는지 배우면서 나의 영업을 개선하는 것이다. 이런 노력들이 쌓이면 어느새 괄목할 만한 성장을 하게 된다. 이건 100% 확신을 가지고 하는 이야기다.

남이 하니까 나도 한다

미국 경제학자 하비 라이벤스타인Harvey Leibenstein, 1922~1994이 1950년에 발표한 네트워크 효과network effect의 일종으로, 서부개척시대의 역마차(웨건)에서 힌트를 얻은 밴드웨건 효과bandwagon effect가 있다. 밴드웨건 효과는 퍼레이드 행렬의 가장 앞에 위치하는 악대Band가 유도하는 대로 뒤의 행렬이 그냥 따라 움직이는 것을 의미한다. 서부개척시대에 밴드웨건(악대마차)이 요란한 음악과 함께 금광이 발견됐다고 선전하면 무작정 따라가던 사람들을 빗댄 말이다. 즉 남이 하니까 나도 한다는 심리를 말한다. 옛날 속담에 친구 따라 강남 간다는 말과 유사하다. 그런데 이런 고전적인 콘셉트는 오늘날까지 건재해서 광범위하게 적용된다. 이를 편승 효과(便乘效果)라고도 한다.

한동안 중고등학생들에게 유행했던 아웃도어 노스페이스 점퍼가 대표적이었고, 맛집 앞에 긴 줄이 늘어서는 것도 전형적인 밴드웨건 효과이다.

영업활동 중 제품을 소개할 때 고객이 잘 아는 누가 구매해서 사용한다고 하면 고객에겐 제품에 대한 신뢰와 따라 하고 싶은 심리가 작용한다. 그러므로 제품에 따라서 유명인의 사용기나 고객 지인의 사용기를 함께 소개하는 것이 좋다. 홈쇼핑 같은 데서도 이런 심리를 이용해서 마감 임박, 매진 등으로 구매심리를 자극한다.

영업을 알면
인생이 달라진다

영업이라는 것은 어떤 이미지일까? 장사꾼, 탐욕, 이익 챙기기, 속이기, 겉만 번지르르한 등등. 떠오르는 이미지 대부분이 좀 부정적이다. 이처럼 부정적인 이미지에도 불구하고, 수많은 사람이 자의 반 타의 반 영업과 관련된 직종에 종사하고 있다. 영업이라고 하면 우선 자동차 영업, 보험 영업, 방문 판매원 그리고 판매직원 등을 떠올리기 쉽지만, 생각보다 많은 사람들이 영업을 한다. 일반적인 회사의 직원 중 20% 이상이 영업/판매직에 근무하고 있으며, 어떤 회사에서는 업무의 대부분을 영업이 차지하기도 한다. 자영업은 어떤가. 자영업 자체가 영업이다.

이렇게 많은 사람들이 종사하고 있으면서도 왜 우리는 영업이라고 하면 무의식적으로 천시하고, 영업하는 사람이라고 하면 은

근히 무시하게 되는 걸까? 정확한 이유야 알 수 없지만, 우리의 의식 속에 역사적으로 스며있는 사농공상(士農工商)이라는 계급의식이 현대의 직업의식에까지 영향을 미치고 있는 건 아닌지 모를 일이다. 냉정하게 말해서 현실에서 돈이 차지하는 위상을 부인할 수는 없다. 그러나 실제로 돈 이야기를 하면 어쩐지 천박해 보이는 인상을 주는 것 역시 사실이다. 그것이 어쩔 수 없는 사실이라고 치더라도 한 인간의 일생과 한 가정의 미래를 책임져야 할 현재의 직업에 넘어설 수 없는 그 어떤 인습이 개입되어 있다는 점은 이해하기 힘든 일이다.

이런 보이지 않는 직업에 대한 카스트Caste가 언제쯤 사라질까. 무엇보다 감출 수 없는 사실이 있다면, 적어도 현대사회에서는 매일 누구든지 또한 어떤 방식으로든지 영업활동에 참여하고 있으며 그것을 제대로 이해하고 학습하지 않는다면 개인과 사회의 발전이 없다는 점이다.

나도 잡상인일까?

....

단정적으로 말하자면 영업은 현대를 살아가는 생존의 조건이다. 살아가는 매 순간 우리는 무언가를 사고판다. 고대부터 인간은 영업을 했으며, 그것을 우리는 물물교환이라고 한다. 이런 사실이 뒷받침하듯 영업은 인류사에서 가장 오래된 생산 활동 중 하나다. 그럼에도 영업은 홀대받는다. 어쩌면 이러한 교환가치야말로 인간의 지적 능력이 발견한 소중한 자산일지 모른다. 교환가치를 통해서 인간은 축적하는 법을 배웠고, 다른 포유류보다 오래 생존해 왔다. 그것도 단순 생존이 아닌 비약적인 발전을 거듭하며 생존할 수 있었다. 아무튼 영업에 대한 인식의 전환이 절실한 시점이다.

원론적으로 접근해보자. 원하는 것을 얻을 수 있는 가장 현명한 방법은 무얼까. 여기서 강조하고 싶은 것은 '가장'이라는 수식어다. 그러니까 가장 현명한 방법은 바로 내가 가진 것을 제대로 된 가치를 받고 상대에게 전달하는 것이며, 상대 역시 필요했던 그것을 적절하게 사용하는 것이다. 그렇다. 가장 현명한 방법이란 가치의 최선을 공유하는 것을 말한다. 이와 같이 서로 필요한 것을 주고받는 행위를 거래라고 하며, 이런 거래 일선에서 이루어지는 활동 전반을 영업이라고 한다.

학교를 졸업하고 회사에 입사했다. 지원 직종을 선택할 때는 과감하게 영업직을 1순위로 표시했다. 이유는 단순했다. 경쟁률이 가장 낮았고, 상경대(경제학과) 졸업생에게 주어지는 직종 선택의 좁은 관문도 한몫을 했다. 입사 후 실제 영업 일선에 나갔을 때 정말 당황했었다. 제아무리 큰 회사의 명함을 내밀더라도 영업사원은 철저한 을의 입장이었던 것이다. 대형 병원에 첨단 의료 장비를 판매하는 일이었는데 거래처인 병원을 방문하던 첫날부터 말로만 듣던 을이라는 처지가 비로소 현실로 다가왔다. 당황스러웠고 무참히도 자존심이 무너졌다. 한두 번이 아니었다. 병원 복도의 딱딱한 플라스틱 의자에서 기다릴 때, 기다리다 문득 '잡상인 출입금지'라는 경고문을 보았을 때, 나도 잡상인인가 하는 생각이 하염없이 떠올랐다.

그러나 오랫동안의 영업 경험은 나에게 많은 것을 주었다. 사람을 대하는 법도 배웠고, 원하는 것을 얻는 방법도 익혔다. 영업 실무를 아는 경영자라는 인정은 그저 덤이었다. 현장으로부터 영업을 경험하고 나서 직장생활을 하는 동안 나는 항상 당당할 수 있었다. 어떤 물건이라도 팔 수 있다는 자신감 때문이었다. 혹시 회사 상황이 어려워져 현재의 직업을 잃게 되더라도 영업의 경험은 사라지지 않을 것이고, 아무리 경제적으로 힘든 상황이 닥치더라도 영업할 것은 세상에 널려있지 않은가. 경제력을 유지할 만한, 한마디로 돈을 벌 수 있을 만한 '영업 일'은 얼마든지 있다.

인생이 영업이다
....

최근 높은 실업률로 온 나라가 걱정이다. 그런데 이상한 것은 이처럼 세대를 가릴 것 없이 높은 실업률에도 아직 영업직만은 피하려고 한다는 점이다. 우리나라에서는 아직도 영업이 사회적으로 지위가 낮은 직업으로 인식되고 있으며, 남에게 아쉬운 부탁을 해야 하는 직업이라는 선입견 때문에 힘들다고 생각하는 모양이다.

요즘 추세가 남들 보기에 근사한 직업을 택하려고 한다는 것은 알지만 쉽게 동의할 수 없는 부분이다.

영업을 알면 인생이 쉬워진다. 아직도 영업이라는 것이 단순히 물건을 파는 것이라고 생각하는가. 세상살이 곳곳에 영업 아닌 것이 없다. 앞서 말했듯 내가 원하는 것을 얻으려면 상대가 원하는 것을 주어야 한다. 그리고 상대에게 주는 그것이 자신이 원하는 바로 그런 가치가 있는 것이라고 판단하도록 설득할 수 있어야 한다. 여기엔 어떤 다른 것이 작용해선 안 된다. 단지 수학의 등식(A=B)에서 볼 수 있는 최선의 합리성만이 존재해야 한다. 어려운 것 같지만 영업이라는 것은 이것을 잘 하면 된다. 마치 부탁하며 매달리는 을의 입장만을 생각하는 것은 영업에 대한 오해와 편견일 뿐이다. 내가 원하는 것(A)과 상대가 원하는 것(B)는 가치에 있어서 완전히 동일(=)하도록 하는 것이 영업의 기본 공식이다. 이걸 설득하기 위해 기획적 마인드가 필요한 것이다.

짝사랑하는 사람이 있다. 연인으로 발전하려면 어떻게 해야 할까? 연애까지 영업적 마인드로 접근해서 좀 어리둥절할 수도 있지만, 연애만큼 영업적 공식에 정확히 들어맞는 것도 드물다. 먼저 내가 가진 것 중 가장 멋있는 모습을 상대에게 보여주어야 하며, 상대가 원하는 것이 무언지를 정확히 파악해서 그것을 해주라. 일단 나에게 무언가 줄 것(A)이 있어야 한다. 만일 상대가 커피를 좋아한다면 함께 커피를 마셔주어야 한다. 커피에 대해 공부하고 커피를 마시며 대화할 수 있다면 상대의 마음을 사로잡는 데 훨씬 도움이 된다. 운동을 좋아하는 사람이라면 두말할 나위 없이 함께 운동할 스케줄부터 잡아야 한다. 그런데 상대방(B)을 모르는 상태에서는 모든 것이 불가능하다. 물론 나 자신에 대해서도 잘 알아야 한다. 나와 상대방 사이의 공통점을 찾아내어 공감하는 능력(=)이 중요하다. 자 어떤가. 공감하고 가치를 나눈다는 본질에서는 일치하지 않는가(A=B). 영업과 연애. 둘 다 마음을 사는 일이다. 일상에서 사랑하는 사람의 마음을 얻는 것도 결국에는 영업이다.

최근 자녀와 문제가 있는 부모들 이야기가 종종 들린다. 특히 사춘기 자녀를 가진 부모들은 엄청난 고충을 토로한다. 말이 통하지 않는다는 것이다. 왜 말이 통하지 않을까? 이유는 단순하다. 상대의 감정을 모르니까 공감할 수 없는 것이고, 공감이 형성되지 않으니까 말이 통하지 않는 것이다. 자녀가 무엇을 원하는지를 먼저 파악하자. 그리고 자녀가 받아들일만한 타당한 제안을 하는 것이다. 충분한 만족이라는 것은 부모와 자녀 둘 다에 해당한다. 어느 한쪽을 위한 일방적인 만족은 금세 균형이 깨지기 마련이므로 다시 불만족의 상태로 돌아온다. 이런 원리는 부모 자식 간이라고 해서 예외일 리가 없다. 이것이야 말로 상호 영업을 통한 윈-윈 Win-Win의 원리인 것이다.

어린아이는 본능적으로 부모와 협상을 한다. 그런데 문제는 다른 데서 발생한다. 본능적으로 협상에 능한 어린아이라고 하지만 영업에 경험이 없는 부모들은 거기에 코드를 맞추기 힘들다. 결국 충분한 상호 작용 없이 매번 어설픈 결론에 도달하게 되고, 모든 것을 사랑이라는 이름으로 포장하면서 진정 원하는 것을 얻지 못하고 만다. 만족스러운 결론을 내지 못한 나머지 간신히 봉합하고 만 가정의 모습은 더 이상 설명하지 않아도 알 수 있다. 그곳은 가정이라기보다 비극의 씨앗이 자라는 온실이라는 표현이 더 적합할 것이다.

자기 영업에 미숙한 사람들

회사에서 유능한 직원들 중 유독 승진이나 평가에서 불이익을 받는 사람들이 있다. 곁에서 보면 안타깝다. 객관적으로 보면 일도 열심히 하고 조직에도 도움이 되는 사람이다. 왜 그럴까? 이런 사람들은 대체로 자기를 영업(셀링)하는데 미숙하다. 자기의 장점을 드러내고, 자신이 이룬 성과에 대해서 이야기하는 것을 부끄러워한다. 아무런 이야기를 하지 않더라도 본인의 업적이나 가치를 알아주었으면 하는 모양이다. 그런데 본인이 이야기한 적도 없으며 본인도 정확히 표현하기 어려운 것을 다른 사람이 먼저 알아준다는 것이 가능하기나 할까. 내가 이룬 성과를 다른 사람들에게 잘 전달하는 것 역시 직장생활에 있어서는 매우 중요한 부분이다. 어쩌면 다른 직원들과의 협업이라는 관점에서 볼 때, 직장 생활의 기본이라고 할 수 있는 시작점이기도 하다. 시작이 없으면 과정도, 결과도 없다고 했다. 자기 영업에도 노하우가 필요하다는 점

명심하기 바란다.

소규모 창업에서도 자기 영업은 필수다. 100세 시대를 준비하는 요즘은 대부분의 사람들이 직장생활을 끝내고 사회에 나오면 어떤 형태로든 창업을 한다. 직장이라는 울타리를 벗어나서 새로운 자영업을 시작하는 것이다. 치킨집을 창업하거나 작은 가게를 여는 경우가 대부분인데, 이전에 영업을 한 번도 해 본 경험이 없다면 험난한 여정이 이들을 기다린다. 영업을 배워본 적도 없고 경험도 없는데 자기의 전 재산을 걸고 새로운 일을 해야 된다고 생각해보라. 이런 소규모의 자영업은 기본적으로 영업력을 바탕으로 한다. 무엇을 팔고, 어떻게 팔 것인가가 성공의 열쇠가 된다. 자영업 창업 성공률은 상당히 낮다는 점을 고려해 보더라도 타고난 영업적 자질이 있는 사람이 아니라면 대부분은 힘들게 근근이 유지하다가 포기하고 마는 것이다.

이제 영업은 세상을 살아가는 기본적인 자질이 되었다. 사람을 사귀고, 어떤 일에서든 성공하려면 반드시 필요한 필수 역량이다. 그런데 아직도 영업을 남의 일처럼 생각할 것인가? 성공하고자 한다면 영업 기술을 익혀야만 한다. 인생이 바로 영업이다.

내 앞의 고객이 가장 똑똑하다

하버드대 심리학과 로버트 로젠탈Robert Rosenthal 교수가 발표한 이론으로 칭찬의 긍정적인 효과를 말한다. 타인의 기대나 관심으로 인하여 능률이 오르고 결과가 좋아지는 현상으로, 외부의 긍정적인 기대가 자신에게 긍정적인 영향을 미치는 것을 의미한다.

실제 실험은 한 학급의 학생 중에서 무작위로 20%를 선발하여 교사로 하여금 그 20%의 학생들이 IQ도 높고, 학습능력도 높다고 지속적으로 인정하고 칭찬하도록 하였는데, 6개월 후에 검사를 해보니 실제 IQ가 상승한 효과가 있었고, 성적도 향상되었다고 한다. 일종의 칭찬은 고래도 춤추게 한다는 말과 일치한다.

로젠탈 효과는 피그말리온 효과Pygmalion effect의 긍정의 힘과 일맥상통한다. 그리스 신화에 나오는 조각가 피그말리온은 자신이 조각한 여인상을 너무 좋아하고 사랑하게 되는데, 아프로디테는 여인상에게 생명을 주어 사랑을 이루게 해준다. 긍정적인 기대나 칭찬을 받게 되면 현실로 나타나는 경우를 말한다.

고객과 상대할 때 로젠탈 효과를 고려해야 한다. 고객의 능력에 대해서 지속적으로 인정해주고 칭찬을 해주어야 한다. 고객의 문제점을 지속적으로 지적하게 되면 고객은 문제를 마음속으로 인정하더라고 대화의 문을 닫게 된다. 고객을 인정하고 칭찬하는 것이 고객이 바른 결정을 할 수 있도록 도와주는 것이다. 나와 상담하고 있는 고객은 이 세상에서 가장 똑똑하고 뛰어난 사람이라고 생각하고 이야기하면 성공할 수 있다.

영업은 관찰과 질문으로 하는 것이다. 화려한 미사여구로 설득한다고 고객이 움직이는 것이 아니다.
거기엔 결정적인 어떤 것이 없기 때문이다. 가벼운 인간관계에서조차 이 사실은 바뀌지 않는다.
초면인 어떤 사람이 자기 이야기만 장황하게 떠벌린다면 이 사람에게 호감을 느낄까.
어느 누구의 대답도 같을 것이다. 절대 호감을 느끼지 않는다. 당연하지 않은가.
나에게 관심을 가지며, 내 관심사에 대해 질문하고, 또 그것에 대해 이야기하는 사람에게 호감을 느낀다.

2장

나는 왜
거절당하는가?

어렵다는 말을
입에 달고사는
사람들에게

영업하는 사람들에게 "요즈음 어떠세요?"라고 물으면 대부분은 "경기가 안 좋아요", "수요가 없어요", "고객들이 지갑을 안 열어요"라는 대답을 한다.

맞는 말이다. 최근 한국의 경제 성장률이 2~2.5% 수준이라고 한다. 예전 6~7%로 성장하던 시대나 심지어 10% 이상 성장하던 시절을 경험한 사람들에게는 경제 빙하기인 것이 확실하다. 더구나 정부에서 수출지향적인 경제 정책을 펴다 보니 국내에서 영업하는 사람들의 체감 경기는 더 나쁠 수밖에 없다. 답답한 현실이지만 인정하지 않을 수 없다.

이런 생각을 한번 해본다. 20년 이상을 영업현장에서 활동했지만 경기가 좋다는 이야기를 들어본 적이 별로 없었던 것 같다. 경기가 좋았던 적이 언제 있었던가? 아니, 좋은 시절이 언제든 오기는 올까? 이런 질문에 대해선 특별히 경제학을 전공한 사람이 아니더라도 쉽게 답을 내릴 수 있다. 위기는 계속되고 상황은 점점 더 힘들어질 것이다.

요동치는 세상에서 어떻게 살아남을 것인가
....

벌써 오래전 이야기처럼 느껴지지만, IMF 외환위기 시절의 기억이 뚜렷하다. 외환위기의 여파로 원화가 폭락하면서 졸지에 수입원가가 2배 이상 올랐다(원화의 최저치로 1달러당 1,964원까지 갔다). 외화로 결제를 해야 하는 수입 업체들은 죽을 지경이었다. 두 배의 가격을 지불할 고객은 없었고, 말 그대로 국내 경기는 죽은 거나 마찬가지였다. IMF 사태 이후 수입 장비 계약을 해지하러 다니던 때였다. 그 계약서에 도장을 받기 위해서 얼마나 고생했는데, 이제는 제발 해약해달라고 애걸복걸하는 처지라니 정말 아이러니했다.

고객 중 상당한 재력가 한 분이 있었다. 절대로 해지를 못 해주니 계약한 대로 납품을 하라는 것이었다. 본인 입장에서는 언제 사도 사야 하는 필요한 장비인 데다, 원화로 계약을 해서 실제로는 반값이 되었으니 포기할 이유가 없었다. 계약금을 물어준다고 해도 막무가내였다. 그렇게 어렵사리 계약을 해놓고 이제 와선 그 계약을 해지하지 못해서 밤잠을 설치는 사태가 벌어진 것이다. 도무지 알 수 없는 게 인생이라더니. 딱 그런 상황이었다.

그 고객은 끝까지 계약을 해지하지 않았다. 고객의 입장은 이해가 되었지만 난감한 상황은 뭐라고 말할 수도 없었다. 협상에 협상을 거듭한 끝에 장비 납품을 연기하는 것으로 정리되었다. 일정시간이 지나면 환율이 어느 정도 안정될 것이므로 거기에 기대고 상황이 호전될 때까지 기다려보기로 하였다. 급등세에 있던 환율은 6개월 후나 되어서 많이 안정되었고, 그 이후에 결국 납품을 하게 되었다. 최선은 아니었지만 차선이었던 셈이다.

2008년 리먼 브라더스 사태가 터질 때는 또 어땠는가? IMF 사태와는 달랐지만 시장이 어려웠던 건 마찬가지였다. 국내 경기는 말 그대로 꽁꽁 얼어붙었다. IMF 때는 한국만의 상황이었지만, 리먼 브라더스 사태는 전 세계의 경기를 얼어붙게 만들었다. 역사적으로 보면 이런 경제위기는 주기적으로 발생한다. 이럴 때면 영업자들이 가장 곤혹스러운 시기를 보낸다. 시장의 한가운데 있으므로 체감온도는 극에 달한다.

지구촌은 끊임없는 전쟁, 기아, 천재지변에 시달린다. 이건 인간이라는 작은 생물이 지구에 살아가는 동안 피할 수 없는 운명이다. 경제적으로도 1630년대 네덜란드에서 시작한 튤립 투기 열풍, 1690년대의 영국의 주식 광풍, 1930년대의 대공황, 1990년대의 닷컴 광풍이 있었다. 그러면 이렇게 요동치는 세상에서 어떻게 살아갈 수 있을까?

세상은 동전의 양면으로 움직인다

영업자는 상황을 읽을 줄 알아야 한다. 고객이 어떤 상황에 처해 있는가를 잘 파악한다면 위기를 극복할 수 있다. 경험상, 현재 어떤 상태에 있는가를 정확하게 판단할 때 거기서 전혀 다른 각도의 인식이 생기게 하는 것도 세상일이다. 정말 무서운 것은 나 혼자에게만 닥친 문제 아닐까. 모든 사람이 함께 겪는다면 그 무게는 덜 할 수 있다.

원화가 폭락했다면 수입업자는 죽을 맛이겠지만, 수출업자는 호황이 된다. 수출뿐 아니라 내수 시장에까지도 그 영향이 미치게 되는데, 수입 물품과 비교해서 상대적인 가격 우위로 수요가 늘어날 가능성이 있기 때문이다. 이럴 때일수록 상황에 맞는 답을 찾아야 한다.

세상은 항상 동전의 양면으로 움직인다. 불황에 더 잘 팔리는 상품도 있다. 물론 당장 불황에 강한 업종으로 갈아탈 수는 없지만, 나의 제품 구성 중에도 불황에 강한 상품이 반드시 있게 마련이다. 상품 포트폴리오를 면밀히 분석하고 상황에 맞는 상품에 집중해야 한다. 힘들어하고 포기하려는 마음이 들기 전에 생각의 전환이 필요하다. 동료들과 삼삼오오 모여서 힘들다는 푸념을 하기 전에 고객의 상황을 예의 주시하자. 그리고 지금은 무엇이 필요할 때인지를 깊이 파악해 보는 것이다.

미국에서는 전문영업인을 레인메이커Rainmaker라고 부른다. 이와 같은 레인메이커는 우리나라에서는 생소한 듯하지만, 외국에서는 전문용역업, 법률, 회계, 컨설팅, 투자은행, 광고 그리고 대형 건축분야 등에서 보편적으로 사용되고 있는 용어이다. 이들 각 영역에서 활동하는 사람들은 자신들의 분야에서는 전문인들이지만 마케팅이나 영업 기술에는 능숙하지 못하기 때문에 별도로 전문 영업인의 역할이 두드러질 수밖에 없다. 영업도 또 하나의 전문 영역으로 인정되고 있는 것이다.

어원적으로 레인메이커는 미국 인디언의 전설에 나오는 주술사를 말한다. 주술의 힘을 빌려 농사짓는 데 중요한 비를 내리게 하는 기적을 만드는 존재를 의미하는데, 이들에게는 무조건 비를 오게 하는 능력이 있다는 것이다. 도대체 어떤 초자연적인 능력이 있기에 인간이 접근할 수 없는 자연현상인 비까지 내리게 한다는 말인가. 이들에게서 발견되는 특징이 있다면 비가 내릴 때까지 기우제를 멈추지 않는다는 점인데, 이들에게 초자연적인 능력이 있건 그렇지 않건 간에, 이런 사실은 현대의 영업인들에게도 시사하는 바가 매우 크다.

아무튼 현대 사회의 다양한 산업 분야에서는 신규 고객이나 신규 사업을 창출하고, 대박을 터트려 회사에 크게 기여하는 인물을 레인메이커Rainmaker라고 부른다. 이런 레인메이커들에겐 전문영역에서 대규모 영업을 하는 관계로, 무엇보다도 상황을 판단하는 능력이 중요시된다. 영업 환경을 종합적으로 분석해서 최선의 제안을 하는 것이 이들의 필요조건이다. 기본적으로 이러한 자질이 있어야 대형 프로젝트 영업을 할 수 있다. 소위 판을 읽는 능력이 있어야 한다는 말인데, 이런 분석 능력은 모든 영업인들에게 없어서는 안 될 필수 역량이라고 할 수 있다. 감정적으로 동요하기보다는 상황을 객관적이고 냉철하게 볼 줄 알아야 한다. 그래야 영업 과정을 순조롭게 풀어나갈 수 있는 것이다.

진짜 일을 하는 사람은 부화뇌동하지 않고 어떤 상황에서도 침착할 수 있다. 그들은 여기저기 돌아다니며 "요즈음은 경기가 어렵다"라느니, "상황이 좋지 않다"라느니 떠들어대지 않는다. 그들은 "너무 힘들다"며 엄살을 피우지도 않는다. 그리고 그들은 침착하게 상황을 파악하고 자신이 가지고 있는 최선의 관찰력을 동원해서 고객의 상태를 읽을 줄 안다.

어렵다는 말을 입에 달고 살면 영업은 성공할 수 없다. 세상이 무너져도 사람들은 물건을 구매하고 소비한다. 그게 세상이다. 전쟁 통에 돈 벌어 재벌이 된 회사도 있고, 경제적 대재앙이라고 하던 IMF 시절에 성공한 기업인들도 많다. 위기는 관점이다. 위기를 위기로 보는 사람도 있고, 위기를 기회로 보는 사람도 있다. 누구에게나 조건은 동일하다. 자, 스스로에게 물어보자. 세상이 어떻게 보이는가? 아직도 위기로만 보이는가?

모든 것은 연관되어 있다

핀볼은 일종의 구슬 게임으로 1930년대 미국에서 값싼 오락게임으로 시작되었다. 구슬을 쏘아 올린 후 장애물에 부딪힌 구슬이 내려오면서 점수를 취득하는 형태의 게임이다. 장애물에 부딪힌 구슬이 어디로 튈지 모르는 특성을 가지고 있다.

제임스 버크James Burke가 제시한 이론으로 우연한 사건의 연쇄가 세상을 움직이는 역사적인 사건을 만들어 낸다는 것이다. 원래 주식시장을 분석하여 나온 이론인데 주가를 결정하는 경제 성장률, 유동성, 금리, 투자심리 등의 요인이 복합적으로 작용하여 주가를 오르게 한다는 것을 설명하려고 했다.

얼핏 생각하면 독립적으로 벌어지는 사건과 행동이기 때문에 상호 연관 관계를 형성할 것 같아 보이지 않지만 결국 모든 것이 서로 연관을 맺고 있다는 이론이다.

영업은 핀볼게임과 유사하다. 노력해서 구슬을 쏘아 올리는 것도 그렇고, 영업환경이나 고객이 어디로 움직일지 예측하기 힘들다는 것도 그렇다. 모든 변수를 고려하기는 힘들지만, 사소한 사건 하나하나를 관찰하고 연결하는 능력이 필요하다. 시나리오 시뮬레이션과 같은 다양한 방법으로 일어날 수 있는 사건들을 미리 예측하게 되면 실제로 어떤 변수가 발생하더라도 적절히 대응을 할 수 있다. 작은 변수라 하더라고 좀 더 명확히 보이는 효과도 있다.

영업이 안 되는 100가지 이유

재미있는 이야기 먼저 하자. 코끼리를 냉장고에 넣는 법은 무엇일까? 역시 우리는 모든 문제를 어렵게 생각하는 쪽으로 길들여져 있는 것 같다. 그러나 의외로 답은 쉽다. 코끼리가 들어가는 냉장고를 만들면 된다. 대형 컨테이너가 들어가는 냉장고도 있는데 무슨 걱정이겠는가?

그렇다. 여기서 말하려는 것은 문제의 심각성에 너무 치우친 나머지 자신은 해결할 수 없다는 쪽으로 섣부르게 판단한다는 것이다. 미리 예견하고 너무도 당연하다는 듯이 포기한다는 데 문제의 핵심이 있다. 솔직히 모든 문제에 답이 있다고 주장하기엔 부담스러운 게 사실이다. 그러나 자신 있게 말하건대 분명히 방법은 있다.

'한 번 더'의 차이

....

영업을 하다 보면 참으로 황당하고 불가능한 도전에 직면할 때가 많다. 도저히 말도 안 되는 상황이다 보니 포기하는 경우도 있지만, 실제 말도 안 된다는 상황을 극복해 내는 경우도 종종 있다.

지금까지의 경험으로 볼 때, 말도 안 되는 상황을 이겨내는 영업사원 대부분은 내성적이고 차분한 사람들이었다. 이들은 문제를 요리조리 돌려보면서, 생각하고 또 생각하는 것이었다. 외향적인 영업사원들이 "말도 안 되는 이야기"라고 목소리를 높이면서 쿨! 하게 포기할 때, 내성적인 사람은 그렇지 않았다. 한 번 더 생각했다. 이런 '한 번 더'가 엄청난 차이를 만들어 냈던 것이다.

의료장비 영업을 할 때였다. 그야말로 코끼리를 냉장고에 넣어야 하는 상황이 발생했다. 상식적으로는 도저히 불가능하다. 그렇지만 방법을 못 찾으면 그동안 공들였던 모든 것들이 깨끗하게 수포로 돌아가 버린다.

수수께끼 같은 문제를 한번 풀어보자. 20톤의 대형장비(실제 쇳덩어리)를 병원에 설치해야 한다. 그런데 장비를 설치할 병원은 'ㅁ'자 모양의 건물로 장비가 들어가야 하는 곳은 뒷면 건물이다. 뒤편에는 도로가 없어서 차량이 진입할 수 없고, 앞 건물의 복도는 장비가 지나가기에 턱없이 좁다. 병원의 상황상 증축이나 개축은 불가능하고, 기존 건물에 장비를 설치해야 한다. 건물 높이는 'ㅁ'의 사면이 8, 9, 10층으로 구성되어 있다. 완벽한 코끼리 넣기 아닌가?

가장 먼저 생각한 것은 헬리콥터에 설치하기로 한 장비를 매달아 'ㅁ' 건물 중앙 부분에 천천히 내려놓은 다음, 뒤편 건물의 벽을 일부 절개해서 밀고 들어가는 방식이다. 언뜻 들으면 쉽게 생각된다. 일단 헬리콥터 업체에 연락해 보았다. 대도시 한복판에서 헬기로 작업하는 것은 너무 위험하고, 허가 절차 또한 너무 복잡하며, 20톤은 너무 무겁다. 그리고 'ㅁ'의 내측 공간이 너무 좁아서 정확히 맞추어 장비를 내리는 것은 불가능하다. 이런 답변이 돌아왔다. 구구절절 맞는 말이었다. 실제 대형 소방방재용 헬리콥터라 하더라도 인양능력은 10톤이 채 못 된다. 첫 번째 생각은 단번에 좌절되었다.

포기해야 할까? 크레인으로 들어서 넣는 방법은 어떨까? 물론 처음부터 생각했던 것들 중 하나다. 전체 건물 중 도로의 앞면 건물에는 반입이 충분히 가능하다. 그러나 무게와 거리 때문에 후면 건물에는 불가능하다. 앞 측 건물을 넘어서 후면 건물까지 크레인을 뻗을 경우엔 안전한 각도가 안 나온다. 그러면 건물을 지을 때 사용하는 타워크레인은 어떨까? 실제로 가장 좋은 방법이다. 그런데 설치비용이 너무 많이 들고 시간도 너무 오래 걸린다. 생각에 생각을 거듭했다. 당장 해법을 구하진 못했지만 그래도 크레인이 제일 좋은 방법이라는 결론은 얻은 셈이다. 이만하면 큰 수확이다.

크레인을 통한 반입이라……. 크레인에서 더 이상 생각이 벗어나지 못하고 있었다. 문제는 옮겨야 할 장비가 너무 무겁다는 건

데, 이를 어쩐다. 혹시 다른 방법은 없을까. 분명히 코끼리를 집어넣을 방법이 있긴 있을 텐데. 그렇지만 뚜렷한 방법이 떠오르지 않아 애만 태우고 있었다. 크레인을 이용하려던 계획을 포기할 즈음, 열심히 계산을 해보던 크레인 엔지니어 한 분이 귀띔을 해주었다. 우리나라에 초대형 크레인이 몇 대 있다는 말이었다. 계산적으로는 가장 큰 크레인이라면 가능할 수도 있다는 이야기인데, 눈이 번쩍 뜨였다.

가장 큰 크레인이 찾는 데는 며칠이 걸렸다. 연락을 하고 찾아갔더니, 상상을 초월하는 크기의 크레인이 떡 버티고 있었다. 바퀴가 달려 있기는 했지만 도저히 움직일 것 같지 않은 괴물이었다. 사정을 이야기하고 의료장비 반입에 대한 자세한 설명을 시작했다. 과연 초대형 크레인은 반입해야 하는 장비의 무게를 감당할 수 있는 그런 작업 용량을 갖추고 있었다. 그런데 또 다른 문제가 생겼다. 크레인을 세워서 지지하고, 크레인의 팔(지지대)을 뻗을 공간이 없는 것이다. 시내 한복판 대로변에 그런 장비를 세울 방법이 없었다. 또 한 번 절망이 찾아왔다. 이제는 거의 포기 수준이었다.

반입할 방법을 찾지 못한 나머지 우선 고객에게 미안했다. 사과를 하려고 다시 고객을 방문했다. 좀 더 소형의 장비를 구매하는 방법이 있다는 이야기와 더불어 그 이외의 이런저런 다른 대화가 오갔다. 방문을 마치고 나서려는 참이었다. 병원 문을 열고 나오려던 바로 그 순간, 바람이 엄청나게 불고 있는 병원 건물 앞 왕복 10차선의 대로가 눈에 들어왔다. 갑자기 이런 생각이 들었다.

'길 건너에 크레인을 세우면 각도가 나오지 않을까?' 바로 크레인 회사에 전화를 걸었다. 거리 등을 알려 주니 "장담은 못 하지만 한 번 해볼 만하다"는 답변이 돌아왔다. 그럼 하자고 했더니, 막상 너무 위험하다고 한 발을 빼는 것이었다. 정말 산 넘어 산이었다. 이제는 크레인 회사까지 설득해야 했다. 충분한 보험을 들기로 하고 마침내 크레인 회사마저 설득했다.

그런데 대로에 크레인을 설치하고 작업을 하려면 경찰서에 가서 허가를 받아야 한다는 것이었다. 그것도 작업자들이 아니라, 작업주가 직접 허가를 받아야 한다는 것이다. 그 말을 듣자마자 경찰서로 달려갔다. 설명을 하고 허가 요청을 했다. 여기서도 쉽지 않았다. 경찰서에서는 완전히 정신 나간 놈 취급을 하는 것이었다. 어느 정신 나간 놈이 갑자기 나타나더니 뜬금없이 시내 한 중간을, 그것도 10차선 대로를 막겠다고 허가를 해 달라니. 경찰서에서도 어이가 없었을 것이다. 그렇다고 여기까지 와서 멈출 수도 없지 않은가. 당시 새파란 영업사원이었던 나는 갖은 읍소와 협박 등 별의별 수단을 총동원하여 결국 허가를 받아냈다. 그나마 겨우 허가받은 시간은 일주일 중 가장 통행량이 적은 시간(아마 토요일 새벽으로 기억된다)이었고, 일시 통제 후 작업을 해야 한다는 조건이 붙었다.

마침내 작업일이 되었다. 밤새 크레인이 설치되었고 기다란 트레일러에 장비가 실려 왔다. 장비를 해체해서 크레인에 연결했다. 20톤이 넘는 장비가 크레인에 매달려 조금씩 조금씩 움직이기 시작했다. 가슴이 벅차올랐다. 그러나 20톤의 무게가 공중에 매달려 있다는 생각에 이내 심장이 콩알만 해졌다. 크레인에 매달린 장비는 거의 움직이지 않는 듯하면서 여명으로 붉어진 허공 속에서 아주 조금씩 앞 건물의 머리 위로 사라졌다. 그리더니 얼마 후, 뒤편 건물 사이로 사람들이 가진 감각으로는 느낄 수도 없을 정도의 속도로 조금씩 조금씩 내려앉았다.

동이 틀 무렵 거대한 장비는 마침내 뒤쪽 건물 자신이 있어야 할 바로 그 자리에 들어갔다. 한번 들어가면 절대 나오지 못할 공간으로 들어간 것이다. 사람들은 모를 것이다. 저렇게 큰 놈이 어떻게 저 자리에 들어와 있는지. 그곳을 지날 때마다 나는 슬며시 웃는다. 그곳이 나에게는 현재의 나를 있게 만들어 준 역사니까. 다시 한번 말하지만 코끼리는 냉장고에 들어갈 수 있다.

아직도 새벽의 찬 공기 속에서 붉은 허공을 떠오르던 20톤이 넘는 코끼리가 잊히지 않는다. 이런 일을 몇 번 겪으면서 나는 점점 자신감이 붙었다. 스케치를 해가면서 방법을 찾고, 장비를 옮기는 전문가들과도 반입의 방법론에 대해 갑론을박할 수 있게 되었다. 세상의 모든 다른 일처럼 좋은 경험의 축적은 그것을 축적한 사람을 프로로 만든다.

고객은 냉장고 안 코끼리를 원할 뿐이다

직원들과 영업 미팅을 시작한다. 시간이 얼마 지나지 않았는데 답답해지면서 슬며시 화까지 나기 시작한다. 매번 영업 회의가 진행될 때마다 비슷한 이야기가 연속되는 것이다. 우리 제품은 경쟁사 대비 가격이 너무 비싸다. 우리 제품은 경쟁사 제품에 비해 A 기능이 떨어진다. 우리 회사의 서비스 비용은 너무 비싸다.

그래서 이렇게 물었다. 가격 싸고, 모든 기능이 뛰어나며, 서비스도 잘 되는 제품을 왜 영업사원이 팔러 다녀야 하는지. 그냥 살 사람만 사 가라고 해도 되는 것 아닌가.

답답한 이야기만 오가던 차에 어느 날부터인가 기본적인 세 가지 항목인 제품의 가격, 제품의 품질, 서비스는 아예 별도로 논의한다는 지침을 내렸다. 이 세 가지는 모든 영업팀이 이구동성으로 이야기하는 것들이다. 물론 중요한 것임은 알지만 매번 같은 논의에만 매달릴 수는 없는 것 아닌가. 그리고 당장 무슨 대안이 있는 것도 아니다.

세 가지 이외의 논의를 하자고 했더니 이번에는 영업이 안 되는 100가지 이유를 풀어놓기 시작한다. 이건 이래서 안 되고 저건 저래서 안 된다. 회의실은 마치 안 되는 것들의 성토장으로 변한다. 이런 상황에서는 이렇게 질문해 본다. 그러면 어떻게 하면 되는지. 제품 판매를 위해 원하는 게 무엇인지. 성토장이었던 회의실은 금세 조용해진다.

대안도 없이 안 되는 이유만 늘어놓는 사람들은 영업을 잘 할 수 없다. 아니 기본적으로 영업이 불가능하다. 본인들의 눈에도 문제투성이인 제품이나 솔루션을 누구에게 권할 것이며, 또 그런 사람의 말을 믿고 어느 누가 구매한단 말인가. 방법을 찾아야 한다. 방법을 찾으려고 고민하는 횟수가 늘어날수록 문제 해결의 능력 또한 발전한다. 그리고 영업인이 찾아야 하는 것은 제품이 안고 있는 문제가 아니라 제품을 판매할 방법이다.

어쩌면 제품의 문제를 찾는 데 소모하는 에너지나 문제 해결의 방법을 찾는 데 소모하는 에너지는 비슷할 것이다. 설사 문제를 인식한다고 하더라도 어떻게든 해결할 수 있다는 믿음을 가지고 믿음이 이끄는 방향으로 생각을 고정해야 한다. 굳이 안 되는 쪽으로 생각하는 이유를 모르겠다. 코끼리를 냉장고에 넣으려고 할 때, 안된다는 생각으로 시작하는 사람에게 무얼 기대할 수 있을까. 그들에게는 시작부터 불가능한 일이었다.

코끼리가 들어가지 않으면 하마도 안 들어가고 기린도 안 들어간다. 결국 냉장고에는 아무것도 못 넣는다. 더구나 코끼리, 하마, 기린이 왜 냉장고에 들어가지 않는지에 대해서는 영업사원 본인 말고는 아무도 관심을 갖지 않는다. 이게 중요하다. 그 제품에 관계된 당사자를 제외한 사람들에게는 아무리 훌륭하고 그럴듯한 설명을 하더라도 쓸모없는 것에 불과하다. 그것이 정말 세상에 둘도 없이 완벽한 제품이었다고 하더라도 말이다. 이거 하나만이라도 명심하자. 고객은 냉장고 안에 있는 코끼리를 원할 뿐이다.

프레이밍 효과Framing Effect
관점에 따라 달라진다

프레이밍Framing이란 원래 사진 용어로, 구도 또는 틀을 어떻게 잡느냐에 따라서 느낌과 구성이 달라지는 현상을 말한다. 현실에서도 질문이나 문제 제시 방법에 따라서 사람들이 받아들이는 것이 달라진다. 즉 어떤 관점으로 보느냐에 따라서 문제가 다르게 보이는 것이다.

사망할 확률이 20%라고 표현하는 것과 생존할 확률이 80%라고 표현하는 것은 당장 수술을 해야 하는 환자에게는 상당히 다르게 받아들여진다. 이런 상황에 되면 으레 손실회피 본능이 일어나게 되는데, 20%의 위험한 상황에 훨씬 더 많은 두려움을 느끼는 것이다.

이런 프레임은 마케팅에서 광범위하게 이용된다. 가령 메뉴의 가격을 구성할 때, 3만 원, 5만 원이라면 상대적으로 3만 원짜리 메뉴가 더 많이 팔린다. 하지만 거기다 8만 원짜리 메뉴를 추가하면 많은 사람들이 5만 원 메뉴를 선택한다. 심리적인 안정감을 얻기 때문이다. 더구나 이런 경우 3만 원짜리는 값싼 것으로 인식되기 쉽다. 단어 선택에 있어서도 이런 프레임을 이용한다. '유통기한'을 '제조일자'로 바꾼 우유제품의 표기나, '농약'이라는 단어 대신에 '농작물 보호제'라는 단어를 사용하는 경우가 여기에 해당한다.

프레이밍 효과를 잘 이용하면 영업사원들에게 도움이 된다. 고객들은 영업사원이 제시한 틀(프레이밍)을 가지고 판단한다. 고객에게 판단할 수 있는 편안한 대안을 제시해야 원하는 답을 얻을 수 있는 것이다.

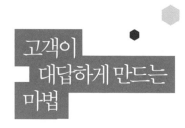

고객이 대답하게 만드는 마법

　　영업자라고 하면 우리는 말 잘하는 사람을 생각한다. 낯을 가리지 않고 청산유수처럼 상품 설명을 하는 사람을 떠올리면서 바로 이런 사람이야 말로 영업을 잘하는 사람이라는 고정관념이 매우 깊숙이 뿌리내리고 있다. 그러나 반대급부로 이런 사실도 있음을 반드시 인지해야 한다. 사람들은 다른 사람의 유수와 같은 말에 일단 의심을 하고 경계하는 심리를 가지고 있다.

　　고객의 입장에서 생각해보자. 고객은 영업사원의 말에 흔들려 자기가 원하지도 않는 결정을 할까 봐 두려워한다. 그래서 자기를 최대한 감추고 방어하려고 한다. 고객에 대한 분석과 파악을 치밀하게 하지 않고서는 절대 성공할 수 없다.

스스로 답한 질문에는 이의를 갖지 않는다

어떻게 하면 고객에게 설명을 잘 할 것인지를 고민하는 것보다, 어떻게 하면 고객에게 더 좋은 질문을 할 것인지를 고민하는 것이 바람직하다. 제대로 된 질문은 고객으로부터 해답을 얻어내는 마법을 발휘한다. 질문의 요체를 모르고 던지는 것이 아니라 답변을 하는 고객 스스로가 자신의 문제를 인식하도록 하는 것이 무엇보다 중요하다. 고객의 입장에 서다 보면 자신에게 필요한 것이 무엇인지를, 혹은 본인도 잘 알고 있는 문제일지라도 그것을 영업사원의 입을 통해서 듣게 되면 부정적으로 받아들이기 마련이다. 질문에 대한 답변을 꺼내놓는 과정에서 머릿속으로는 정말 문제가 있음을 확인하게 되는데, 이런 원리에 따라 고객은 오히려 문제의 해결을 위해 더욱 적극적인 자세를 취하게 된다.

어리석은 영업사원일수록 고객과의 논쟁을 즐긴다. 고객의 문제를 지적하길 좋아하며, 아예 고객에게 잘못된 판단을 하고 있다는 직접적인 지적도 마다하지 않는다. 도대체 무엇을 얻으려고 그런 행동을 하는지 모르겠다. 건강식품을 판매하는 영업사원이 당신에게 혈색이 안 좋아 보이는데 간 기능에 문제가 있는 것 같다고 말한다면 당신은 어떤 느낌이 들까? 평소 자주 피곤함을 느끼며 얼굴색이 좋지 않다고 생각하고 있더라도 선뜻 "네, 건강이 좋지 않아요"라고 대답하는 사람은 많지 않다. 오히려 의사도 아니면서 지가 뭘 안다고 남에게 혈색이 어쨌느니 간 기능이 어쨌느니 하며 떠들어대는 건지 반발할 가능성이 크다. 자연스럽게 대화를 풀어가려면 "건강은 어떠세요?", "평소 자주 피곤함을 느끼시나요?", "오후에 졸음 쏟아짐을 많이 경험하시나요?" 등 적절한 질문을 찾아내는 것이 낫다. 즉 고객이 스스로 답변하도록 유도하는 것이다. 고객이 내놓을 대답에 맞는 질문을 던지는 것이 분위기를 연결시키는 데는 훨씬 적절하다.

다이어트 상담을 받으러 온 고객이 있다. 체중을 줄여야만 건강해진다느니, 이런 코스의 운동을 하면 한 달에 5kg을 뺄 수 있다느니, 검증된 프로그램으로 체중 감량을 보장해준다느니 구구절절 너무나 당연한 이야기를 영업하는 사람의 입을 통해 듣는다고 생각해 보자. 고객이 선뜻 받아들일까. 의심과 반감만 증폭할 것이다. 이미 여기저기서 그런 흔한 정보는 많이 듣고 또 보았다. 고객이 폭발하지 않은 것만 해도 천만다행이다.

고객에게 질문을 던지자. 그리고 스스로 답하게 하자. "체중이 과하다고 느끼시나요?", "체중 때문에 불편하신 점이 있는지요?" 쉬운 질문을 던져라. 설사 뻔한 대답을 듣는다는 것을 알아도 질문을 해야 한다. 고객은 스스로 답한 내용에 대해서는 이의를 가지지 않는다.

고객은 항상 불안하다. 혹시 속고 있지는 않은지? 잘못 선택하는 것은 아닌지? 항상 경계하고 자기 생각을 철저히 감추려고 한다. 고객을 안심하게 해 주어야 한다. 고객 스스로 확신을 한다면 이런 문제는 쉽게 해결될 수 있다. 통계에 따르면 광고를 가장 집중해서 듣는 고객은 이미 물건을 구매한 사람이라고 한다. 물건을 구매하고 난 뒤 자신의 선택을 확인하는 것이다. 이를 통해서 고객은 '아! 내가 잘 선택한 것이다'라는 확신을 가지면서 비로소 안심하게 되는 것이다.

선택할 수 있는 질문을 하라

고객에게 질문할 내용을 리스트로 만들어야 한다. 만들어진 리스트를 항상 상황별로 정리하고 수정하면서 좀 더 세련된 문장으로 다듬어보자. 별것 아닌 것 같지만 머릿속으로만 생각하는 것과 다듬어진 문자를 보는 것에는 많은 차이가 있다. 시간 날 때마다 한 번씩 질문의 리스트를 확인한다면, 그 속에서 그동안 그냥 지나쳤던 새로운 상황이 보이고 영감도 떠오르게 마련이다. 이런 과정을 통해서 자기만의 노하우를 쌓아 가는 것이다. 아무런 노력도 없이 단순한 감각과 경험만으로 막연히 잘되겠지 생각하는 건 너무 터무니없는 발상이다. 기록하고 검토하는 적은 노력이 쌓여 엄청난 차이가 된다.

쉬운 설명과 쉬운 질문으로 고객과의 대화를 유지해야 한다. 복잡한 용어를 사용하고 어렵게 설명을 한다고 해서 고객이 수긍하지는 않는다. 고객의 귀를 닫게 만드는 역효과만 있을 뿐이다. 쉬운 설명과 쉬운 질문이 가장 훌륭한 도구이다. 아무리 적합한 용어를 사용해서 설명해도 고객이 알아듣지 못하면 아무런 의미가 없지 않은가. 평소에 충분히 준비하지 않았다면, 사실 쉽게 설명하는 것이 더 어려울 수 있다. 경우에 따라선 어느 정도 사전 연습이 필요할지도 모른다. 여기에 더해질 조언이 하나 더 있다면 반드시 고객이 사용하는 용어를 써야 한다는 것이다.

한번은 고급 레스토랑이었는데, 와인 전문가라는 사람이 다가오더니 테루아르, 빈티지 등 복잡한 설명을 늘어놓기 시작했다. 너무 당혹스러웠다. 와인에 대한 지식과 경험이 풍부하지 않은 일반적인 고객이라면 누구나 와인에 대한 간단한 분류 정도만 할 수 있을 것이다. 색깔별로 레드, 화이트. 지역별로 프랑스산, 미국산, 남미산. 그리고 가격대 정도가 그들 고객이 알고 있는 전부이다. 그런 고객에게는 주문한 음식에 어울리는 와인이라든지, 생각하고 있는 가격대를 기준으로 쉽게 설명해야 한다. 자기에게 아무리 전문지식이 있다고 하더라도 고객의 눈높이를 무시한 대화는 자제해야 한다.

질문하는 요령에 관한 빼놓을 수 없는 게 하나 있다. 반드시 고객이 선택할 수 있는 질문을 해야 한다는 것이다. 제일 처음 어떤 질문을 하는가도 정말 중요하다. 미세한 차이가 영업의 승률을 좌우한다. 자, 다시 한번 레스토랑으로 이동해 보자. 종업원이 오더니 와인을 할 것인지 묻는다. "와인을 드시겠습니까?" 종업원이 한 제일 첫 질문이다. 어떤가. 이렇게 묻는 것은 주문할 확률을 50% 이하로 떨어뜨리는 행위다. 와인을 먹을 것인가 말 것인가를 고민하게 만드는 질문이기 때문이다. 쉽게 이해되지 않을 수도 있다. 그러면 이렇게 묻는 것은 어떤 반응이 일어날 것 같은가. "와인은 화이트와인으로 하시겠습니까? 레드와인으로 하시겠습니까?" 이제 고객은 와인을 시킬 것인가 말 것인가 보다는 어떤 와인을 고를 것인가를 고민한다. 고객의 머릿속에서는 다른 화학작용이 일어나고 있는 것이다.

이런 질문에 죄책감을 느낄 필요는 없다. 고객의 고민을 쉽게 해결해주는 역할 또한 중요하기 때문이다. 레드 와인을 선택했다면 적당한 것을 몇 가지 추천해주고 선택을 도와주면 된다. 어떤 레드와인을 주문할 건지 물어보는 것은 고객에게 또 다른 선택권을 주는 것이다. 여기서도 마찬가지다. 이때는 정말 추천하고 싶은 프랑스산, 유럽산 와인 한 가지를 추천해서 물어보는 것이 더 좋다. 한마디 질문이 실질적 와인 매출에 엄청난 차이를 불러일으킨다. 질문 하나가 당신의 매출을 좌우할 수 있다는 사실을 놓치지 말자. 고객에게 설명하려 들지 말고 먼저 질문하라. 그리고 고객이 스스로 답하도록 하라.

비교하기에 달렸다

프랑스인 의사 아우구스틴 샤르팡티에Augustin Charpentier가 1891년에 발표한 '크기-무게의 환상size-weight illusion'을 기본으로 한 이론이다. 샤르팡티에 효과는 동일한 무게의 물건도 이미지에 따라 그 판단이 바뀌어 버린다는, 착각에서 비롯된 인간의 심리 현상을 말한다. 예를 들어, 10kg 아령과 10kg 종이박스가 있을 때, 실제로는 똑같은 무게지만 왠지 종이박스가 더 가볍다는 느낌을 받는다는 것이다. 어떤 대상을 평가할 때 비교에 의해서 영향을 받는 것을 말한다.

뉴스에서 면적에 관해 이야기할 때 여의도의 몇 배, 지구를 몇 바퀴도는 것과 맞먹는 거리 등으로 표현해서 면적이나 거리를 실제보다 크고 멀도록 느끼게 하는 것도 이런 효과를 이용한 것이다. Before / After로 비교하는 것도 그 대표적인 예라고 할 수 있다. 여의도에 있는 어떤 목욕탕에는 이런 문구가 쓰여 있다. '63빌딩의 깊이에서 뽑아 올린 천연 암반수' 실제 63빌딩은 243m이며, 보통 온천의 지하수는 800m 깊이의 온천공을 가진다고 한다. 243m라고 하면 그리 깊다고 할 수 없지만, 63빌딩과 비교함으로써 엄청나게 깊은 곳에서 나온 물처럼 여겨진다. 평균 체중보다 10kg이 많다고 하면 사람마다 정도의 차이는 있겠으나 그 무게를 실감하는 게 쉽지 않지만, 승용차 타이어 하나가 10kg인데 매일 승용차 타이어 하나를 지고 다니는 거 같다고 한다면 누구나 절실하게 느끼는 것과 같다.

고객을 쉽게 이해시키려면 이처럼 적절한 비교 대상을 선택해서 설명하는 것이 좋다.

그들은 설득당하지 않는다

당신은 다른 사람을 설득시킨 적이 있는가? 아니면 혹시 당신은 다른 사람에 의해서 설득당한 적이 있는가? 결론적으로 말해서 사람은 쉽게 설득당하지 않는다. 부정적인 대답에 실망스러울 수도 있겠지만 이 문제를 그냥 넘어갈 수만은 없다.

솔직히 누구를 설득할 수 있는 능력이 있으면 세상을 살아가는 일이 너무나 쉬울 것 같다. 만약 그렇다면 별다른 장애 없이 원하는 것이 무엇이든 다 얻을 수 있을 것이다.

설득이란 사전적 의미 그대로 상대편이 이쪽 편의 이야기를 따르도록 여러 가지로 깨우쳐 말하는 것을 말한다. 내가 원하는 방향으로 다른 사람이 행동하도록 하기 위해서는 무엇이 필요할까?

이 제품이 변하게 하는 것

·····························

사람을 설득하는 일은 분명 어렵다. 제아무리 편한 대화를 나누는 중이더라도 누군가 나를 설득하려는 느낌이 든다면 나의 내면에 있던 의심이 자연스럽게 고개를 치켜들기 마련이다. 이런 식으로 이야기하는 내내 의심은 극대화된다. 의심이 극대화된 상태에서는 절대로 마음이 열리지 않는다. 마음의 문을 열게 하는 것은 신뢰다. 신뢰는 수치로 측정할 수 없기 때문에 어느 정도인지 가늠하기 힘들다. 신뢰가 어느 정도 쌓였다고 판단한 나머지 조심스럽게 이야기를 꺼내보았지만 벽에 부딪혔던 경우가 누구에게든 있을 것이다. 그것도 한두 번이 아니었을 것이다. 신뢰란 공감의 시간이 반복되었을 때 비로소 쌓인다. 신뢰란 복잡한 논리로 설명할 수 없는 것이어서 지루한 과정을 겪는 동안 자연스럽게 자리를 잡는다. 신뢰의 열쇠는 복잡한 것이 아니라 공감하는 능력에 있다. 따라서 쉽게 되는 것이 아니다.

세계적인 저술가이자 강연자인 브라이언 트레이시는 영업 과정의 40% 이상이 고객과의 신뢰를 쌓는 일이라고 했다. 여기엔 잠재 고객도 포함된다. 지속적인 관계 속에서 상대에 대한 칭찬과 상대를 인정하는 마음이 있어야 신뢰가 쌓이며, 고객의 말을 들어주는 것도 빼놓을 수 없다고 했다. 신뢰가 어느 정도 형성되었으면 이제 고객의 상태를 변하게 하는 구체적이고 논리적인 제안을 해야 할 때이다. 고객의 상태를 변하게 한다는 것은 고객이 물건이나 서비스를 구매하게 되면 무엇이 변하는지를 정확히 설명할 수 있어야 한다는 의미다. 이 변화를 분명하게 설명할 수 없다면 그 제품이 무엇이든 팔 생각은 꿈도 꾸지 말아야 한다.

변한다는 것과 실제 구매 사이에는 어떤 관계가 있을까? 가령 생수 한 병일지도 거기에는 그것을 산 사람을 변화시키는 그 무엇이 존재한다. 그 무엇 때문에 구매가 이루어진다. 병에 담긴 물을 사는 것이 아니라, 생수를 들이켰을 때 오는 어떤 변화를 사는 것이다. 즉 들이켜는 순간 느껴지는 시원하면서도 갈증을 가시게 하는 신체적이면서 정신적인 변화 때문에 그것을 구매한다. 누구든지 어떤 상품이나 서비스를 구매할 때는 반드시 기대하는 바가 있다. 여성들이 화장품이 들어있는 병을 사려고 그 많은 돈을 투자한다고 생각하는가. 세상의 모든 여성은 누구나 할 것 없이 메이크업 이후 화사하게 변신한 자신의 모습을 산다. 이런 점을 모른채 물건에만 집중해서 장황하게 설명하는 영업사원이 있다면 그는 지금 고객의 마음과는 점점 멀어지고 있음을 명심하기 바란다.

스마트폰을 사러 온 고객이 있다. 단지 화면이 있고 배터리가 있는 전자제품 덩어리를 사러 왔을까? 그 제품으로 누군가는 인터넷을 하고 싶어 하며, 누군가는 SNS를 하고 싶어 하고, 누군가는 통화를 하고 싶어 한다. 고객마다 그것을 이용하려는 목적과 방식이 모두 다르다. 더구나 이게 끝도 아니다. 좀 더 나아가 인터넷을 하려는 사람들조차도 정보를 찾기 위해서이기도 하고, 블로그 때문이기도 하며, 용도는 그 외에도 헤아릴 수 없이 많다. SNS를 목적으로 구매하려는 사람은 결국 누군가와 연결되기를 바란다. 어쩌면 먼 곳에 있는 사랑하는 사람과 SNS를 통해 연락을 취하려는 사람일지도 모른다. 어떤 것을 기대하고 스마트폰을 사는지 정확히 이해 못 한다면 절대로 고객의 지갑을 열 수 없다. 설사 무얼 원하고 있는지를 고객 본인이 모른다고 할지라도 훌륭한 영업사원이라면 고객이 모르는 그것마저 끄집어내어 인지시켜야 한다.

혹시 처음 스마트폰을 사러 온 고객에게 화면의 해상도가 어떻고, CPU가 어떻고, 메모리가 얼마이고 이렇게 설명하고 있는 건 아닌지 자신을 한 번 돌아보자. 스마트폰 매장이란 곳을 처음 방문한 사람에게 이런 것들을 아주 자세하고도 친절하게 설명하는 영업사원이 있다면, 이 자리를 빌려 이렇게 말해주고 싶다. 실적을 내기 참 어렵겠는데요. 너무 가혹한 평가 같은가. 70세의 할머니가 스마트폰을 사러 왔는데 그런 시시콜콜한 설명을 하고 있는 광경을 목격한다면 누구라도 이상하게 볼 것이다. 할머니에게 왜 스마트폰이 필요한지, 어떤 용도로 그것을 사용하실 건지를 파악하는 것이 먼저다. 멀리 있는 자녀들의 안부가 궁금해서 구매하려는 건 아닌지, 그렇다면 현재 자식들과 함께 살고 계신 지부터 여쭈어보는 것이 현명하다.

자동차를 구매하려는 고객 앞에서 단지 교통수단이 목적이라고 여기는 것도 순진한 발상이다. 차를 사는 이유는 백이면 백이 전부 다르다. 새로 사귄 여자 친구가 있어서 데이트를 위해서 차를 사는 남성도 있을 것이며, 이제 갓 학교에 진학한 아이를 통학시키기 위해서 차를 사는 주부도 있을 것이다.

이 제품을 구매하기 전과 구매한 이후의 고객은 분명히 다른 사람이다. 이런 사실은 고객 자신도 금방 느낄 수 있다. 스마트폰을 가지기 전의 나와 스마트폰을 가지고 있는 나는, 자동차를 가지기 전의 내 가정과 자동차를 가지고 있는 내 가정은 어쩌면 다른 세계에서 다른 차원으로 살고 있는 존재만큼이나 인식의 패턴에 차이가 있기 때문이다. 이처럼 내 앞에 있는 각기 다른 개성의 고객이 바로 이 제품을 선택함으로써 얻을 수 있는 긍정적인 변화는 무엇일까, 이 제품을 갖게 된 고객은 변화된 자신을 어떻게 생각할까에 대해서 진지하게 생각하도록 하자. 그리고 이런 것들을 꼼꼼히 따져가며 논리정연하게 설명하라. 그것이야말로 영업자의 본분이다.

공감하는 능력

. . . .

출장을 엄청나게 다니는 직업을 가진 나는 돌아올 때면 무언가를 하나라도 꼭 사 들고 오려고 노력한다. 그것이 반드시 필요해서도 아니고, 그것의 가격이 저렴하기 때문도 아니다. 사실 요즘은 전 세계 어디를 가나 가격이 평준화되어 있어서 좀처럼 싼 가격에 횡재하는 일은 없다. 이런저런 물건들을 사 들고 오는 이유는 단순하다. 작은 선물이지만 받는 사람이 기뻐하는 모습을 볼 수 있기 때문이다. 가격이 비싸고 물건의 질이 좋다는 것은 부차적이다. 받을 때의 기쁨, 그 한순간의 환희를 바라보는 기분 역시 무척 행복하다. 선물 하나로 주는 사람과 받는 사람은 비록 짧은 시간이나마 환희 속에서 공감한다. 그렇다. 한마디로 그 기쁨의 순간을 경험하기 위해 물건을 샀던 것이다.

누군가와 공감하며 누군가의 신뢰를 얻는다는 것은 그 사람의 입장에서 생각하고 고민했을 때 가능한 하나의 선물과도 같은 것이다. 이것은 고객과의 관계에서도 다르지 않다. 정말 고객은 무엇을 원하는 것일까? 한순간이라도 고객의 입장에서 생각하고 공감하려는 노력을 게을리하지 않는다면 누구라도 그런 감정을 공유할 수 있을 것이다.

다이어트 프로그램에 가입하려는 고객이 있다. 무작정 얼마 동안의 기간이 지나면 몇 킬로그램이 빠진다는 설명에 열을 올린다면 그는 분명 초보 영업사원이다. 곧 결혼할 사람인지, 새롭게 연애를 시작하려는 건지, 취업을 하려고 하는 건지 빠른 시간에 가입 의도를 파악해야 한다. 이때야말로 철저히 고객 입장에 서야 하는 순간이다. 즉 고객과의 공감이 절대적으로 필요한 시점인 것이다. 가입을 하고 다이어트 프로그램이 진행되는 과정에서도 이와 같은 고객의 상황을 잊어선 안 된다. 다이어트 프로그램에 가입하게 된 동기와 프로그램에 참여하면서 변화되는 고객의 모습을 연결 지으며 카운슬링할 수 있도록 항상 섬세한 관심이 필요하다. 그렇게 해서 고객이 원하는 것을 얻었다고 해보자. 그 고객은 몇 명의 잠재고객을 소개할 것이고, 새로운 고객 역시 공감과 신뢰를 바탕으로 철저히 관리한다는 가정하에서지만, 새롭게 소개받은 고객 역시 다른 잠재고객을 소개하면서 고객의 범위 자체가 달라진다. 영업의 외형적이고 내용적 측면이 모두 선순환의 구조로 바뀌는 것이다. 더구나 서비스를 받은 고객의 변화하는 모습을 직접 관찰할 수 있었다면 소개받은 고객은 처음부터 신뢰를 갖게 되므로 상황은 보다 쉬워진다.

영업하는 사람들에게 아무리 강조해도 모자라는 것이 바로 내적 소통인 공감과 그것이 쌓여 이루어진 신뢰다. 옆길로 새는 것 같지만, 우리는 그동안 이처럼 공감하고 소통하는 능력이 내성적인 사람의 특징이라는 것을 간과해 왔다. 그것은 분명 잠재력의 일부분이고, 이들의 잠재력이 편견으로 인해 빛을 보지 못했다면 어쩌면 그것은 막대한 영업 손실이라는 생각도 그래서 하게 된다. 내성적인 사람들은 상대의 입장에서 이해하고 공감하려는 성향이 강하며, 따라서 고객을 읽어내는 관찰력에서 남다르다. 이렇게 중요한 능력을 선천적으로 타고난다면 얼마나 좋을까. 상대의 입장에서 이해하고 고객의 심리상태를 겸허하게 관찰하는 태도는 영업에서는 없어서는 안 될 요소이며, 그렇다면 그런 특성적 성향을 재고할 여지가 충분히 있는 것 아닌가.

다시 본론으로 돌아오자. 공감하고 소통하는 능력이 얼마나 중요한지는 이제 영업 현장이 아닌 다른 분야에서도 모르는 바가 아니다. 사람은 잘 설득되지 않고 변하지 않는다는 사실은 맞다. 그러나 공감과 신뢰를 쌓은 후 고객이 바라는 변화에 초점을 맞춘다면 적어도 영업적 성공이 보장된다는 사실 또한 틀리지 않다. 신뢰는 쌓기는 어렵지만 그 효력은 오랜 간다. 시간적으로만 오래가는 것이 아니라 그 효력은 공간적으로도 범위가 넓다. 두둔하려는 게 아니라 모든 영업인들의 파이팅을 위해 말하는 것이다. 내성적인 영업자들의 잠재적 자질을 긍정적으로 발전시킬 수 있다면 반드시 좋은 결과로 이어질 것이다. 문제는 공감이다.

보고 싶은 것만 보고 믿고 싶은 것만 믿는다

확증편향(確證偏向)이란 자신의 신념과 일치하는 정보는 받아들이고, 신념과 일치하지 않는 정보는 무시하는 심리상태를 말한다. 보고 싶은 것만 보고, 믿고 싶은 것만 믿으려는 경향은 일상에서도 쉽게 목격할 수 있다. 무엇인가를 사실이라고 믿고 있을 때 우리는 스스로 믿는 것을 뒷받침할만한 정보만 받아들인다. 사람들은 자신이 잘못되었다는 것을 인정하기 싫어한다. 그러므로 자기가 믿고 있는 것을 확인하기 위해서 거기에 유리한 정보만 선택해 보고 듣는 것이다.

좋아하는 이성을 만나서 연애를 시작하면 상대의 모든 것이 좋아 보인다. 단점이 안 보이는 것이 아니라, 장점만을 보고 생각하기 때문에 이런 현상이 발생한다. 명품이 좋다는 편견을 가진 사람은 가격만 비싸고 품질은 별로 좋지 않은 제품이더라도 구매를 위해 흔쾌히 지갑을 연다.

영업을 하는 사람은 인간의 이런 기본적인 심리를 이해해야 한다. 고객이 어떤 생각을 하고 있는지 이해하는 것이 중요하다. 고객은 사용하고 있는 제품이 좋다고 믿고 있다면 아무리 다른 설명을 해도 바꾸기가 힘들다. 오히려 영업사원의 진의를 의심할 수 있다. 고객의 기본적인 생각을 파악해야 하는 이유이다. 그리고 고객이 믿고 있는 바를 정면으로 반박하기 시작하면 그 이후의 대화는 의미가 사라지고 논쟁만 남는다. 질문을 통해서 고객 스스로 생각을 정리하도록 해야 한다. 가장 좋은 방법은 스스로 설득하게 하는 것이다.

최종 결정을 끌어내는 한마디

　　최근에 산 물건을 잘 생각해 보자. 생필품처럼 꼭 사야 되는 것이어서 그냥 쉽게 선택한 물건이 있을 것이고, 엄청난 고민 끝에 구매를 결정한 물건도 있을 것이다. 일반적으로 소비자들은 구매하려는 제품이 무엇이냐에 따라 구매 태도를 달리하게 마련이다. 전문적으로는 저관여(低關與) 제품과 고관여(高關與) 제품으로 분류할 수 있다. 전자인 저관여 제품은 가격이 저렴하면서 잘못 구매해도 위험부담이 거의 없기 때문에 신속한 정보처리와 빠른 의사결정을 하게 한다. 껌이나 생수를 살 때 오랫동안 고민하는 사람은 별로 없다. 바로 이런 유의 제품군을 말한다.

　　반면 아주 신중하게 구매하는 제품도 있다. 일테면 고관여 제품이다. 고민에 고민을 거듭하고 나서야 구매 결정을 하게 되는 것이다. 어떻게 최종 결정을 하였던가. 최종 결정을 하게 만든 분명하고도 결정적 한 가지가 있을 것이다. 유능한 세일즈맨이라면 이런 결정적인 순간에 무언가 분명한 한 방을 날릴 수 있어야 한다. 스웨덴 경제학자 리처드 노먼은 이런 결정의 순간을 진실의 순간 MOT; Moments of Truth이라고 하였다.

진실의 순간
. . . .

일반적인 사람들은 몸에 항상 지니고 다니는 물건을 고르는 데에 신중하다. 오래전 서류가방을 하나 사려고 마음을 먹었다. 그런데 마음에 드는 가방이 눈에 잘 띄지 않았다. 출장을 많이 다니던 시절이라, 가는 공항마다 수많은 면세점을 들러 보았지만, 쉽지 않았다. 출장길에 또다시 면세점을 들렀다. 이른 아침 시간의 공항은 조용했다. 새로 생긴 서류가방 전문 매장을 발견하고는 천천히 둘러보고 있었다. 사실 이 브랜드의 가방은 마음에 들긴 했지만 가격이 상당한 고가였기 때문에 쉽게 결정 내릴 수 없었다. 생각하던 예산보다 최소 두 배는 더 써야 할 것 같았다. 이리저리 둘러보다가 좀 더 생각해보기로 하고 매장을 나서려는 순간이었다. 매장의 여직원이 마음에 드는 물건이 없는지 조심스럽게 물었다. 새로 오픈한 매장이어서 그런지 자기네 브랜드에 대해서 약간의 설명을 덧붙였다. 이미 그 브랜드를 알고 있는데 생각보다 가격이 높다고 했더니, 신규 오픈 기념으로 20%를 할인해준다는 것이었다. 사실 20% 할인을 받는다고 하더라도 생각했던 예산보다 높았으므로 잠깐 망설였다.

나의 멈칫거리던 태도를 유심히 지켜보던 매장 직원은 지금 내가 메고 있는 가방 정도의 사이즈를 찾느냐고 다시 물었다. 조금만 더 크면 좋겠다는 말에 이미 둘러본 가방 중에서 하나를 꺼내 들고 서 있는 것이었다. 조금 전 나도 그 가방을 보았고 적당하다고 생각을 했다.

그 매장 직원은 이렇게 말을 꺼냈다. 사실 매장에 들어오시는 분들이 대부분 가방은 마음에 들지만 비교적 고가라는 생각에 다들 망설이신다, 그러나 나는 남자들이 좀 더 자기 자신을 위한 돈을 쓰는 것이 좋다고 생각한다, 남자들은 서류가방을 하나 사면 365일 사용하지 않는가, 여자들은 핸드백을 여러 개 사용하지만 남자들은 보통 하나를 계속 사용하니 비용 면에서는 훨씬 낮은 편이다, 그리고 이 가방은 여자들의 핸드백에 비하면 훨씬 낮은 가격이다. 그러면서 맞은편 명품 매장의 쇼윈도에 있는 여성용 핸드백을 가리켰다. "남자들도 가끔은 자기가 좋아하는 것에 투자하는 것이 좋지 않나요"라는 결정적 한마디를 하면서 말이다.

그리고는 나에게 어떤 신용카드를 사용하는지 물었다. VIP 카드가 있으면 5%를 추가로 할인해 준다는 것이었다. 순간적으로 마음이 흔들리기 시작했다. 그래 나는 이 가방을 항상 들고 다닐 것이니 결코 비싼 것이 아니다. 그런 생각이 드는 찰나 이미 나의 마음은 기울었다.

그날 구매한 가방은 그 이후 10년여 동안 나와 함께 수십 바퀴나 지구를 돌았다. 나는 물론 나중엔 그 브랜드의 팬이 되었다. 그 판매사원이 돌아서서 나가는 나를 그냥 두었다면 그 가방은 나에게 오지 않았을 것이다. 그 판매사원은 고객에게 브랜드에 대한 인지도가 있는지, 그리고 가격 때문에 망설이는 건 아닌지, 어떻게 가격의 벽을 허물어야 하는지 완벽히 간파하고 있었다. 이미 그 브랜드를 알고 있었지만, '원래 이 브랜드는 고가이다'라는 식으로 접근했다면 판매는 고사하고 소비자의 입장에서 소위 빈정만 상했을 것이다.

그 한마디를 찾아서

· ·

모든 일에는 결정을 내리는 포인트가 있다. 영업하는 사람일수록 정확한 포인트를 찾아야 한다. 나 역시 영업하는 사람이면서 동시에 물건을 사는 소비자다. 그래서 그런지 항상 판매자를 유심히 보게 된다. 훌륭한 판매자들은 정확한 타이밍과 포인트를 직관적으로 알고 있다. 하나 살 사람을 두 개 사게 만들고, 발길을 돌리는 사람을 다시 돌려세우는 능력이 이들에겐 있다. 이런 사람들의 공통적인 특징이라면 고객을 조심스럽게 관찰한다는 점이라고 할까. 고객이 무엇을 보는지, 현재 가지고 있는 물품은 어떤 것인지, 관광객인지, 혹은 비즈니스맨인지 모든 것을 유심히 관찰하면서 마치 프로파일링 하듯이 최대한의 정보를 수집한다. 그리고는 결국 포인트를 찾아낸다. 태생적으로 이런 능력을 갖추고 있다면 어쩌면 그는 내성적인 사람일 것이다.

예전에 영업할 때는, 고객의 방에 들어가면 자리에 안내될 때까지 짧은 시간 동안 최대한 빠르게 방을 살펴보았다. 골프를 치는 사람인지, 가족사진은 있는지, 학교 동문회 사진은 없는지, 좀 더 시간이 허락된다면 책장에는 어떤 책들이 꽂혀 있는지까지. 그런 정보들이 초기의 어색한 분위기를 편안하게 만드는 화젯거리를 제공해 주고 대화의 실마리를 풀어준다. 관찰에서 정보가 나온다. 그리고 그런 정보는 결정적인 순간에 역할을 한다.

자동차를 사려면 참으로 많은 비교를 하게 된다. 집 다음으로 비싼 물건이다 보니 고객 입장에서는 신중할 수밖에 없다. 정보를 찾아보고 비교 사이트를 뒤져보고 전시장을 찾아가서 시승도 해본다. 그런데 정보가 쌓이고 시간이 지날수록 소비자 입장에서는 혼란만 가중될 뿐 판단하기는 더욱 힘들어진다. 물론 지인 중 자동차 관련 영업사원이 있다면 쉬울 수 있겠지만, 그렇지 않다면 이런 혼란의 상황에서 어떤 영업사원이 자동차 판매에 성공할 수 있을까.

한국에서 자동차 전시장을 가보면 영업사원들의 판매 스킬 때문에 실망스러웠던 적이 한두 번이 아니다. 앞서도 잠깐 언급했지만 영업사원 대부분이 고객은 관심이 없고, 자사의 차에 대해서만 열심히 이야기 해댄다. 심지어 주요 경쟁사 차량을 무지막지하게 깎아내리기까지 한다. 자동차를 구매하려는 고객은 여러 방면으로 알아볼 만큼 알아보았기 때문에 이미 충분한 정보를 가지고 있으며 자신이 선호하는 것이 무엇인지까지 분명한 기준을 가지고 있다. 디자인을 중요하게 생각하는 사람, 색깔이 중요하게 생각하는 사람, 반드시 어떤 옵션이 있어야 한다고 생각하는 사람 등 그야말로 천차만별이다. 거기다 대고 영업사원이란 사람들이 자기가 하고 싶은 말에만 실컷 열을 올리는 것이다. 차를 사러 가서 이런 실망스러운 영업사원 때문에 그냥 전시장을 나설 때는 정말 허탈하기도 했다. 이제 고르는 것도 지쳐서 적당히 설득만 시켜준다면 그만 구매하고 싶은데, 자꾸 다른 곳으로 발길을 돌리게 만드는 것이었다.

세일즈에서는 결정적인 한 방을 찾아내는 능력이 필요하다고 했다. 풀타임으로 열심히 뛰고도 결정적인 한 방이 없는 축구나 야구의 승률이 어떠한지 생각해보라. 승리의 여신이란 게 있어서 그들에게 눈길이나 한 번 주던지, 혹 그게 가당키나 한 일인지. 그러면 왜 그게 안 되는지도 알게 될 것이다. 고객의 입장에서 생각하지 않기 때문이다. 고객을 관찰하지 않았기 때문이고, 그런 관찰을 통해 정보를 모으지 않았기 때문이고, 적절한 질문을 통해서 한 가지 구매 포인트를 재빨리 파악하지 못했기 때문이다. 이런 미션들이 수행되지 않는 한 판매 확률은 절대 올라갈 수 없다. 구두바닥이 닳도록 뛰어다녔다고 자부심에 들떠 있을 텐가. 결과는 아마 안타까울 것이다.

영업은 관찰과 질문으로 하는 것이다. 화려한 미사여구로 설득한다고 고객이 움직이는 것이 아니다. 거기엔 결정적인 어떤 것이 없기 때문이다. 가벼운 인간관계에서조차 이 사실은 바뀌지 않는다. 초면인 어떤 사람이 자기 이야기만 장황하게 떠벌린다면 이 사람에게 호감을 느낄까. 어느 누구의 대답도 같을 것이다. 절대 호감을 느끼지 않는다. 당연하지 않은가. 나에게 관심을 가지며, 내 관심사에 대해 질문하고, 또 그것에 대해 이야기하는 사람에게 호감을 느낀다.

자, 대화를 나누던 두 사람이 있다. 이야기를 마치고 자리를 떠날 때 대화중에 있었던 한마디를 간직하고 돌아간다면 그것은 분명 행복한 만남이다. 만약 당신이 그 자리에 있던 사람이라면 당신이 그에게 건넨 말 중에서 어떤 한마디가 그의 가슴에 남아있길 바라겠는가.

가격이 올라도 수요는 줄지 않는다

베블런 효과는 미국의 사회학자인 베블런Thorstein Bunde Veblen이 상류층 사람들은 사회적 지위를 과시하기 위해 과소비를 한다고 했던 것에서 비롯되었다. 성공을 과시하거나 허영심을 만족하기 위해서 사치를 한다는 것이다. 가격이 올라도 수요가 줄지 않고 오히려 증가하는 현상을 설명하는 데도 동원된다. 기존 경제학에서 말하는 인간의 합리성이나, 수요와 공급의 원칙에 정면으로 배치되는 현상이다.

명품을 소비하는 심리도 이와 비슷하고 비싼 상품이 잘 팔리는 현상을 설명하기도 한다. 최근에는 SNS의 발달로 이런 과시욕과 비교 심리를 기반으로 한 소비가 더욱더 늘어나는 추세다. 통계를 보면 최고급 수입자동차 소유자의 90% 정도가 차량의 가격이 전 재산에 가깝다는 언론 보도도 있었다. 고가의 아동용품 판매가 급증하는 것도 이런 과시를 나타내는 현상 중의 하나이다.

영업을 하기 위해 처음 고객을 만날 때 고객을 잘 파악해야 되는 이유가 여기에 있다. 고객이 성공한 사람이거나 과시욕이 있는 사람이라면 저가 정책보다는 고가 정책이 어울린다. 가격이 싸다고 지갑을 여는 사람이 아니다. 제품보다는 제품을 이용하면서 남들에게 보이는 모습을 사는 것이다. 그들은 남들과 다른 돋보이는 제품을 원하는 사람들이다. 가격으로 승부하지 말고 허영심을 최대한 자극해야 한다.

오기는
비용을 부른다

열 번 찍어 안 넘어가는 나무는 없다. 죽을
힘을 다하면 모든 것이 이루어진다. 좋은 말이고 맞는 말이다. 열
번 찍어 넘어갈만한 나무는 열 번 스무 번 찍으면 넘어간다. 그렇
지만 아름드리 소나무를 열 번 도끼질한다고 넘어가지는 않는다.
도끼날 상하고 나무에 상처만 낸다. 물론 한 십 년 동안 도끼질을
한다면 넘어갈 수도 있고 전기톱을 쓰면 넘어뜨릴 수는 있다.

영업은 결과다
. . . .

1800년대 미국 캘리포니아 지역에서 금이 쏟아져 나왔다. 골드

러시라 불리며 엄청나게 많은 사람들이 서부로 몰려갔다. 이때 한 청년이 전 재산을 털어 작은 금광 하나를 매입했다. 청년은 파고 또 팠다. 절대 포기하지 않으리라 다짐하고 금광을 파 내려갔다. 정말 모든 것을 바쳤지만, 끝내 금은 나오지 않았다. 마침내 포기한 청년은 금광을 팔고 떠났다. 바야흐로 그 청년으로부터 금광을 매입한 사람의 채굴이 시작되었다. 그런데 이게 어찌 된 일인가. 겨우 1인치 정도 더 파 들어간 것 같은데 금이 쏟아져 나온 것이다. 청년으로부터 금광을 매입한 사람은 별다른 노력도 없이 백만 장자가 되었다. 이 단순한 사례는 '결코 포기해선 안 된다'는 강한 메시지를 남긴다.

그런데 정말 포기하지 않는다고 해서 모든 금광에서 금이 나올까? 1인치만 더 파면 나올 것 같으니까 끝까지 포기하지 말아야 하는가?

영업을 우직하게 하는 사람들을 보면 존경스럽다. 참으로 끈기 있게 노력하는 모습은 아름답기까지 하다. 그렇지만 영업은 결과가 필요하다. 안타까울 정도로, 노력에 비해 실적이 없는 영업직 원들이 있다. 프로의 세계에서 실적을 내지 못한다면 그것은 의미 없는 행위다.

집념과 고집을 구별할 줄 알아야 한다. 경제학에는 매몰비용Sunk cost이라는 용어가 있다. 매몰비용이란 이미 투입된 노력이나 투자금이 아까워서 멈추지 못하는 것을 말한다. 이런 현상은 사회 곳곳에서 나타난다. 소위 본전 생각에 멈추지 못하고 "조금만 더 조금만 더"를 외치며 잘못된 방향으로 계속 진행해 나간다. 어느 순간이 지나면 이상하다거나 잘못되었다는 생각도 하지 못한 채 목표만을 향해 돌진하게 된다.

매몰비용 오류Sunk cost fallacy를 콩코드 오류라고 부를 만큼 콩코드 비행기 개발은 매몰비용의 대표적인 사례로 알려져 있다. 1970년대 콩코드 비행기는 미국과 유럽 간을 3시간 만에 초음속으로 날 수 있는 혁신적인 개발품이었다. 그러나 콩코드 비행기를 개발하던 도중 다음과 같은 사실이 밝혀졌다. 이 비행기의 개발이 성공하더라도 소음과 과도한 연비, 100여 명밖에 탈 수 없다는 단점 등으로 인해 실패할 요인이 충분하다는 것이었다. 그렇지만 천문학적인 돈을 투자한 이후라서 개발을 포기할 수 없었다. 엄청난 개발비를 들여 비행기는 만들었지만 결국 철저히 실패하고 말았다.

결국 2000년 파리 드골 공항에서 일어난 엔진 화재로 탑승자 전원이 사망하는 사고로 인해 이 비행기는 역사 속으로 사라졌고, 지금은 박물관에서나 볼 수 있다. 실패의 대명사로 남아 있는 것이다.

우리나라에는 고시공부에 매달리는 사람들의 꽤 많은 편인데, 이런 현상도 일상에서 쉽게 찾아볼 수 있는 매몰비용의 한 사례다. 공부를 시작한 지 몇 년이 되었어도 합격선에 이르지 못하면 합격할 확률이 현저히 떨어지는 것이 고시공부다. 이렇듯 뻔한 사실임에도 장기 고시생들은 늘어만 간다. 이미 많은 돈과 시간을 투자했기 때문에 되돌리기가 쉽지 않을 것이다. 어쩌면 지금 와서 포기한다는 게 두려울지도 모른다. 이러지도 저러지도 못해 계속 공부를 하지만, 합격하지 못할 확률이 더 크다는 것을 이미 본인이 더 잘 알고 있다.

포기하지 않고 매달리는 이유
....

포기하지 않고 매달리는 이유를 정확히 알 필요가 있다. 영업사원 스스로가 괜한 오기를 부리는 건 아닌지, 그동안 투자한 시간이 아까워서 조금만 더 조금만 더 하면서 매달리는 것은 아닌지 냉정하게 생각해야 한다. 합리적인 판단으로 적절한 시점에 포기하는 것이 더 나을 수 있다. 그것이 현명하고 용기 있는 것이다. 때로는 시작할 때보다 더 큰 결단이 필요하다. 그리고 이런 결단이야말로 다음을 시작할 수 있는 용기와 에너지를 불러올 수 있다. 영업은 오기로 하는 것이 아니다. 오기는 그에 따르는 비용을 부른다. 투자를 하면 결과를 얻어야 한다. 이게 바로 철저한 경제학의 법칙이다.

지금 당장 고객 리스트를 꺼내 보라. 내가 제안하는 내용이 고객에게 그다지 유용하지 않음에도 계속 방문하고 있는 건 아닌지, 고객에게 제품을 구매할 경제력은 있는지를 냉정하게 판단하여 과감히 삭제하라. 고객은 새롭게 발굴하면 된다. 떠나간 애인이 아름답게 생각되는 것은 아쉬움과 미련, 그리고 추억 때문이다.

그렇지만 아닌 것은 아닌 것이다. 아니라고 판단될 때는 홀홀 털어버리고 새로운 고객을 찾아 나서야 한다. 포기하는 것을 아쉬워하거나 미련을 가질 필요는 없다. 세상엔 안 되는 일도 있는 법이다. 아름다운 포기였다면 머지않아 이것도 진한 향기가 묻은 추억이 될 것이다.

외향적인 사람에 비해 내성적인 사람이 미련을 더 많이 가진다. 시원스럽게 밖으로 꺼내놓을 수 있는 성격이 아니라서 더욱 그렇다. 스스로를 자책하며 가슴의 어느 깊은 구석에 상처로 남을지도 모른다. 그렇지만 포기한 시점까지 최선을 다했다고 생각되면 새로운 길을 나서는 것이 훨씬 현명하다. 직업을 가진 자로서 인생의 긴 여정으로 보았을 때 이건 실패가 아니다. 단지 한 차례 멈추었다 가는 것일 뿐, 잘못 접어든 길목에 서서 원래 가고자 했던 길의 방향을 확인한 것에 지나지 않는다. 아니라고 하지 말자. 학교를 졸업하고 스스로의 힘으로 자신을 책임져야 했을 때부터 이미 우리는 프로다.

현수교 효과Suspension Bridge Effect

힘들 때 함께 있었던 사람이라면

현수교는 구조적으로 불안정하고 흔들리게 설계된 다리이다. 흔들리는 다리를 건너는 것과 같은 위험한 상황이나 고난을 함께 겪음으로써 연대감이나 호감이 생겨나는 심리를 현수교 효과Suspension Bridge Effect라고 한다. 고사성어에 등장하는 동병상련(同病相憐)과도 일맥상통한다. 긴장상태에서 어려운 시절을 같이 보내면 공감과 소통이 극대화되고, 이런 연대감이 호감으로 이어진다. 이런 현상은 우리의 삶 곳곳에서 나타난다. 군대생활을 힘들게 한 병사들에겐 전우애가 생기고 상호 유대감이 강해진다. 물론 전장에서 피 흘리면서 같이 전투를 했다면 더 말할 나위가 없다. 미국 액션 영화에는 사이가 좋지 않던 남녀가 온갖 어려움을 헤쳐 나온 뒤 연인으로 발전하는 뻔한 스토리가 자주 등장하는데, 이런 현수교 효과 중의 하나라고 생각하면 된다.

영업을 하다 보면 고객이 갑자기 어려움에 처하는 경우가 있다. 영업사원이라면 고객이 힘들어할 때 어떤 상황이든 함께 공감하고 반드시 그 어려움에서 벗어나도록 도와야 한다. 문제를 해결하기 위해서 함께 노력하는 동안 고객과의 유대관계가 돈독해진다. 평소 영업사원을 의심하고, 심지어 적대시하던 고객이더라도 이런 힘든 과정을 함께 지내고 나면 마치 동지가 된 듯한 느낌을 받는다. 어려움에서 벗어난 이후에는 당연히 고객과 특별한 관계가 된다. 힘들 때 같이 있어주는 사람이 되어야 한다.

124   2장

좋은 빛을 남겨라

       세상을 살다 보면 부탁할 일이 참 많다. 부탁은 누구에게나 어려운 일이지만 특히 내성적인 사람에겐 더 힘들다. 오랫동안 망설이기만 할 뿐 선뜻 말을 꺼내기가 두렵다. 이렇게 한 번 생각해보자. 세상이란 게 원래 그렇다. 서로 개별적으로 존재하는 것 같아 보여도 모든 것이 연결되어 있다. 이것은 결국 나 혼자만의 세계란 존재하지 않는다는 말이다. 어떤 시기가 오면 반드시 관계를 맺어야 하는 일이 생기는 것이다. 부탁이란 것도 이처럼 세상과 관계를 맺는 것들 중 하나다. 그렇기 때문에 살다 보면 부탁할 일도 생기고 부탁받을 일도 생긴다. 따라서 세간의 다른 모든 일처럼 부탁 역시 때로는 독이 될 수도 있지만 관계를 돈독하게 하는 역할도 하는 것이다. 명심하자. 부탁을 잘 하는 것만으로도 많은, 그리고 좋은 인간관계를 쌓을 수 있다.

부탁을 잘 하기 위해서는 상대의 입장을 충분히 이해해야 한다. 도저히 들어줄 수 없는 것을 막무가내로 부탁하게 되면 좋은 관계를 유지할 수가 없다. 그런 부탁을 받은 사람은 누구나 당황스럽다. 오히려 미안한 감정을 유발하기 때문에 부탁하는 이를 꺼리게 된다. 오랜만에 가까운 친구나 친척이 찾아와서 고가의 제품을 꺼내놓더니 구매를 부탁한다고 하자. 관계를 생각해서라도 구입해주고 싶지만 경제적으로 너무 부담된다면 고민스러울 수밖에 없다. 게다가 나의 경제적 능력을 모른 채 충분히 살 수 있다고 믿고 있었다면 둘 사이에는 서운한 감정만 남게 된다.

우리나라의 보험 영업은 최근까지 이런 형태를 유지해왔다. 많은 보험 상품이 인맥 관계를 기본으로 판매되었다. 보험을 판매하는 사람은 보험의 내용보다는 인맥에 주로 기댔고, 가입하는 사람들도 역시 안면 때문인 경우가 많았다. 무리해서라도 가입하고 나면, 다른 사람을 소개해달라고 또 다른 부탁을 한다. 사람을 소개하는 것은 생각보다 신중한 문제다. 어떻게 그렇게 간단히 소개해줄 수 있단 말인가. 이렇게 되면 관계를 오래 유지하기 힘들다. 형제자매 간에도 이런 부탁은 서로를 힘들게 만든다. 들어주기 힘든 부탁 때문에 좋던 관계마저 균열이 생기는 것이다.

회사 경영인의 입장에 있다 보니 외부의 지인들로부터 부탁을 받곤 한다. 그런데 회사 내의 사정을 잘 모르는 사람들은 내가 회사의 모든 것을 결정할 수 있다고 믿는 경우가 더러 있다. 상대적으로 권한이 많은 것은 사실이지만 큰 회사나 외국계 기업은 결정에 관한 복잡한 절차가 있으며 업무가 상당히 세분되어 있기 때문에 그렇게 간단한 문제가 아니다. 업무담당자를 소개해줄 수는 있어도 원하는 결과까지 만들어 줄 수는 없게 마련이다. 그렇지만 부탁을 해오는 쪽에선 너무 쉽게 생각한다. 그런 위치에 있으면서 제대로 도와주지 않았다고 서운해하기도 한다. 내부 사정을 잘 몰라서 발생한 답답한 상황이다. 상대방은 부탁을 안 들어주었다고 서운해하고, 부탁을 받은 사람은 괜한 부담감과 미안함에 참 어쩔줄 몰라한다. 서운함과 미안함이 만들어낸 둘 사이의 틈은 쉽게 봉합되지 않는다. 거리가 점점 멀어지는 것이다. 사실 이런 일은 인간관계를 최악의 상태로 만든다.

기분 좋은 빚
· · · · · · · · · · · · · · · ·

부탁을 하는 행위가 관계를 돈독히 하는 경우도 있다. 상대방이 쉽게, 그리고 기분 좋게 들어줄 수 있는 부탁을 함으로써 부탁한 사람이 빚을 지게 되는 방법이다. 나중에 그 빚에 대한 보답을 하게 되면, 부탁을 한 사람은 부탁을 들어주어서 고맙고 부탁을 받은 사람은 그 부탁에 대한 보답을 받게 되어서 더 기쁘다.

오랫동안 인맥을 유지하고 싶은가. 가급적 부탁을 하는 자신에게 빚이 남도록 해서 그걸 계기로 서로의 관계가 발전할 수 있도록 하라. 주의할 점이 있다면 부담스럽지 않으면서 흔쾌히 들어줄 수 있는 부탁이어야 한다는 것이다. 특성상 부탁받은 사람이 쉽게 도움을 줄 수 있는 성질의 것이면 좋다. 이런 부탁을 하려면 우선 상대의 상황을 정확히 파악해야 한다. 부탁을 하기 전에 미리 쉽게 들어줄만한 것인지 아니면 조금이라도 부담스러운 것인지를 정말 신중하게 고려해야 한다.

예를 들어, 어떤 분야의 전문 강사에게 강의를 부탁하는 것이다. 외형상 강의를 부탁하는 것이지만 결과적으로는 고객을 소개하는 것이 된다. 그리고 그가 세무사라면 세무 관련 상담이 필요한 사람을 소개해주는 것도 추천할만한 방법이다. 세무사 입장에서는 고객을 소개받는 것이 되며, 소개받은 사람 역시 그동안 답답하기만 했던 세무적인 내용을 해결할 수 있기 때문이다. 이런 부탁은 부탁이라기보다는 상호 도움을 주고받는 그 어떤 관계의 발전이라고 할 수 있다. 부탁하기 전에는 전혀 모르고 있던 둘 사이가 소개자로 인해서 새로운 관계로 형성된 것이다. 이렇게 되면 세 사람 모두 서로에게 도움을 준 것이 된다. 인맥은 이렇게 쌓이는 것이다. 겉으로 보기엔 사람 하나 연결해주고 가벼운 부탁 하나 들어주는 것 같지만 그 속을 들여다보면 따로 떨어져서 개별적으로 존재하던 관계를 하나의 망(網)으로 합치는 결과를 가져오며, 무엇보다도 그 관계 속에서 서로가 도움이 되는 사람으로 자리매김하게 되는 것이다. 인맥을 쌓아가는 과정엔 일방적으로 주기만 하거나 일방적으로 받기만 하는 관계는 존재하지 않는다는 것은 적어도 현실 생활에 있어선 진리다.

영업을 잘 하는 사람들은 고객에 대한 사항을 꼼꼼히 파악해서 고객이 가지고 있는 권한과 자원에 대해 정확히 알고 있다. 한쪽의 고객에게 필요한 것을 정확히 알고 있으므로, 그가 가진 문제를 도와줄 수 있는 최선의 적임자를 연결해줄 수 있다. 그만큼의 인맥이 있는 것이다. 동의할지 모르지만 인맥도 능력이다.

이번엔 연습문제다. 어떤 지인이 복잡한 문제로 소송을 고민하고 있는데 해결 방법을 찾지 못한다는 말을 들었다고 하자. 당신이라면 어떻게 하겠는가? 모범답안은 이렇다. 먼저 소송 중인 문제에 대해서 정확히 이해한다. 그다음 본인의 인맥 중에서 그 문제를 해결해줄 만한 변호사를 연결해준다. 이럴 때 윈윈Win-Win이라는 말을 쓰는 것이다. 여기서 중요한 것은 소개하는 변호사가 그런 문제에 정통한 전문가여야 한다는 것이다. 그냥 아는 변호사를 소개하는 것은 의미가 없다. 당면한 문제를 해결할 수 있는 사람이어야 한다. 그렇지 않다면 그런 능력이 있는 변호사를 찾아야 한다. 일이 잘 해결된다면 고객의 법률적인 문제를 도운 것이 되면서, 새롭게 알게 된 변호사까지 새로운 고객을 얻게 하는 일거양득의 효과를 낳는다. 더구나 그 둘 사이를 주선했던 사람은 힘든 상황을 건너게 한 고마운 사람으로 각인되는 것이다.

이런 역할을 하기 위해서는 고객 혹은 지인의 전문적인 영역이 무엇이고, 그 능력은 어떠한지를 정확히 알고 있어야 한다. 그렇지 않으면 오히려 문제를 더 키울 수도 있다. 준비가 되었다면 이제 고객이 들어줄 수 있는 부탁을 하자. 기분 좋은 빚은 얼마든지 쌓여도 쌓인 만큼의 값어치를 하는 법이다. 다만 어떤 형태의 빚이건 반드시 갚아야 한다는 점을 잊어선 안 된다. 빚을 갚을 시점이 오면 고객에게 가장 좋은 선물이 무엇인지를 곰곰이 생각해야 한다. 이처럼 세심하게 신경을 쓴다면 당신은 영업인을 넘어서 훌륭한 인맥을 가진 사람으로 거듭나게 될 것이다.

고객은 나의 영업사원

순추천 고객 지수NPS는 충성도가 높은 고객을 얼마나 보유하고 있는 지를 나타내는 지표로 세계적인 컨설팅 업체인 베인 앤 컴퍼니Bain & Company에서 처음 발표한 개념이다. 순추천 고객 지수를 산정하기 위해서는 '제품이나 브랜드를 주변 사람들에 추천하시겠습니까?'라는 질문 단 하나가 필요하다. 1-10점 척도로 고객에게 질문한다. 이 중에서 고객이 9-10이라고 답변해야만 추천이라고 판단한다. 7-8은 중립적으로, 1-6은 비추천한다고 간주한다. 상당히 까다로운 평가이다. 그 다음 (적극적으로 추천하겠다는 고객 수 – 적극적으로 추천하지 않겠다는 고객 수) / 전체 응답자 수로 지수를 계산한다. 마이너스가 나오는 경우도 발생한다. 순추천 고객 지수는 자사의 제품이나 서비스에 대해서 객관적이고 냉정한 평가를 해 볼 수 있고, 아울러 고객의 충성도를 평가해 봄으로써 고객 스스로의 반복 구매와 타인에 대한 추천 활동을 판단할 수 있는 근거가 된다.

브랜드를 관리하는 회사뿐만 아니라 개인영업사원도 항상 이것을 염두에 두어야 영업의 확장성이 생긴다. 굳이 물어보지 않더라도 고객이 9-10점으로 나의 서비스를 평가해주고 다른 고객에게 추천해 줄 것인지 늘 점검해야 한다. 고객은 생각보다 까다롭다. 충분히 만족하지 않으면 다른 사람에게 소개하지 않는다. 고객을 나의 영업사원으로 만들려면 그들을 먼저 만족시켜야 한다.

인식부터 바꾸자. 영업은 배우는 것이다.
시작단계에서부터 제대로 배우지 못하면 성공의 기회가 줄어들기도 하겠지만
경력이 쌓일수록 학습의 필요성 자체를 무시하는 폐단을 낳기도 한다.
경험이 많은 영업사원이라도 공부하지 않는 이들을 보면 아쉬운 부분이 한두 가지가 아니다.

나 는
내 성 적 인
영 업 자 입 니 다

내가 가진
검의 장점은
무엇일까?

어떤 브랜드를 좋아하는가? 제품을 대표하는 것을 일반적으로 브랜드라고 한다. 브랜드Brand란 라틴어로 '각인시키다'라는 의미를 가지고 있으며, 현대사회는 제품의 사양이나 성능보다는 브랜드를 보고 소비하는 시대로 변모하였다. 실제로 물품이 거래되는 시장을 살펴보면 브랜드에 따라서 가격 차이도 엄청나다. 소위 명품이라고 하는 것들이 그 대표적인 예이다.

고객의 눈에 보이는 '나'라는 브랜드
··

사람에게도 브랜드가 있다. 누군가에 관해서 이야기할 때면 유독 대표적인 몇 가지 단어가 떠오를 것이다. 유능한 사람, 진실한 사람, 점잖은 사람, 잘생긴 사람 등. 누구나 이와 같이 고유한 이미지가 있다. 이런 이미지가 고객에게 각인되는 브랜드이다. 단정적으로 말하자면, 영업사원 한 명 한 명도 각자의 분명한 브랜드가 있어야 한다.

고객이 보는 당신은 어떨까? 즉, 당신의 브랜드는 어떠한가? 5가지 단어로 나타낸다면 어떤 단어로 요약될 수 있을까? 평소 친하게 지내는 고객이 있다면 한번쯤은 물어보길 바란다. 당신을 대표할 수 있는 단어들이 있다면 어떤 것이 맨 앞에 나오는 5가지인지. 신뢰, 침착, 성실, 스마트, 배려 같은 단어를 들을 수 있다면 당신은 지금 성공을 향해 달려가고 있는 것이다. 여러 고객이 동시에 언급하는 몇 가지 단어가 바로 당신을 대표하는 브랜드이다.

신뢰, 정성, 성실, 현명, 배려 등은 내가 가지고 싶어 하는 단어이자 내가 담고자 하는 브랜드이다.

오래전 고객과 함께 출장을 간 적이 있었다. 통상 대형 장비들은 최종 계약을 하기 전에 실제 설치된 장소를 방문해서 마지막 점검을 한 다음 결정하게 되는데, 만약 국내에 그런 장비를 설치한 전례가 없다면 외국으로 나가서 직접 확인하기도 했던 것이다. 긴 시간 동안 고객과 여행을 하면 비록 불편하지만, 한편으로는 관계가 가까워지는 계기가 된다. 나와 같이 출장을 갔던 고객은 연세가 지긋한 분이었다. 같은 고향 분이라 자식이나 조카, 후배처럼 자연스럽게 이야기를 해주시곤 했는데, 가끔 인생의 조언 같은 것들이 포함되기도 했다. 그 분이 해주신 말씀 중에서 가장 기억에 남는 것은 본인의 성격, 즉 색깔을 다듬어야 한다는 것이었다. 사실 그때는 그 말이 의미하는 바를 잘 몰랐다.

나의 색깔을 다듬는다? 참으로 아리송한 이야기였다. 시간이 흐르면서 찬찬히 다시 생각해보니 그 말씀은 나는 어떤 사람인지를, 그 '어떤'이라고 하는 이미지를 스스로 만들어야 한다는 뜻으로 이해되었다.

어떤 사람이 되고 싶은가? 어떤 사람으로 보이고 싶은가?

우선 스스로 생각한 단어를 꼽아보기 바란다. 그리고 그 단어들이 본인과 잘 어울리는지 깊이 생각해보는 것이다. 하나씩 하나씩, 그 단어가 실제 나의 어떤 행동과 연관이 있는지 곰곰이 떠올려 보는 것이다. 이건 어쩌면 성찰이라고 할 수 있을지도 모르겠다.

만약 성실이라는 단어를 본인의 이미지로 가지고 싶다면 성실과 관련된 최소한 3개 정도의 원칙은 지키면서 영업활동을 해야 한다. 예를 든다면 첫째, 미팅 시간 지키기 둘째, 고객에게 약속한 자료제출 기한 지키기 셋째, 주기적으로 고객에게 연락하기 등 본인이 스스로에게 약속을 정하고 이를 지켜나가야 하는 것이다.

약점의 방패를 제아무리 잘 만들어본들
· ·

브랜딩이라고 하면 어떻게 보이는가라는 외형에 초점이 맞추어진 것 같지만, 그것의 본질은 내면에 가지고 있는 핵심인 정체성을 뜻한다. 내면 그 깊은 곳에 있는 가치가 저절로 밖으로 분출되어 눈앞에 보이게 되는 것이라고 할까.

보통 우리는 '자신의 브랜딩을 위해서'라는 이름으로 자꾸 무언가를 새롭게 만들려는 경향이 있다. 그러나 새롭게 만들어진 이미지는 너무 인위적이어서 때로 진정한 자신의 모습이 아닐 수 있다. 이렇게 되면 정작 본인은 모르더라도 타인은 단번에 눈치를 챈다. 나에게 없는 것을 만들려고 애쓰지 말자. 자신만의 장점을 찾아내서 그것을 극대화시키는 방법이 훨씬 더 쉽고 효과적인 법이다. 장점을 살려서 빚어낸 보검(寶劍)과 겉으로 보기에도 정말 훌륭한 약점의 방패가 있다. 어떤 것을 선택할 것인가.

여기 내성적인 사람이 있다. 달변이 되려고 스피치학원에까지 다닌다. 그러나 학원에서 권하는 대로 아무리 열심히 연습을 해도 약점을 보완하는 수준에 머물 뿐 월등한 장점으로 드러나지는 않는다. 세상에서 낙오되는 것만 같고 정말 애가 탈 노릇이다. '약장수 수준'의 말발을 가지려면 연습도 필요하겠지만, 타고난 성격과 재능의 몫이 더 크다. 이런 사람에게 한마디 조언을 하라면 이렇게 말할 것 같다. 안 되는 것은 안 되는 것이다. 내가 가진 자원을 이용하는 것이 효율적이라는 말은 이럴 때 필요하다.

그렇다면 내성적인 영업사원들은 어떤 브랜드로 포지셔닝을 해야 할까. 사회적으로 영업사원의 전형적인 이미지는 유쾌하고 활달한 모습이다. 이런 근거 없는 사회적 통념이 애매한 사람을 잡는다. 한 번 더 강조하지만 내성적인 사람들이여, 무작정 유쾌하고 활달한 이런 모습을 좇아갈 것이 아니라 나에게 맞는 브랜딩을 찾도록 하자. 이게 훨씬 현명하다. 약점의 방패가 아닌, 장점인 창을 갈고 닦을 것. 더 정확히 말하자면 내면과 외형의 조화가 더욱 중요하다. 여기에 최선을 다하자.

나는 달변의 영업사원이 되기에는 애초에 자질이 없었다. 어떻게 보면 어리바리하고 순진한 스타일이었다. 오히려 어떤 고객들은 나의 그런 순수성을 좋아하며, 본인이 오히려 가르쳐주는 경우도 많았다. 어떨 때는 답답하다며 혼이 나기도 했다. 모든 사람에게 절대적으로 들어맞는 브랜딩 이미지는 없다. 스스로 본인에게 가장 맞는 이미지를 만들어 나가는 것이 답이다. 나의 고객들이 다른 고객에게 나를 소개해줄 때 붙이는 말은 이랬다. "그 친구 순진하고 믿을만하다."

한 가지 더 강조하고 싶은 점이 있다. 나는 사람의 성격도 중요하지만, 그 사람의 스타일도 그에 못지않다고 생각한다. 세상의 모든 사람은 각자의 스타일을 가지고 있다. 당신은 어떤 스타일을 가지고 싶은가. 외모도 경쟁력이라는 이야기를 많이 하는데, 그러면 화려한 옷과 액세서리로 치장하고 나서면 아주 좋은 스타일로 인식될 수 있을까. 비싼 만년필을 사용하는 영업사원이라고 해서 '저 사람은 아주 고급스럽고 스타일리시하다'고 고객들에게 기억될까.

자기만의 이미지는 무엇보다 자기에게 맞는 스타일을 만들어가는 과정에서 생기는 부산물이다. 자신의 스타일을 구축하도록 하자. 구축이라기보다 개척이라는 표현이 더 적당할는지 모르겠다. 이를 위한 조건으로 먼저 본인이 판촉하고 있는 상품과 서비스를 직접 사용해 보라고 권하고 싶다. 내가 상대하는 고객들이 경험하는 것들과 유사한 경험을 해보는 것은 정말 중요하다. 경제적으로 여유 있는 고객들을 상대한다면 최고급 레스토랑에도 가보고 좋은 액세서리를 사보는 것도 좋다. 그래야 내 고객들은 어떤 생각과 어떤 기호를 가졌는지 이해할 수 있다. 이러한 경험이 쌓인다면 결코 만만치 않은 자산으로 남을 것이다.

여행 시 이코노미석만 타본 영업사원은 항상 비즈니스나 퍼스트 좌석을 이용하는 기업의 임원들의 마인드를 이해하기 힘들다. 설사 그 주제가 여행이라고 한들 그들과 쉽게 논할 수 있을까. 한 번쯤 고객과 비슷한 경험을 했었던 이야기는 서로의 벽을 허무는 스몰 토크의 좋은 소재가 될 수도 있다. 경험이 소중한 자산임에는 두말할 나위도 없는 것이다.

마케팅은 인식의 싸움이다

마케팅의 거장 알 리스Al Ries와 잭 트라우트Jack Trout가 소개한 용어로 어떤 제품이 소비자의 마음에 인식되어 있는 것을 말한다. 광고 전략에서 소비자의 인식 속에 광고할 상품의 이미지를 특정한 위치에 기억시키는 것을 말하는데, 동일한 상품이라도 포지셔닝에 따라서 전혀 다른 상품으로 각인되기도 한다.

박카스는 피로회복제, 비타 500은 마시는 비타민처럼 각 상품은 소비자의 머릿속에 각각의 포지셔닝을 가진다. 마케팅은 상품이 아니라 인식의 싸움이라는 유명한 말도 포지셔닝을 중심으로 설명된다. 버거킹과 맥도널드는 상품으로 보면 동일한 햄버거이다. 맥도널드는 빠르고 저렴한 햄버거로 승부하는 반면, 버거킹은 "당신의 취향대로 드세요 Have it your way"라는 슬로건과 불에 직접 굽는 방법으로 차별화를 통한 포지셔닝을 한다. 누구나 버거킹이 맥도널드보다 비싸다는 것도 잘 인식하고 있다. 버거킹이 맥도널드와 직접 경쟁했다면 분명히 철저히 실패했을 것이다.

다른 사례로 자일리톨 껌은 충치예방이라는 기능을 내세워 다른 껌과 차별하여 히트했고, 100% 천연암반수라는 포지셔닝으로 대성공을 거둔 하이트 맥주도 있다.

영업자도 상품의 정확한 포지셔닝을 파악하고, 고객의 머릿속에 이미 자리한 인식을 강화하던지 아니면 재정립할 필요가 있다. 고객이 제품을 알고 있다면 어떤 이미지를 가지고 있는지 파악하고, 전혀 모르는 제품이라면 정확한 이미지를 각인시켜야 한다.

나의 영업사명 계획서

상대적이긴 하지만 유독 영업인들은 직업에 대한 자존감이 낮다. 사회적으로도 그다지 좋은 직업으로서 대우받지 못하고 있는 게 현실이다. 자신이 종사하는 직종에 대한 긍지가 낮다는 것은 결국 낮은 성과로 연결된다. 그런데 어떻게 보면 이런 현상은 영업하는 사람들 스스로 만드는 경향이 있다. 긍지를 가지지 않으면 직업을 오래 유지하기 힘들다. 직종에 대한 사명감과 제품에 대한 애착이 존경받는 직업인을 만든다.

영업하는 사람의 사명은 무엇인가. 종종 영업으로 성공한 사람들의 이야기를 읽어보면 영업에 관한 애정과 고객을 대하는 자세를 많이 언급한다. 그렇다. 영업은 단순한 판매 행위를 넘어 고객에게 제대로 된 가치를 전달하는 일이다. 아무리 뛰어난 제품일지라도 영업이 뒷받침되지 못하면 조용히 사라지고 마는 일이 다반사다.

설탕물을 팔고 싶소, 아니면 세상을 바꾸고 싶소

사명감에 대한 유명한 일화가 있다. 1983년 스티브 잡스Steve Jobs는 애플이 성장함에 따라 마케팅 인재가 필요하다고 생각했다. 그래서 당시 경영과 마케팅의 귀재라고 평가받고 있던 펩시콜라의 젊은 CEO 존 스컬리John Sculley를 스카우트하려고 여러 번 시도했다. 결과는 실패였다. 당시 스컬리는 막 태어난 신생기업 애플에 전혀 관심이 없었다. 애플이 막 개발된 컴퓨터를 시장에 출시한 때였다.

설득이 쉽지 않자 스티브 잡스는 뉴욕에서 스컬리를 직접 만나 이렇게 말했다. "남은 인생을 설탕물이나 팔면서 보내시겠습니까? 아니면 세상을 바꾸고 싶습니까?Do you want to sell sugar water for the rest of your life, or do you want to change the world?"

그 말을 들은 스컬리는 망설임 없이 애플로 이직했다. 스티브 잡스는 이후 스컬리와의 갈등으로 애플에서 쫓겨나게 되었지만, 어쨌든 스컬리를 스카우트한 이 이야기는 두고두고 회자된다.

인간은 본질적으로 의미를 추구하는 존재이다. 목숨을 걸고 독립운동을 하는 일이나 새로운 시장을 개척하기 위해서 혼신을 다하는 일 모두 각자의 대의명분이 있다. 대의명분과 사명감은 인간의 마음 깊은 곳에서 나온다. 혹시 영업을 하거나 창업을 계획하고 있다면 먼저 무엇을 위해서 하는지, 왜 이 일을 하는지에 대하여 뚜렷이 생각해볼 필요가 있다.

직업은 돈을 벌기 위해 선택하지만 그렇다고 돈만 버는 일이라고 생각해서는 안 된다. 그러면 그 일에서 승산이 없다. 만약 자신이 선택한 직업에 대한 뚜렷한 생각이 없다면 짧지 않은 인생을 바쳐서 일하기에는 적합한 것이 아닐 수 있다. 그러므로 판매할 제품을 고르는 데도 신중해야 한다. 세상에 이롭지 않은 제품을 영업해서 오래 지속하기는 힘들기 때문이다.

나는 왜 이 일을 하는가

한국에 여행 오는 외국인들이 불편해하는 것들 중 여러 가지가 있겠지만 제일 앞줄에 속하는 것이 택시다. 물론 상대적이다. 그러나 한국의 택시는 국내에 입국하는 외국인들 사이에서 악명이 높다고 한다. 왜 택시를 설명하는 단어에 악명이라는 말이 붙었을까. 그것도 악명이 높다는 말은 어쩐지 좀 수상하다. 한국의 택시의 서비스 때문일 텐데, 임금이 낮아서일까? 물론 수입이 서비스에 상당한 영향을 미치는 것은 사실이긴 하지만, 수입이 적기 때문에 불편한 서비스가 제공된다고 하기에는 논리적 비약이 너무

과하다.

좀 더 다른 관점에서 문제를 들여다보자. 택시를 운전하는 분들의 이야기를 들어보면, 본인들은 모두 과거에 대단한 일을 했던 사람이지만 지금은 어쩔 수 없어서 잠시 이런 일을 하고 있다고 한다. 한마디로 요지는 본인은 절대 택시 운전 같은 것을 할 사람이 아니라는 점이다. 본인이 할 일이 아니라는데, 잠시 어쩔 수 없어서 하는 일이라는데 어떻게 양질의 서비스가 나올 수 있겠는가! 직업에 대한 사명감이라고는 전혀 찾아볼 수 없다. 이건 돈으로 해결할 수 있는 문제가 아니다. 수입이 좀 더 늘어난다면 좀 더 좋은 서비스를 기대할 수 있겠지만 근본적인 해결책은 분명 아닌 것이다. 그저 '좀 더'에 불과한 희망사항일 뿐.

직업에 대한 자괴감은 사명감 부족에서 나온다. 인술을 베푸는 의사, 약자를 도와주는 법조인, 교육을 책임지는 교사, 국민에게 봉사하는 공무원들 모두 각자의 직업에는 그에 따른 기본적인 사명이라는 게 있다. 그런데 이런 사명감이 희미해진 상태의 직업이라면 그저 월수입만으로 평가될 것이며, 더구나 거기에서 보람과 의미를 찾는다는 건 애초에 불가능할 것이다. 영업하는 사람들도 마찬가지이다. 내가 왜 이 일을 하는지를 먼저 깨달아야 한다. 군건한 사명감을 가졌을 때 비로소 힘든 영업 과정을 헤쳐 나갈 수 있는 진정한 직업인이 된다.

일본에 있을 때의 일이다. 아침 출근 시간 골목길에서 청소차를 만나곤 했는데, 정말 신기한 게 있었다. 청소차가 마치 방금 세차

한 승용차처럼 반들반들한 모습을 하고 있는 것이었다. 쓰레기봉투를 담아 올리다 보면 금방 더러워질 텐데, 왜 저렇게 깨끗하게 세차를 해서 다닐까 궁금했다. 어떤 날은 청소차의 화물칸에 왁스질한 자국이 보일 때도 있었는데, 아마 시간이 없어서 왁스질한 것을 제대로 닦아낼 시간이 없었던 모양인가 보다 했었다.

곰곰이 생각해보았다. 청소를 담당하는데, 청소차부터 깨끗해야 하는 것이 맞지 않는가! 생각해보면 정말 당연했다. 청소차를 그렇게 깨끗하게 관리하는 사람이라면 쓰레기봉투를 수거한 후 마무리까지 모두 잘 할 거라는 믿음마저 생겼다.

가끔 영화 '도어 투 도어Door to door'를 추천해 줄 때가 있다. 영화는 빌 포터Bill Porter라는 실존 인물을 주인공으로 영업인의 끈기와 인내에 대한 내용을 다룬다. 빌 포터는 언어장애와 사지근육마비를 동반한 뇌성마비 장애인이었다. 장애로 제대로 된 직업을 가질 수 없었던 그는 천신만고 끝에 생활용품회사인 '왓킨스'의 영업사원으로 채용되어, 가장 가난한 지역으로 알려져 회사에서도 거의 영업을 포기한 포틀랜드로 배정된다. 빌 포터는 24년 동안 매일 8시간씩 15km를 걸으면서 100여 집을 방문했다. 장애로 사용하지 못하는 오른손은 뒤로 감춘 채 왼손으로 무거운 가방을 들고 느린 발걸음으로 한 집 한 집 방문을 시작한 것이다. 24년 후 빌 포터는 왓킨스 사의 영업왕을 수상하게 된다.

과연 이런 인내는 어디서 온 것일까? 나는 깊숙한 사명감이라고 생각한다. 그런 사명감 말고는 악조건을 극복하며 24년간 지속했던 힘을 설명하기 힘들다.

직업에 대한 사명감이 없으면 결코 성과를 낼 수 없다. 진심을 담은 자세가 고객을 움직이며, 그 자체가 바로 세상에 대한 기여이다. 사명감이 나를 움직이는 원동력이 된다면, 언젠가는 반드시 원하는 결과를 이룰 것이며 금전적인 수입은 저절로 따라올 것이다. 영업인도 전문가로서 고객에게 기여해야 한다. 그러므로 무언가를 필요로 하는 사람에게 좋은 제품과 서비스를 공급한다는 사명감을 가져야 한다. 그것이야말로 장수하는 영업인의 비결이며 성공하는 영업인으로서의 초석이다.

스위칭 코스트 轉換費用
고객이 감수하는 전체 비용은 얼마일까?

소비자가 현재 사용하고 있는 제품을 새로운 제품으로 바꿀 때 발생하는 절차적, 경제적, 관계적 비용을 전환 비용(스위칭 코스트)이라고 한다. 이 비용은 단순히 가격을 비교해서 나타나는 표면적인 비용뿐만 아니라 변화의 위험, 교육의 비용 등 모든 유형무형의 비용을 포함한다. 변화에 따른 시간 투자, 노력, 불편의 비용도 포함해야 한다. 고객이 감수해야 하는 모든 비용을 산정한 것이다.

B2B 영역에서는 스위칭 코스트 분석이 체계적으로 이루어진다. 소비재에 있어서도 소비자들은 스위칭 코스트를 고려한다. 예를 들면 안드로이드 핸드폰에서 아이폰으로 전환하는 경우를 생각해보자. 스마트폰에 있는 모든 애플리케이션을 새로 다운받아야 한다. 그리고 사용방법을 처음부터 다시 배워야 한다. 이건 엄청난 시간과 노력을 요구한다. 이 모든 것이 스위칭 코스트의 한 부분이다.

신규 고객에게 상품이나 서비스를 제안한다면 고객이 체감하는 전환비용을 고려해야 한다. 전환 비용이 전체 가치의 15%이라고 생각된다면 영업사원의 제안이 반드시 15%를 넘어야 고객의 마음을 움직일 수있다. 아울러 기존 고객이라면 관계적 전환 비용을 고려하여 고객과의 관계를 강화해야 한다. 고객은 스위칭 코스트를 고려하여 쉽게 경쟁사로 이동하지 않을 것이다. 새로운 영업사원과 거래를 시작하는 것도 고객 입장에서는 일종의 비용이다.

결정짓는
사람은
누구인가?

영업을 하다 보면 소위 헛물만 켜고 다니는 안타까운 직원들이 있다. 열심히 하는데 실적이 통 나오지 않는다. 그들도 '영업은 승률'이라는 말의 의미를 분명히 알고 있다. 그런데도 결정적인 순간에 골을 넣지 못하는 것이다. 그 이유란 것을 살펴보면 간단한 것인데, 키맨을 찾지 못해서인 경우가 대부분이다.

주도권을 쥐고 있는 자를 찾아라
· ·

한 부부가 대형 가전매장에서 TV를 둘러보고 있다. 매장의 영업사원은 누구를 타겟으로 삼아야 할까 고민 중이다. 대개 남편들은 TV의 성능이나 사양에 대한 지식을 가지고 있다. FHD와 UHD, LED와 OLED 등의 차이에 대해서도 잘 아는 편이다. 영업사원은 신이 나서 신제품의 특징을 설명한다. 한 걸음 더 나아가 이해하기 어려운 스마트 TV 기능에 대해서 열과 성의를 다해 가르쳐준다. 나중엔 거의 강의 수준으로까지 발전한다.

이때 아내는 무슨 생각을 하고 있을까 생각해 보았더라면 더욱 좋았을 텐데. 이 TV를 거실에 두었을 때 잘 어울릴까? 아니면 이번 달에 덜컥 샀는데 다음 달에 홈쇼핑에서 할인 판매라도 하지 않을까? 어쩌면 지난번에 친구가 새로 샀다고 자랑하던 TV와 비교하고 있을지도 모를 일이다.

여기서 중요한 것은 사양이나 디자인을 떠나서 누가 결정권을 쥐고 있느냐이다. 남편인가 아내인가? 물론 상황에 따라서 다르다. 각 가정에서 누가 주도권을 쥐고 있는지를 어떻게 알겠는가. 당사자들도 모를 수 있다. 그러나 영업하는 사람은 반드시 알아야 한다. 이걸 모르면 결국 마지막 골을 넣을 수가 없기 때문이다.

대형 장비를 다루는 B2B 영업을 하는 사람들에게 결정권자를 찾는 일은 정말 중요하다. 회사에서도 이 부분에 집중하라고 강조하지만, 실제는 잘 안 되는 일 중의 하나이다. 그래서 늘 자문하게 되는 것 중 하나이다. 왜 그럴까? 여러 요인이 있겠지만, 큰 틀에서 보았을 때 사람은 누구나 본능적으로 편한 사람들과 만나려는 성향이 있기 때문이다. 그리고 또 하나, 자기가 만나는 사람이 가장 중요한 사람이라고 믿으려는 습성이 있다. 특히 외향적이고 사교적인 사람들은 이런 실수를 자주 노출한다.

대규모 프로젝트를 진행할 때의 프로세스를 생각해보자. B2B 영업 시에는 구매를 위해서 많은 고객들이 의사결정에 참여한다. 마케팅, 공정기술, 연구개발, 구매, 제조, 시설관리 등 여러 부서가 각자의 구매 결정요인들을 가지고 의사결정에 참여하는 것이다. 우리 측의 마케팅, 영업, 기술 파트 직원들이 각자의 고객을 만나서 각각 다른 요구사항들을 수집해 회사로 돌아왔다. 물론 영업대표Relationship Manager/ Account manager가 최종적으로 정리해서 우선순위를 배정한다. 이런 영업은 정말 치밀한 계획과 실행이 필요하기 때문이다. 고객들의 요구사항을 분석하기 전에 관여한 고객을 제대로 파악하는 일이 먼저이다. 바로 고객을 맵핑Mapping하는 일이다.

고객지도 만들기
· · · · · · · · · · · · · · · · · · ·

고객을 맵핑하는 방법은 다양하지만 쉬운 것으로 '그림으로 그리기'가 널리 이용된다. 그림으로 그리게 되면 작업의 전체적인 개요와 함께 그들 사이에 존재하는 힘의 역학 관계까지 한 눈에 파악할 수 있다.

실제로 고객지도Stakeholder Analysis Map를 만드는 법을 배워보자.

최종 결정이라는 작은 원을 중심에 그려두고, 그 원 주변으로 이 결정에 참여하는 모든 사람을 그린다. 결정에 영향을 미치는 정도에 따라 원의 크기를 정하면 관계가 좀 더 명확히 보인다. 그 다음 원의 크기에 따라서 이름을 붙인다. 최종 결정권자가 있고, 그 주변으로 영향을 미치는 사람들을 배치한다.

결정에는 참여하지는 않지만 영향을 미치는 사람들이 있을 수 있다. 이런 사람들은 점선으로 표시한다. 간혹 이런 사람들을 소홀히 하는 경우가 있는데 최종 결정 시 복병이 될 수 있으므로 주의해야 한다. 보이지 않는 심리전에 휘말릴 수도 있고 별 영향이 없는 줄 알았지만 소위 안 되게 하는 고춧가루 역할을 할 수 있기 때문이다. 이런 뜻밖의 복병을 만나면 잘 진행되던 거래 협상에 난항이 거듭된다. 엄청난 추가 노력을 부담한 후에야 겨우 해결되기도 한다.

최종 결정권자에게 영향을 미칠 수 있는 사람도 잘 파악해야 한다. 보통 최종 결정권자는 말 그대로 최종 결정만 할 뿐, 결정하기 위해 검토할 사항이나 진행되는 사항에 대해서 자세히 알지 못하는 경우가 많다. 심지어 결재서류에 사인만 하는 사람도 많다. 누가 최종 기안을 하는지가 중요하다. 이런 사람이 실세이고, 결정권자가 되는 경우가 많다는 사실을 기억하자.

자세한 맵핑이 완료되면 이제 각자 고객의 요구사항이나 판단 기준을 그 옆에 기록한다. 각 이해관계자Stakeholder들은 각자의 기준과 요구사항이 있으며, 그것들은 정말 다양하다. 여기에 하나 더 추가하자면 의사결정에 영향을 미치는 주요 결정권자들의 친밀도를 파악해야 한다. 이를테면, 키맨 A와 B가 유사한 정도의 힘을 가졌는데 A와 B는 만날 때마다 으르렁거리는 앙숙지간이다. 그렇다면 어떻게 할 것인가. 두 사람 중 한 사람을 선택해서 집중 공략할 필요가 있다. 어차피 두 사람 모두에게 잘 할 수는 없다. 한쪽에 최선을 다하고 다른 한쪽에는 나쁜 영향이 미치지 않도록 방어 전략을 펴는 것으로 전세를 이끌어야 한다.

이처럼 결정적인 판단을 할 때 고객지도Stakeholder Analysis Map는 엄청난 혜안을 준다. 정치적으로 복잡한 조직을 상대할 때는 누가 누구와 친하고, 누가 누구의 편인지를 잘 파악해야 된다. 그러므로 이런 것들은 색깔로 잘 표시해서 항상 고려해야 한다. 특히 한국사회에서는 구매 결정의 객관적인 요소보다 소위 내부 정치적인 성향이 더 중요할 때도 있다. 이런 역학적 관계 기류를 잘못 해석해서 고객을 언짢게 하거나 괘씸죄에 걸리면 아무리 객관적으로 뛰어난 제안이라고 해도 결코 성사될 수 없다. 앙숙이거나 라이벌 관계인 A에게 가서 B는 이렇게 좋게 평가한다고 주장하는 것은 "저는 멍청한 영업자입니다"라고 고백하는 것과 다를 바 없다. 또한 최고경영자를 잘 안다고 해서 영업이 되는 것도 아니다. 조그마한 중소기업이 아니라면 최고경영자라도 마음대로 할 수 없는 복잡한 의사결정 구조를 가지고 있다는 점을 놓치지 말자.

탁월한 영업사원은 이 모든 것을 머릿속에 정확히 그리고 있다. 그러나 팀으로 영업을 해야 하는 경우에는 반드시 실제 그림으로 가지고 있어야 하고 이를 공유해야 한다. 팀의 누구라도 고객을 만나 정보를 얻었다면 고객지도를 펴 놓고 다시 검토해야 한다는 점은 새삼 말할 가치도 없다. 잘못된 사항이 있거나 수정이 필요하다면 즉시 수정하고, 다음은 누구를 만나서 무슨 설명을 해야 하는지 어떤 정보를 얻어야 하는지 논의해야 한다.

고객은 바쁘고 많은 일을 처리해야 하기 때문에 이런 수준까지 체계적인 생각을 하지는 않는다. 하지만 영업을 하는 사람들에게는 이것이 가장 중요한 일이기 때문에 치밀하게 준비하고 실행해야 한다. 이를 명심하고 철저히 실행에 옮긴다면 일은 의외로 쉽게 풀릴 수 있다.

회사가 이런 고객지도를 정리해서 차곡차곡 쌓아 둔다면 엄청난 자산이 될 것이다. 물론 대형회사의 고객들은 인사이동을 통해 자리를 옮기기 때문에 고객 관계를 새롭게 쌓아야 하는 수고를 항상 감내해야 하지만, 고객지도는 새로운 관계를 쌓을 때도 중요한 지표가 된다.

B2B영업을 한다면 당장 고객지도를 그리도록 하라. 도대체 내가 누구와 이야기 하고 있는지를 알아야 고객에게 필요한 정보를 정확히 전달할 것 아닌가. 영업을 하는 사람이라면, '고객이여, 도대체 당신은 누구입니까?'라는 질문을 머릿속에 달고 살아야 한다. 그렇지 않은 상태에서의 다른 모든 것은 시간 낭비라 해도 과언이 아니다.

모든 준비가 되어 최종안이 최종 결정권자의 손에 전달되었다면 심호흡을 가다듬고 축구에서 페널티킥을 하듯이 차분히 공을 차 넣으면 된다. 물론 실패할 수도 있다. 그러나 멀리서 중거리 슛만 날리는 것보다는 훨씬 높은 성공 확률이지 않은가. 비록 최종 결정에 문제가 있다고 하더라도 이미 최종 결정자에게 영향을 미치는 사람들을 잘 알고 있다는 것만으로도 정말 좋은 무기이다. 이 말은 빠른 시간 내에 관계자들과 다시 협의할 수도 있고 수정된 제안서를 마련할 수도 있다는 뜻이다.

내가 이런 고객지도를 생각하게 된 것은 현장 영업을 할 때 뼈아픈 기억을 가지고 있기 때문이다. 장비 영업을 위해서 대형 병원에 들어갔을 때의 일이다. 어떤 분이 소위 실세라는 소문이 파다했다. 당연히 그분을 만나서 많은 논의를 했고, 상당히 거래가 잘 될 것 같은 느낌이었다. 그는 병원 상황도 잘 알고 있었고, 본 장비도입 건에 상당한 영향을 미칠 수 있는 실무 부서의 책임자이기도 했다. 약간 허세가 있는 분이라 상대하기도 쉬웠다. 결정적으로 그분은 소유주 병원장의 먼 친척이기도 했다. 병원 내에서는 공공연한 비밀이었다. 일은 일사천리로 진행되었고 미래는 장밋빛으로 가득 찼다. 아니 그렇게 믿었다.

그런데 최종 결정이 계속 미루어졌다. 관련 부서로부터 여러 가지 요구사항만 늘어나는 것이었다. 실마리를 찾기가 힘들었다. 그러던 어느 날 우연히 정말 영향력 있는 실세는 따로 있다는 사실을 알게 되었다. 통상적으로는 장비를 사용하는 실무 부서에서 많은 영향력을 발휘하지만, 유독 그 병원은 경영관리부서가 절대적인 힘을 가지고 있었다. 소유주 병원장이 장비를 구매하는 과정에서 발생할 수 있는 비리를 염려하여 관리부서에 절대적인 힘을 실어주고 있었던 것이다. 더구나 관리부서 총괄 책임자는 병원장의 사촌뻘이 되는 친척으로, 이런 사실을 아는 사람은 극소수에 불과했다. 완전히 오판한 것이다. 실무 장비를 쓰는 부서에서 필요한 여러 옵션들을 이것저것 요구하는 바람에 사양이 무거워질 대로 무거워진 상태였고, 당연히 과도한 사양이라고 판단한 관리부서에서는 우리 제안을 수정하여 경쟁사로부터 견적을 받아둔 상황이었으니 되돌리기에는 늦어도 너무 늦었다. 경쟁사는 물론 가격 위주의 제안을 했고, 그 결과는 너무나 분명했다.

영업사원 입장에서 실무부서 실장님은 정말 좋은 사람이었다. 방문하면 언제든지 반겨주었고, 병원 내부사정도 소상히 잘 설명해주었다. 내가 너무 순진한 영업사원이었다. 실제로는 추천을 할 정도의 위치였지 결정을 내릴만한 실권자는 아니었던 것이다. 깐깐하고 까칠한 관리부서 책임자가 실제 결정권을 쥐고 있었고, 병원장은 설명을 듣고 결제만 하는 역할이라는 속사정을 전혀 알지 못했다. 완전히 헛다리를 짚은 나는 반년 이상을 투자한 시간과 비용을 한꺼번에 날렸다.

그러나 이런 경험은 값진 공부가 되었다. 그 이후 나는 시간이 걸리더라도 누가 어떤 역할을 하는지 철저히 파악하려고 노력하며 그것을 반드시 그림으로 그린다. 그러면 상황이 좀 더 명확히 파악이 된다. 눈으로 받아들이는 정보가 훨씬 더 강력한 법이다.

스톡데일 패러독스Stockdale Paradox
막연한 낙관주의를 경계하자

스톡데일 패러독스는 미군에서 해군 폭격기 조종사로 근무한 제임스 스톡데일James Bond Stockdale의 이름에서 유래했다. 스톡데일은 베트남 전쟁 시 1965년부터 1973년까지 동료들과 포로로 잡혀있었지만, 냉혹한 현실을 직시하고 처절하게 살아남아 전쟁 영웅이 되었다. 포로 수용소에 갇힌 사람들 중에서 곧 석방될 것이라는 막연한 희망을 가진 사람들은 시간이 지나면서 상실감으로 서서히 죽어갔다. 그러나 스톡데일은 나갈 수 있다는 믿음은 가졌지만, 현실을 받아들이고 철저히 준비를 했다고 한다. 스톡데일 패러독스는 냉혹한 현실을 통제하면서, 문제 해결을 해나가는 합리적인 낙관주의를 말한다. 더 정확히 말하자면 낙관주의처럼 보이는 현실주의이다. 낙관론에 심취해 현실을 직시하지 못하는 낙관론의 역설이기도 하다.

영화 '쇼생크 탈출'에서 주인공은 언젠가 억울함이 풀리고 석방되리라는 막연한 기대감에 빠지지 않았다. 대신 매일 숟가락으로 벽을 파면서 결국 탈출에 성공했다.

영업사원도 내일은 잘 될 것이라는 막연한 낙관론자이거나, 대박의 환상에 빠진 사람이라면 본인이 원하는 성공을 거두지 못한다. 냉혹한 현실을 직시하고 그 대안을 꾸준히 마련하고 실천해야 한다. 영업에는 대박도 지름길도 없다. 어려운 환경이지만 하나씩 문제를 풀어가면서 결승점에 도달하는 것이 영업이다. 체크리스트와 영업일지를 작성하고 항상 진행사항을 파악해야 한다. 그리고 그것을 매일 숟가락으로 벽을 파듯 관리해야 한다.

영업에도 구구단이 필요하다

영업은 경험을 통해서 배우는 것이며 시간이 지나면 자연스럽게 베테랑의 반열에 오른다고 생각하는 사람들이 많다. 이것은 오해라고 말하고 싶다. 지금에서야 별것 아닌 것 같지만 산수를 배울 때도 덧셈, 뺄셈, 곱셈을 순서대로 하지 않았던가. 그만한 이유가 있는 것이다. 구구단 암기하는 것을 건너 뛴 채로 복잡한 계산을 할 수는 없다. 학습의 과정에는 반드시 그 단계에서 익혀야만 할 것이 있는 법이고, 또 그래야만 다음 단계로 나갈 수 있다.

영업이라고 해서 다르다고 생각하는 건 정말 오산이다. 경험이 쌓이면 영업의 역량이 늘어날 것이라는 단순한 정비례 공식은 게으른 착각에서 비롯된 것이란 말을 하고 싶다. 영업에도 단계에 맞추어서 배워야 하는 기술들이 있다.

영업은 배우는 것이다
· ·

영업을 처음 시작하는 사람은 기초적인 대화법, 비즈니스 매너, 가망고객 발굴, 상담기법 등 기초적인 기술을 배워야 한다. 규모가 있는 기업에서 영업을 시작한다면 초기에 이런 기법들은 교육해줄 것이다. 그러나 자영업자나 작은 회사에서 영업을 시작한다면 문제는 달라진다. 교육의 기회가 전혀 없을 수도 있다. 무조건 나가서 부딪혀 보라고 강요당할지도 모른다. 이건 너무 옛날 방식이고, 또한 너무 무모한 짓이다.

인식부터 바꾸자. 영업은 배우는 것이다.

시작단계에서부터 제대로 배우지 못하면 성공의 기회가 줄어들기도 하겠지만 경력이 쌓일수록 학습의 필요성 자체를 무시하는 폐단을 낳기도 한다. 경험이 많은 영업사원이라도 공부하지 않는 이들을 보면 아쉬운 부분이 한두 가지가 아니다.

본론으로 들어가자. 고객 발굴과 고객 확보, 그리고 고객 유지에는 각각 다른 역량들이 필요하다. 그런데 이러한 것들은 간단히 배우기만 해도 엄청나게 효과가 있다. 중견 영업자가 되면 전략적인 영역과 문제 해결을 위한 협상Negotiation기술, 가치제안 방법, 이해자 분석 등도 추가로 학습해야 한다. 여기서 영업교육의 모든 과정을 논할 수는 없겠지만, 체계적으로 영업을 배우면 효율이 엄청나게 상승한다는 사실만이라도 인지했으면 하는 바람이다.

우리나라에는 경제가 급속히 성장하던 시기의 과도한 자신감 때문인지 단순히 '최선을 다 한다'를 '그러면 무조건 잘 된다'라고 연결하는 강한 신념의 소유자들이 많다. 이런 신념은 정말 무섭다. 특히 영업에서는 그런 자신감과 근성을 요구해온 것도 사실이지만 명백히 이건 오해다. 다른 일도 마찬가지이지만 무조건 열심히 한다고 되는 게 아니라 스마트하게 잘 해야만 되는 것이 영업이기 때문이다. 그렇지 않으면 너무 힘든 일이 또한 영업이다. '그냥 열심히 하다 보면 는다'는 발상은 대체 어디서 생긴 건지 모르겠다. 뭔가를 배워서 하는 데에 익숙하지 않아서 그럴까.

영업을 다른 말로 표현하자면 정확히 일치하지는 않지만 그래도 현대인들이 자주 사용하는 용례로는 경쟁이란 단어가 적합할 것 같다. 외형적으로는 그렇게 보이지 않더라도 성격상으론 모바일 게임에서 볼 수 있는 전투를 상상해보면 딱 들어맞는다. 성을 차지하려는 두 나라, 혹은 세 나라의 전쟁 말이다. 가령 고객을 두고 치열한 경쟁을 해야 하는 상황이다. 잘 교육되어진 경쟁사의 직원들과 실전 경험으로 잘 다져진 우리 직원들이 있다. 어느 팀이 승기를 잡을 수 있을까. 경험으로 다져진 팀이 승리한다는 보장은 없다. 경험은 경험일 뿐, 잘 교육되고 훈련된 조직을 이기기에는 허점이 많을 수 있다.

특히 팀플레이를 해야 하는 B2B 영업에 있어서 교육은 엄청나게 중요하다. 팀플레이를 하기 위해서는 그 팀의 전체 구성원들이 일정 수준 이상의 능력을 보유하고 있어야 한다. 그리고 그 능력 수준이란 것도 구성원들마다 고르게 분포되어 있어야 하며 지속적으로 유지되어야 쓸모가 있다. 그래야 팀워크도 생긴다.

조금은 벗어난 얘기 같지만, 우두커니 창밖을 바라보다가 이런 생각을 한 적이 있다. 우리나라에는 오토바이가 참 많다. 차도에서도 인도에서도, 포장이 된 도로에서도 전혀 길이 아닌 곳 같은 데서도, 좁은 골목이나 심지어는 산길에서도 쉽게 발견할 수 있는 것이 오토바이다. 매일 엄청난 숫자의 오토바이를 보는데, 슬며시 얼마나 많은 사람들이 오토바이 타는 법을 배웠을까 궁금해지기 시작했다.

통계는 없다. 그런데 많지 않을 것이다. 가르쳐주는 학원도 거의 없을 테니 말이다. 많은 사람들은 도로를 다니는 탈 것 중에 가장 위험하다고 알려진 도구를 제대로 배우지도 않고 탄다. 물론 누군가에게서 배우긴 했을 것이다. 친구나 선배 등 주변의 지인으로부터 배웠을 가능성이 가장 크다.

참고가 될 만하기에 하나 소개해본다. 미국 통계이기는 하지만, 친구로부터 타는 법을 배운 오토바이 운전자의 사고율이 가장 높다고 한다.

섬뜩하지 않은가. 당연한 것 같다. 영업도 마찬가지이다. 가까운 선배 또는 동료로부터 배우는 영업이 제일 위험하다. 스스로 고민하고 공부하지 않고 편한 주변 사람에게 배우는 일 말이다. 새겨

들었으면 하는 말이다.

왜 바꾸지 않는 것일까
....

요즘에는 영업에 관련된 교육과정이나 온라인 학습 프로그램들이 많다. 지금 영업 직종에 종사하고 있다면 본인의 수준에 맞는 관련 강좌 하나씩이라도 찾아 듣는 것을 적극적으로 권한다. 투자 대비 훌륭한 결과를 얻을 것이다. 구구단을 대학에 들어가서 배울 수 없듯이 무언가를 학습할 때는 그것을 익히는 시기가 적절해야 한다. 전투준비는 전쟁 전에 하는 것이지 전투 중에 하는 것이 아니다. 영업 초기에 배워둔 프레젠테이션 스킬은 평생을 두고 좋은 결과를 가져오게 마련이다. 실력이 늘었으면 하는 바람이 조금이라도 있다면 당장이라도 영업에 관련된 교육 프로그램을 듣도록 하자. 아니면 영업 관련 컨설팅을 받는 것도 권장할 만하다.

자영업이라도 예외일 순 없다. 매일 작은 식당이나 상점에 가보지만 안타까운 적이 한두 번이 아니다. 조금만 바꿔도 엄청나게 변할 수 있는데, 그런 점들이 왜 직접 경영을 하고 있는 그들 눈에는 안 보이는 것인지. 점주들은 왜 바꾸지 않는 것일까? 솔직히 그들의 눈에는 보이지 않기 때문이다. 떨어지는 실적과 줄어드는 매상을 일부러 원하지 않았다면야 변하지 못하는 이유를 그것으로밖에는 달리 설명할 길이 없다. 누구에게 배우든지 도움을 받아야 한다. 총 쏘는 법도 모르면서 전장에 뛰어드는 군인이 되지는 말자. 여러 번 반복하지만 현장 영업은 연습용 목검으로 하는 스포츠가 아니라 진검으로 승부를 판가름 내는 살벌한 중원의 일이다.

배우거나 도움을 받는 데도 투자를 해야 한다. 기본적으로 모든 것은 ROI Return On Investment, 즉 투자대비 수익률이다. 우리나라는 유독 이런 부분의 비용 지출에 인색하다. 교육을 받으려면 교육비를 지불해야 하고 컨설팅을 받으려고 해도 그만큼의 비용이 들어간다. 생각을 바꾸자. 투자한 것보다 더 많은 수익을 내면 되는 것 아닌가.

첫 번째 제안이 기준점이 된다

앵커링Anchoring은 배가 닻을 내리는 것을 말한다. 사람들은 자신이 가치를 잘 모르는 것을 판단하거나 협상을 할 때 무의식적으로 처음 주어진 조건에서 크게 벗어나지 못하곤 하는데, 이런 경우를 말한다. 배가 닻이 연결된 밧줄의 범위 내에서 움직이듯이 처음 닻을 내린 지점이 기준이 되어 거기서 벗어나지 못하는 심리적 형태이다. '정박 효과'라고 하기도 한다.

먼저 10,000원짜리를 보여주고 5,000원짜리를 보여주면 5,000원짜리는 상대적으로 싸게 느껴져서 쉽게 구매를 하게 되는데, 이런 것이 일반적인 소비자 심리이다. 대형마트의 세일 상품이나 1+1도 이런 심리를 이용한 판매 방식이라고 할 수 있다. 아울렛에 가면 소비를 많이 하는 이유도 여기에 있다. 원래 가격의 30~50%, 그리고 추가 10~20% 세일이라는 표시에 현혹되기 때문이다. 중요한 것은 세일 전 가격을 꼭 표시해두어서 기준 가격이라는 생각의 닻을 내리게 하는 것이다. 소비자는 할인을 많이 받았다고 판단하게 되므로 스스로 합리적인 소비를 했다고 만족한다.

고객과 가격이나 조건을 협상할 때는 첫 번째 제안에서의 설정이 상당히 중요하다. 높은 기준으로 협상을 시작해야 최종 조건이 제시되었을 때 이익을 보았다는 생각에 편안함을 느낄 수 있기 때문이다. 그렇지만 고객이 감당할 수 있는 범위와 신뢰를 깨지 않는 범위의 제안이어야 한다는 점을 잊어선 안 된다.

왜? 5번을 물으면 답이 나온다

　　　　영업에 필요한 통찰력Insight은 어떻게 얻어지
는 것일까. 영업에서는 문제를 통찰하는 능력이 대단히 중요하다
고 하는데, 문제를 큰 관점에서 보고 핵심에 깊게 파고 들어가려
면 통찰력이란 것이 필요하다고 하는데 어떻게 하면 그것을 나의
것으로 만들 수 있을까.

　사전적인 의미로 통찰은 '사물이나 현상의 원인과 결과를 이해
하고 간파하는 능력'을 말한다. 쉽게 말하자면 '꿰뚫어 보는 능
력'이다. 예전에는 정보 자체를 얻는 것이 중요했다. 정보 자체를
얻는 것이 힘들다 보니 상대적으로 정보의 양에 따라 대우가 달
라졌다. 그리고 전문 기술이 중시되던 시대였다. 전문 기술은 기
계와 컴퓨터의 덕으로 엄청난 속도로 발전했다. 시대가 바뀌었다.

정보가 흘러넘치는 현대에는 정보의 양보다는 정보를 처리하고 핵심을 찾아내는 능력이 더 필요하게 된 것이다.

아무리 인공지능 같은 첨단 기술이라고 할지라도 아직 인간만큼의 통찰력을 갖추지는 못하고 있다는 점으로 미루어 지금이 어쩌면 과도기일지도 모르겠다. 아니면 영업만이 인류가 가장 오랫동안 기계문명에 밀리지 않으면서 유지할 수 있는 직종이지 않을까 생각해 보기도 한다. 어찌되었든 영업에 있어서 통찰력은 문제를 해결하는 유일한 도구이다. 고객의 문제를 파악하는 것에도, 파악된 문제를 해결하는 데에도 깊은 통찰력이 요구된다.

고객 입장에서 보자. 그런 능력을 발휘하여 자신의 문제를 해결해주는 영업자를 찾는 건 너무나 당연한 일 아닌가. 만약 그렇지 않다면 그는 고객이 아니라 자선가일 것이다.

남이 보지 못하는 것을 보는 능력

....

장사를 해서 돈을 많이 벌었다는 사람들을 볼 수 있다. 그런 사람들을 보면 아주 사소한 데서부터 남들과 다르다. 다른 결정을 내린다. 나는 이들이 보통 사람에 비해 월등한 다른 능력이 있다고 확신한다. 일반적인 단계를 뛰어넘어 문제의 핵심을 볼 수 있는 눈을 가진 것이다. 바둑의 고수들이 몇 수 앞을 내다보면서 돌을 던지듯이 그런 능력 말이다.

지하철역 주변에는 수많은 가게들이 들어서기 마련이다. 말 그대로 역세권이라는 이름으로 불리는 이 지역의 점포들은 임대료 또한 상당히 높다. 조건이 동일할 것 같은 이런 지역에서도 유독 흥하는 점포가 있는가 하면 완전히 망해버리는 사례도 없지 않다.

업종에 따라서 희비가 엇갈리기도 한다. 보통 이런 곳에서 장사를 하는 사람들이 가장 많이 따지는 조건은 유동인구이다. 지하철역 주변은 이들의 희망대로 인구의 유동이 많을 수밖에 없다.

질문 하나 던져보자. 유동인구가 많은 지하철역 입구에 커피숍을 차리게 되면 어떻게 될까? 단순하게 생각하면 대박일 것이다.

그러나 정답은 그 반대다.

실제 지하철역 입구 커피숍은 그다지 장사가 잘 되지 않는다. 왜 그렇게 되는지 오답노트를 공개한다. 커피숍은 영업의 특성상 머무는 사람이 많아야 하는 업종이다. 그런데 지하철 근처는 어떤가. 분주하게 어디론가 오고 가는 사람들뿐이다. 그들은 그저 지나는 인구들이다. 오답노트에 이어 팁을 하나 더 제공하자면, 이런 곳엔 가볍게 들어와서 짧은 시간 안에 구매 결정을 내리는 업종을 선택해야 한다.

요즈음 어디에서나 편의점을 볼 수 있다. 너무 많아져서 힘든 사업이라는 이야기까지 나온다. 점포마다 경쟁은 치열해질 대로 치열해졌다. 그렇다면 편의점 사업은 이제 사양길에 놓인 걸까. 전문가들의 판단으로는 편의점 숫자는 아직도 몇 배나 더 늘어날 성장력을 가지고 있다. 2017년 7월 기준 전국 편의점 숫자는 3만 7

천개 정도라고 하는데, 이는 국내 치킨집 숫자와도 비슷한 수준이다. 치킨집은 무한히 성장하는 데에 한계가 있다. 아무리 새로운 메뉴를 만들어내도 치킨은 치킨이기 때문이다. 그러나 편의점은 거의 무한한 확장 가능성이 있다. 예전에는 없던 편의점 도시락, 택배 서비스를 떠올려 보면 이해가 쉽다.

머지않아 일본처럼 편의점이 은행 기능을 대체하게 될 것이다. 십 년 후가 아니라 곧 다가올 현실이다. 일본의 세븐일레븐 뱅크는 은행지점이 하나도 없는, 단지 편의점에만 있는 은행이다. 거리로 보나 정서적으로 보나 일본은 그렇게 먼 나라가 아니다. 지금은 젊은 층이 편의점의 주 고객이지만 곧 혼자 사는 노령인구들도 편의점의 주 고객층으로 편입할 것이며, 아직 지방에는 많지 않지만 이제 곧 시골 국도변의 편의점은 생활에 중요한 거점으로 변모할 것이다.

여담으로 한마디 덧붙이자면, 일본에서는 시내와 시골의 구분이 쉽다. 교외로 나가면서 편의점에 주차장이 있으면 시골에 진입한 것으로 보면 된다. 뚜렷하게 정해진 것은 아니지만 유심히 관찰하다 보면 이런 것이 보이게 된다.

혹시 당신이 앞으로 장사를 할 계획이라면 어떤 업종을 선택할 것인가? 세상을 간파하는 힘, 통찰력이 있어야 어떤 업종에서든 작은 성공이라도 거둘 수 있다는 말을 흘려듣지 말았으면 좋겠다. 일반 직장인이든 자기 사업을 하는 사람이든 일의 본질과 세상의 흐름에 대해 늘 깨어있어야 한다.

도요타의 5Why에서 배우는 생각력

··

원점으로 돌아가자. 통찰력은 어떻게 얻을 수 있을까? 책상에 붙어 앉아 있다고 얻어지는 게 아니라는 건 안다. '생각력'이란 말이 있다. 생각에는 힘이 있다는 말이 되기도 하고 생각 자체가 힘이란 의미가 되기도 한다. 보이지도 않고 잡을 수도 없는 생각이라는 추상이 곧 힘이라니. 그러나 생각이 바로 힘이라는 사실을 인정할 수밖에 없다. 현대인들의 손에서 떨어지지 않는 스마트폰이나 교통카드만 있으면 이용할 수 있는 자동차들은 모두 이 힘에 의해서 만들어졌으니 말이다. 백 년 전까지만 해도 상상할 수 없는 일 아닌가.

닭이 먼저인지 알이 먼저인지는 아무도 대답할 수 없는 미궁과도 같은 철학적 담론을 형성하고 있지만 생각이 먼저인지 스마트폰이나 자동차가 먼저인지에 대한 질문은 상식을 가진 이라면 누구나 듣는 즉시 대답할 수 있다. 명백하게 생각이 먼저다. 스마트폰에 대한 생각이 있어야 스마트폰이라는 물체가 존재할 수 있다. 굳이 생각이라는 고유한 영역에 힘이라는 글자를 붙여 '생각력'이라는 합성어까지 만든 이유는 어쩌면 당연한 건지도 모르겠다.

너무 뻔한 이야기 같지만 통찰력은 '생각력'에서 나온다. 영업에 있어 생각력이 부각되는 이유는 그것에는 어떤 혜안 같은 것이 있어야 한다고 보기 때문이다. 신비주의적인 발상으로 여길 필요는 없다. 어딘가에 제품과 고객이라고 하는 미지의 두 점이 존재한다고 가정하자. 이 두 점 사이를 최단거리로 연결하는 장치가 바로 영업사원의 '제안'이라고 도식화한다면 이것이 바로 영업의 기하학적 측면일 것이다. 영업의 기하학적 측면에서 보았을 때 가장 핵심적인 내용은 바로 최단거리라는 변수라 할 수 있다. 변수는 고객의 드러나지 않는 기대치과 그에 대응하는 지불 능력, 그리고 제품이 기본적으로 장착하고 있는 특성을 파악함에 따라 유동적이므로 영업사원마다 제각기 다르다. 이때 필요한 것이 혜안이며, 혜안에 가까운 능력이 아닐까.

내성적인 영업자들이 상대적으로 생각력이 강하다는 건 이미 알려진 사실이다. 그것은 그만큼 그들의 영업전선에서의 선전을 응원할만한 충분한 이유가 되는 것이다. 무엇을 제안할 것인지, 어떻게 제안할 것인지 통찰력에서 비롯된 혜안을 키워야 한다. 먼저 생각의 힘을 키우는 연습을 해야 한다. 근육을 단련하듯 생각의 끈을 놓치지 않도록 하자. 그래야 생각의 힘이 늘어난다.

혹시 예상치도 않게 혼자만의 시간이 주어졌을 때 당신은 주로 무엇을 하는가. 이런 혼자만의 시간을 유용하게 활용하는 것으로도 생각의 근육을 단련시킬 수 있다. 처음부터 너무 욕심을 부리지 않는다면 크게 부담스럽지도 않을 것이다. 생각은 혼자 있을 때 풍성해진다.

무작정 아무 생각이나 하고 있는 것도 낭비다. 아무 생각 없이 멍하니 있는 것과 다를 바 없지 않는가. 고객의 입장에서, 고객에게 도움이 되는 제안이 과연 무엇일까를 끊임없이 되새기는 것이다. 내가 제안하는 제품이나 서비스를 반복적으로 검토하면서 고객에게 적합한 솔루션이 무엇인지를 끝없이 생각하라. 이 생각을 잠을 자면서도 놓치지 말자. 처음에는 생각의 실마리조차 찾기가 힘들다. 그렇지만 습관이 되면 어렵지 않게 된다. 게다가 어떤 문제에 부딪혔을 때 훈련된 자신의 생각으로 그것을 해결하고 나면 또 다른 신념으로 자리 잡을 것이다.

생각력 훈련에 추천할만한 사례가 있다. 도요타의 혁신적인 자동차 생산방식TPS: Toyota Production System에서 발달된 5Why 방법을 응용해보면 생각의 힘을 키우는 데 많은 도움이 된다. 일반적인 사람들은 한두 번 정도의 '왜 그럴까?'로 결론에 도달하려는 성급함을 버리지 못한다. 물론 처음의 도요타 또한 그랬을 것이다. 그러나 시행착오를 거치는 동안 그들의 생각은 다르게 변모해 갔다. 그리고 도요타를 성공의 반석 위로 올려놓았다. 그들이 고안한 5Why를 활용하면 생각의 깊이를 더할 수 있다. 중요한 건 얼마나 깊이 있는 생각을 했느냐이다.

생산현장에서 육안검사를 통과한 제품인데도 불구하고 여전히 불량이 많다. 어떻게 해결할 것인가?

1) why? 왜 불량을 찾아내지 못하고 간과되는가? 정확히 보지를 못해서 걸러내지 못한다.

2) Why? 왜 정확히 보지 못하는가? 잘 보이지 않기 때문에 실수를 한다.

3) Why? 왜 잘 안 보이는가? 작업장의 조명이 어두워서 그렇다.

4) Why? 왜 작업장 조명이 어두운가? 작업장 조명의 위치가 좋지
   않다.

5) Why? 왜 작업장 조명의 위치가 좋지 않은가? 작업장 조명 위치
   에 대한 정확한 기준이 없다.

이런 방법으로 문제와 그 원인을 찾아들어간다. 꼬리에 꼬리를 물고 품질 불량의 원인을 파헤쳐서 결국 작업장 조명의 위치 및 밝기 기준을 표준화해야 한다는 해법으로까지 이어진다. 아마 두 번째나 세 번째 Why에서 멈추었다면 그냥 '검사자의 교육을 더 철저히 시킨다' 정도로 끝났을 것이다. 이렇게 되었다면 실질적인 품질 향상은 있을 수 없었고, 우리가 알고 있는 도요타도 존재하지 않았을 것이다.

이번엔 좀 더 현실적인 사례로 거론되는 미국 제퍼슨 독립기념관의 외벽 손상에 대한 경우이다. 제퍼슨 기념관은 외벽 손상이 심해서 외벽을 페인트칠하고 유지하는 비용이 너무 많이 들었다. 왜 그렇게 외벽 부식이 심해진 것인지 회의를 해보니 비누 청소를 너무 자주 하기 때문이었던 것이다. 그러면 왜 외벽 비누 청소를 자주 하는지 확인해보았더니 비둘기 배설물이 너무 많아서였다. 왜 유독 비둘기 배설물이 독립기념관에 많은지 확인해보았더니 비둘기 먹이인 거미가 많아서였다. 왜 거미가 많은지 확인해보았더니 불나방이 많아서 그랬다. 왜 불나방이 많은지 확인해보았더니 독

문제	제퍼슨 기념관 대리석 벽이 심하게 부식되어 유지비용이 증가한다.		
횟수	왜?	원인	단기적인 해결
1 Why?	왜 대리석이 부식되는가?	대리석을 세제로 자주 닦기 때문이다.	닦는 횟수 줄이기?
2 Why?	왜 자주 세제로 대리석을 닦는가?	기념관에 비둘기가 많아서 배설물이 많기 때문이다.	비둘기를 포획한다?
3 Why?	왜 비둘기가 많은가?	기념관에 비둘기의 먹잇감인 거미가 많기 때문이다.	거미를 죽이는 약제를 살포한다?
4 Why?	왜 기념관에 거미가 많은가?	해가 지기 전에 일찍 전등을 켜서 거미 먹이인 나방이 많이 몰려들기 때문이다.	조명시간을 조절한다.
5 Why?	왜 해가 지기 전에 전등을 일찍 켜는가?	기념관 직원들이 해가 지기 전에 퇴근하기 때문이다.	담당 직원의 퇴근 시간을 조절한다.
해결책	담당 직원 근무 시간을 조절한다.		

〈표〉 5WHY를 활용한 제퍼슨 기념관 사례

립기념관을 밝히기 위해서 전등을 빨리 켜기 때문이었던 것이다.

결국 불을 빨리 밝히다 보니 주변의 나방들이 모여들었고, 날아든 나방이 문제의 발단이었다. 외벽의 관리비용을 줄이기 위해서는 전등을 최대한 늦게 켜야 하고, 전등을 늦게 켜려면 담당 직원의 근무시간을 조정해야 한다는 결론이 도출되었다. 만약 비둘기를 줄이려고 다른 방법을 동원했다면 비둘기와 한바탕 전쟁을 치러야 했을지도 모른다. 또 그렇게 했었더라도 결과는 좋지 않았을 것이다. 이처럼 외벽 관리비용과 점등시간 그리고 직원의 근무시간은 얼핏 생뚱맞은 관계처럼 보이지만, '왜'라고 집요하게 묻다 보면 문제 해결의 상관관계를 발견할 수 있는 것이다.

이런 방식으로 생각하는 훈련이 되어있으면 남들보다 좀 더 쉽고 빨리 해법을 찾을 수 있다. 단순하고 일차원적인 해법만 가지고 접근해서 좋은 결과를 만들기는 어렵다. '왜?'를 머릿속에 담고 사는 것이 생각력을 키우고 결국 통찰력을 키우는 방법이다.

내성적인 사람이 자신의 장점을 극대화시키는 방법 또한 이와 마찬가지다. 이 연습을 통해 고객에게 깊이 있는 해법을 제공할수 있다. 어떤 문제에 부딪힐 때마다 5Why를 활용하다 보면 단순히 영업뿐만 아니라 살아가면서 많은 도움이 될 것이다. 이렇게 생각하는 습관은 매사에 즉흥적인 답을 내리는 것과 그에 따르는 폐단을 막아준다.

가격은 무기가 아니다

스놉Snob은 잘난 체하는 속물을 말한다. 그래서 스놉 효과를 속물 효과(俗物效果)라고 말하기도 한다. 어떤 상품은 인기가 올라가서 소비가 증가하면 오히려 수요가 줄어들기도 한다. 전형적인 스놉 효과이다. 부유한 사람들은 다른 사람들과 차별을 추구하는 성향이 짙다. 그래서 자신이 즐겨 사용하던 상품이라도 대중화되어 많이 팔리게 되면 오히려 소비를 줄인다. 기본적으로 차별화 욕구를 기반으로 하기 때문에, 이들은 가격보다는 희소성에 더 높은 가치를 둔다. 스놉 효과는 남을 따라 하는 소비 형태를 뜻하는 밴드왜건 효과의 반대적인 현상이다.

마케팅에서는 이런 스놉 효과를 자주 이용한다. VIP 마케팅을 하거나 한정 상품Limited Edition을 만들어 돋보이고 싶어 하는 소비자의 욕구를 자극하는 것이다. 2000년대 중반쯤 서울 압구정동에 '빈센트 앤 코Vincent & Co'라는 스위스 명품 시계 매장이 문을 열었다. 이 업체는 '전 세계 1%만 사용하는 시계', '왕실에 납품하는 시계'라는 고가의 마케팅 전략을 펼쳤다. 시계는 불티나게 팔려서 엄청난 수익을 올렸다. 그런데 사실 이 시계는 값싼 중국산 부품을 사용하여 만든 저가 시계였다. 전형적인 스놉 효과를 이용한 마케팅 전략이었던 셈이다.

영업에 있어서 저가격을 무기로 접근하려는 방식은 버려야 한다. 일상 소비재가 아니라면 가격이 싸다고 무조건 사지는 않는다. 가격을 무기로 영업하려는 유혹을 떨쳐버리고 특별함과 희소성을 강조해야 한다. 당신만을 위한 제품이라는 인식이 확보되면 제품은 저절로 팔린다.

상대방의 흐름을 타라

　　　　인생을 살다 보면 흐름이라는 것이 있다는 걸 느낄 때가 있다. 영업에도 단계가 있고 흐름이 있게 마련인데, 이 흐름을 타는 것이 중요하다. 너무 일찍 계약을 끝내려고 해서 다된 일을 망치기도 하고, 결론을 내야 될 타이밍에 액션을 취하지 않아서 거의 성사가 된 계약을 날려버리기도 한다.

　결국은 타이밍이란 말인데, 이게 말하기는 쉬운 것 같아도 실전에서 적용하기란 여간 힘들지가 않다. 가장 좋은 방법은 상대방의 흐름을 타는 것이다. 상대방의 흐름을 항상 주시하고 있다가 필요할 때 방향만 살짝 조정하면 된다. 외향적인 사람들이 본인의 흐름에 집중하는 반면, 자신을 잘 드러내지 않는 내성적인 사람들은 상대에 동화되어 그들을 이해하려는 성향이 있다. 때문에 상대의 분석에 관한 한 유리한 조건을 갖추었다고 하겠다. 세심하게 타이밍을 읽을 줄 아는 것으로도 훨씬 손쉬운 대응을 할 수 있다.

고객이 필요로 할 때 적절한 솔루션을 제공해야 한다는 건 영업사원으로서는 당연한 의무이다. 그렇다면 나를 필요로 할 때가 언제인가를 아는 것도 영업사원의 자격요건이라 할 수 있겠다. 언제가 나를 필요로 할 때일까. 조금만 빨라도 고객은 당장에 "지금은 필요가 없다"라고 이야기할 것이고, 조금만 늦으면 "미안합니다. 이미 결정을 했어요"라는 대답을 듣게 될 것이다.

물이 흐르는 것처럼

. . . .

그렇다고 고객의 일정에 모든 것을 맡겨둔다면 좋은 결과를 얻을 수 있을까? 고객의 긴급한 요구가 있다면 생각보다 상황이 빠르게 진행되겠지만, 있어도 되고 없어도 되는 제품이라면 계약이 언제 이루어질지 모른다. 보험처럼 미래를 보장하는 상품이라면 고객의 입장에서는 그리 다급하지 않다. 그냥 고객의 얼굴을 바라만 보고 있으면 허송세월로 시간이 어떻게 지나는지도 모른다.

같은 파도라도 그것의 흐름을 이용해 서핑을 즐기는 사람이 있는가 하면 이리저리 그것에 휩쓸려 조난을 당하는 경우도 있다. 일반적으로 일이 잘 풀리지 않을 때 영업사원들은 서두르게 된다. 성급히 더 낮은 가격을 제안하거나 새로운 조건을 급히 추가하기도 하는데, 이런 일들은 오히려 방해 요인이 된다. 고객은 아직 가격 협상을 할 준비가 되어있지 않은데 너무 일찍 카드를 꺼내서 계약에 대한 압박감만 가중시킨 경우다. 악순환이 되다보면 오히려 제품의 신뢰감을 떨어뜨리기도 한다. 의도하지 않았더라도 이런 일이 반복되다 보면 영업사원은 계약 부재로 극심한 슬럼프에 빠지기도 한다. 한마디로 일이 점점 꼬이게 되는 상황이다.

골프를 치는 사람들이라면 스윙을 할 때 물 흐르듯이 하라는 이야기를 들었을 것이다. '물 흐르듯이'라는 말은 참으로 많은 것을 담고 있다. 물 흐르듯이 어떻게 하라는 것인가. 큰 그림을 놓치지 않고 주변의 환경을 모두 인정하고 수용하면서 그야말로 물처럼 끊이지 않고 흘러가야 한다는 의미이다. 물은 흐르다가 작은 웅덩이라도 만나면 잠시 멈추어서 거기에 머문다. 그러다가 불어나면 다시 흘러간다. 물길이 좁거나 급한 경사에서는 폭포처럼 굽이치기도 한다. 물은 흐름을 안다. 골프에서는 천천히 스윙을 하라는 말을 많이 하지만 모든 것을 천천히 하면 공을 칠 수가 없다. 천천히 백스윙을 하고 공을 맞혀야 할 때는 모든 힘을 쏟아 스피드를 내야 제대로 거리가 난다. 물이 흐르는 것처럼. 상황에 따라 천천히 갈 때도 있고 빨리 몰아쳐야 할 때도 있는 법이다. 천천히 해야 할 곳과 빨리 해야 할 곳이 어디인지를 아는 노하우는 배움과 경험에서 나온다.

골프의 거장인 잭 니클라우스는 게임이 잘 풀리지 않을 때 샷을 멈추고 코스와 관객들을 지긋이 바라보며 호흡을 조절했다고 한다. 샷에 대한 집착보다는 주변을 돌아보면서 마음을 긴장 상태에서 돌려놓았던 것이다. 영업도 벽에 부딪친 상황이라면 천천히 돌아가는 여유를 가져야 한다. 지나온 과정을 돌이켜보거나, 전체 그림을 보려는 노력이 필요하다. 다급한 마음에 시야가 좁아진 상태에서는 무리하게 일을 처리하거나 오판을 할 수 있다. 속도를 내면 시야가 좁아진다는 건 부정할 수 없는 이치 아닌가. 자동차나 오토바이를 고속 주행하면 측면 시야는 점점 좁아진다. 그게 인간 몸의 어쩔 수 없는 구조이다. 속도를 늦추어야 주변이 보인다.

그러나 계약이 막바지에 다다라서 결정을 내려야 할 시기라면 상황이 달라진다. 방금 마지막 코너를 돌아 나온 자동차나 오토바이의 레이서들처럼 결승점이 보이면 전방에 시선을 고정한 채 전속력으로 달려야 한다. 피니시라인을 향한 혼신의 힘으로 반드시 계약을 마감해야 하는 것이다. 기회가 다시 언제 올지는 장담할 수 없는 일이다.

결국 타이밍이다
· · · · · · · · · · · · · · · · · · · ·

내가 아는 어떤 후배 사원은 똑똑하고 착하고 성실했다. 그런데 실적이 생각보다 저조했다. 무엇보다 본인이 힘들어했다. 왜 모든 과정을 똑 부러지게 처리하면서도 실적이 나오지 않는 걸까. 이야기를 들어보니 이 친구는 항상 클로징 타이밍을 놓치는 것이었다.

마지막 고심을 하고 있는 고객에게 "이제 계약하시죠. 가장 필요한 시점이고 가장 좋은 조건입니다"라는 한 마디를 던지지 못하는 것이다. 고객에게 계약의 결정까지 완전히 일임해 두는, 안타까울 정도로 심성이 착한 친구였다.

본인은 강요하는 것 같아서 고객의 결정을 기다린다고 하지만, 이건 고객을 돕는 것이 아니다. 계약을 해야 할 시점에 임박해서는 고객이 최종 결정을 내리도록 거드는 것도 영업사원의 임무이다. 100% 확신을 갖고 구매하는 사람은 아무도 없다. 고객이 마음을 정해야할 시기가 오면 영업사원은 고객의 선택에 확신을 심어주어야 하며, 결정을 하도록 도와야 한다. 시기를 놓치면 고객에게나 영업사원에게나 상황이 불리하게 돌아가게 마련이다.

결국 타이밍이다. 영업 과정 전체의 사이클에서 지금이 어디쯤 와 있는 것이며, 고객의 상황은 어떤지, 고객이 무슨 생각을 하고 있는지 등을 충분히 고려한 이후라면 반드시 행동을 취해야 한다.

어디서든 적용되는 '마감 임박'

행동 경제학자이자 노벨상의 수상자인 트버스키Amos Tversky와 카너먼 Daneil Kahneman은 손실회피Loss Aversion 개념을 찾아냈다. 손실회피는 얻은 것의 가치보다 잃어버린 것의 가치를 크게 평가하는 심리작용을 말한다. 가령 1만 원을 얻는 행복보다 1만 원을 잃어버리는 상실감이 훨씬 크다는 것인데, 사람들은 이익에 대해서는 둔감하지만 손해에 대해서는 아주 민감하게 반응한다고 한다.

실험의 예를 보자. 동전을 던져서 앞면이 나오면 100달러를 받고, 뒷면이 나오면 50달러를 잃는 게임을 한다. 앞뒤면의 확률이 50:50이므로 이익이 될 확률이 훨씬 높다. 그렇지만 사람들은 50달러를 잃어버릴 손실을 더 민감하게 생각하기 때문에 게임에 참여하지 않는다고 한다. 확률적 기대이익보다는 손실을 회피하려는 심리적 판단이 우선인 것이다.

"이번 주까지는 행사로 세 가지 옵션을 드리지만, 다음 주부터는 두 가지 옵션만 드립니다"라고 하면 고객은 한 가지 옵션을 잃어버린 듯한 손실감을 느낀다. 고객과 마지막 협상을 할 때 이런 방법이 많이 사용된다. 방송시간이 끝나면 할인 혜택이 없어진다는 홈쇼핑의 멘트도 동일한 맥락이다. 고객이 빠른 시간 내에 최종 선택을 하도록 하는 방법으로 사용될 수 있다. 마감 임박은 홈쇼핑뿐만 아니라 어디서든 적용된다.

영업은
인문학으로부터

한동안 인문학 열풍이 거세었다. 인공지능AI, 4차 산업혁명 등 새로운 시대를 준비하는 새로운 화두의 등장으로 인문학이라는 용어 자체가 관심에서 좀 멀어진 듯해보여도 여전히 인문학은 중요하다. 인문학의 중요성을 강조하려는 것이 아니라 영업인이라면 반드시 인문학에 관심이 있어야 하며 기꺼이 인문학을 공부해야 한다는 점을 강조하려는 것이다.

세상의 모든 것은 사람으로부터 시작해서 사람을 위해서 존재하기 때문이다. 기술도 문화도 모든 것이 사람을 중심에 두고 있다.

돈을 쓰는 것은 결국 사람이니, 사람에 대한 이해는 영업의 기본이다. 신기술의 흐름에 따라가는 것도 의미있겠지만 먼저 사람의 마음부터 알고 볼 일이다.

사람이 결정한다
· · · · · · · · · · · · · · · · · ·

어떤 물건을 거래하든지 영업도 결국은 사람을 상대하는 것이며 사람이 결정하는 것이다. 우리는 종종 사람에 집중하지 않고 물건에만 올인All In하는 경향이 있다. 그러나 명심해야 할 점은 어떠한 거래든지 사람이 결정한다는 사실이다. 모든 것의 중심에는 사람이 있다. 제품과 서비스는 부가물이다. 이처럼 세계의 중심에 위치한 '사람'이란 과연 무엇인가를 이해하는 길은 인문학을 공부하는 것이다.

오래전 대학을 다닐 때 사람과 인문학에 관해 정리해 주셨던 교수님의 말씀이 아직도 머릿속을 떠나지 않는다. '인문학을 배운다는 것은 사람을 안다는 것이다. 사람을 아는 것은 한쪽만 아는 것이 아니라 사람과 사람을 안다는 것이다. 어떤 일을 하든, 어떤 위치에 있든 사람과 사람이다.' 영업을 하는 사람과 구매를 하는 고객도 사람이다. 사람과 사람이다. 그런데 우주에서 가장 규칙성이 없는 종족이라는 인간을 상대로 하는 것이 영업이다. 수많은 철학자와 심리학자들이 지난 인류 역사만큼이나 긴 시간 동안 연구를 했지만, 아직도 '인간이란 무엇인가'에 대한 질문에 완벽한 해답을 찾지 못한 이유는 그들이 동일한 규칙에 따라 움직이는 종족이 아니기 때문이다.

어느 날 수업시간에 교수님은 사람 사는 것을 야구와 비교해서 설명해주셨다. 사람들이 야구에 흥미를 갖는 이유는 둥근 공과 둥근 배트와의 게임에 사람이라는 변수가 더해지면서 결과를 예측할 수 없기 때문이라고 하셨다. 알 수 없기 때문에 재미가 더해진다는 것이다. 그런 예측 불허의 변수가 야구의 게임을 흥미롭게 한다. 야구는 예측이 전혀 불가능하다. 컴퓨터나 기계처럼 1과 1을 넣으면 2가 나오는 방식이 아니다. 1과 1을 넣어도 무엇이 나올지 모르는 것이 사람인데다가, 사람과 사람이 합쳐졌을 때는 더욱 예측하기 힘들어진다.

그러므로 사람과 상대하기 위해서는 더욱 인문학이 축적한 수천 년 동안의 지혜를 받아들여야 한다. 인문학을 공부하는 것은 사람을 이해하려는 아주 근본적인 노력이다. 사람을 이해하지 못하면 세상에 존재하는 모든 일은 의미가 없다고 해도 과언이 아니다.

끌리는 사람

. . . .

과학과 첨단 기술로도 설명하지 못하는 것이 있다. 사람에게는 첫인상이라는 게 있다. 이것은 첨단 과학으로도 설명하기 힘들다. 더구나 연륜이 쌓이면 사람의 인상이 달라진다는 것을 어떻게 과학적으로 설명하겠는가. 인품이 좋다는 것을 과학적으로 설명할 수 있을까. 영업은 이렇게 과학적으로 설명할 수 없는 것들의 상호 작용에 의해 결과로 나타난다. 영업을 하는 사람일수록 인문학을 배우고 체화(體化)해야 하는 이유이다. 선택이 아니라 필수라고 할까.

인문학은 사람을 이해할 수 있게 하는 가장 좋은 도구이다. 아울러 나를 좀 더 끌리는 사람으로 만들기도 한다. 이런 사실은 영업 일선에 있어서 상당히 중요하게 작용하기도 하는데, 단순히 제품을 제안하는 차원을 넘어서 영업하는 사람 때문에 거래가 성사될 수도 있다는 사실은 이런 점을 더욱 명확히 해준다.

영업직원들에게 인문학 이야기를 꺼내면 일단 얼굴색부터 달라진다. 뻔한 이야기를 한다고 생각하거나 아니면 인문학 자체를 골치 아픈 존재로 인식하고 있다는 뜻이다. 어떤 직원들은 왜 인문학을 해야 하느냐고 따지듯 묻기도 한다. 이럴 때는 참 난감해진다.

아무리 중요하다고 강조해도 본인이 깨닫지 못하면 실천에 옮기기 어렵다. 영업이란 기본적으로 공감과 논리라는 두 가지 추상적인 가치가 적절히 배합되었을 때 만족할만한 결과를 얻을 수 있는 대단히 순수한 인문학일지도 모른다. 서로 다른 이해관계를 하나로 일치시켜야 할 때 공감할 수 있어야 하고, 설득을 위한 논리적인 설명이 필요한 시점이 오면 적절한 논리를 펼칠 수 있어야 한다.

이야기를 해보면 그 사람의 인성을 알 수 있다. 그런데 인성은 "저는 이런 사람입니다"라는 한마디 말로 정의할 수 있는 게 아니다. 그 사람의 말뿐 아니라, 그 사람의 행동과 그 외의 많은 요소들이 내면으로부터 흘러나와 외적으로 형성되는 복합체이다. 우리는 이것을 인격이라고도 한다. 이런 인성은 대화 도중 상대에게

직·간접적으로 영향을 미치며 전달되기 마련이다. 긍정적이든 부정적이든 이런 것들이 상대방의 공감을 끌어내는 동력이 된다.

한때 우리나라에서 유행처럼 번지던 것들 중 논리라는 것이 있다. 대학 입시 바람을 타고 학원가를 형성하기도 했는데, 첨예한 논리라는 것은 평소 훈련한 절대량(量)이 있어야 실전에서 쓰임새가 있다. 이것은 짧은 시간 시험공부하듯 마구잡이식으로 학습한다고 되는 것이 아니다. 꾸준하고 많은 독서 경험과 사유의 시간이 축적되어 있어야만 실전에서의 상대에게 통한다. 특히 그 사회가 속한 역사와 철학을 배우고 이런 것들을 기반으로 세상을 읽어내는 힘이 생겼을 때, 한마디로 깊이 있는 사람이 되었을 때라야 가능하다. 낭중지추(囊中之錐)라고 했던가. 고객과의 상담 시에도 이렇게 생긴 깊이는 어쩔 수 없이 배어 나온다.

인문학 이야기만 꺼내면 얼굴색이 바뀌던 이들이여. 인문학으로부터 배우자.

최대한 간략하고 명쾌하게

라틴어와 그리스어에서 비롯된 휴리스틱Heuristic은 '찾다', '발견하다'라는 의미를 가진다. 사람들은 가능한 한 빨리 문제를 해결하기 위하여 직관적인 판단을 하거나, 경험과 상식에 의해서 즉흥적인 의사결정을 내린다. 즉 모든 것을 합리적으로 판단하여 결정을 내리는 것 같지만, 실제는 상당히 직관적으로 결정을 내리는 것을 휴리스틱 현상이라고 한다.

사람은 본능적으로 에너지 소비를 최소화하려고 노력하는데, 이것은 일종의 생존본능이다. 생각을 하고 있는 두뇌는 엄청난 에너지를 소비한다. 인간의 뇌는 신체의 2% 정도의 무게를 차지하지만 몸 전체의 20%의 에너지를 소비한다고 한다. 귀차니즘이란 용어도 이런 에너지를 소비하지 않으려는 본능과 관련되어 있다. 이러한 연유로 사람들은 복잡한 판단을 해야 하는 상황에 처하면 우선 피하려고 하고, 과거의 경험과 직관을 이용해서 최대한 빠른 시간 내에 결정을 내리려는 경향을 보인다. 복잡한 판단의 순간이 부담스러운 것이다.

고객에게 복잡한 제품의 구성을 제시하면 고객은 본능적으로 거부감을 가질 수밖에 없다. 영업사원은 가장 압축된 최소한의 옵션을 고객에게 제시해서, 선택하도록 해야 된다. 상품의 종류가 많다고 해서 10~20가지나 되는 양을 한꺼번에 제시하면 고객의 두뇌는 판단 자체를 거부하게 된다. 다양함이 아니라 간략함과 명쾌함이 결과를 만들어 낸다.

경쟁에서 이기는법

영업에서 경쟁은 피할 수 없다. 경쟁이 없다면 얼마나 쉽게 영업을 할 수 있을까. 그러나 현실에서 이런 상황은 거의 없다. 특히 B2B 영업에서는 경쟁 없이 영업하는 경우는 없다고 생각하면 된다. 거의 모든 기업이 복수 경쟁을 통한 구매를 규정으로 하고 있다. 내가 아무리 영업을 잘한다고 하더라도 여러 가지 상황의 변수가 작용하고, 상대적인 평가를 통해서만 최종 결정에 이른다.

영업하는 동안 경쟁에 부딪히면 어떻게 대응해야 할까. 합리적이고 잘 짜인 제안서를 제출해서 경쟁자를 논리적으로 제압하면 끝이라는 단순한 발상을 하고 있다면 아마 영업은 당신에게 커다란 상처만 될 것이다. 제일 먼저 해야 할 것이 경쟁자를 분석하는 일임은 맞다. 어떤 제품이나 어떤 서비스든 분명히 약점이 있게 마련이므로 상대의 약점을 정확히 파악한다. 그리고 비교를 통해 그들의 약점을 최대한 부각시킨다. 이런 식으로 상대에 대한 고객의 의문을 증폭시키는 것이다. 그러나 이런 방법은 아주 기본적인 사항일 뿐이다.

경쟁은 본질적으로 기(氣) 싸움이며, 더구나 인간은 감정적인 동물이다. 아무리 합리적으로 설명을 해도, 고객의 마음이 기울어지면 돌이키기가 힘들다. 경쟁을 시작하면 경쟁자가 우리 측에 대한 두려움을 느끼도록 해야 한다. 물리적인 협박을 하라는 것이 아니라, 우선 상대에게 본인이 만만치 않은 경쟁자임을 느끼도록 하는 일부터 시작해야 한다. 밀리기 시작하면 그때가 바로 끝이다.

정글에서도 당당한 사자와 같이
··································

영업 초보 시절이었다. 가는 곳마다 만나게 되는 다른 두 회사의 영업사원이 있었다. 워낙 좁은 시장이다 보니 한곳에서 장비를 구매한다고 하면 앞서거니 뒤서거니 하면서 만날 수밖에 없었다. 영업사원 A는 나와 비슷한 연배의 젊은 친구로 외향적이고 활달한 스타일의, 한마디로 전형적인 영업사원이었다. 한눈에 보더라도 허세가 가득했다. 이 사람은 나의 적수가 아니었다. 내실 없음이 눈에 보였다. 어떻게 경쟁해도 이길 자신이 있었고, 이리저리 내

방향으로 끌려오게 할 수 있을 것 같았다. 실제로도 그랬다.

그런데 다른 한 명인 영업사원 B는 경력 면에서 나보다 20년 정도는 더 되었다. 이 경쟁사 직원은 과묵하고 점잖았다. 그런데 만날 때마다 나를 향해 한마디씩 던지고 지나는 것이었다. 여기는 우리가 오랫동안 관리해온 곳이니 우리 장비로 계약할 것이다, 괜한 노력할 필요 없다, 이야기가 다 되었다 등등. 한마디로 김이 새고 기분이 영 언짢았다. 막상 이런 얘기를 듣고 나면, 고객을 만나서 상담을 할 때도 찜찜함이 사라지지 않아서 영 거북했다. 나는 기선 잡기 싸움에서 밀리고 있었던 것이다. 처음에는 이런 기 싸움에 말려들었다는 생각도 못했다.

그러던 어느 날 고객과 대화중에 심리전에 말려든 내 모습을 깨닫게 되었다. 이제는 나도 반격을 해야 했다. 그래서 다음부터는 만날 때마다 꼭 한 마디씩을 돌려주었다. 당신이 영업을 하는 곳에 반드시 내가 있을 것이다, 내가 있는 한 절대 장비를 팔 수 없을 것이다, 설사 내가 계약을 못 하더라도 당신은 안 된다 등등. 듣는 사람은 정말 기분이 나빴을 것이다.

밀리면 안 된다. 영업현장은 사파리이고 정글이다. 실제로 나는 여러 가지 제약 때문에 우리 장비가 탈락할 것임을 알고 있었으면서도 끝까지 경쟁 레이스를 펼쳐서 그 영업사원의 장비를 동반 탈락시켰던 적도 있다. 그 이후 그 영업사원 B는 나를 보면 슬슬 피하기 시작했다. 아무래도 젊은 놈이 괘씸하다고 여겼거나, 어쩌면 부딪혀 봐야 별 도움되지 않는 놈이라고 자위했을지 모른다. 그 이후 단 한 번도 영업사원 B와의 경쟁에서 져본 적이 없다.

영업에서 경쟁을 한다면 당당한 모습으로 맞서라. 사자가 되어야 한다. 사자는 함부로 힘을 쓰지는 않지만 한 번의 포효로 숲을 호령한다. 정글에서는 밀리면 정말 그대로 끝이다.

두려워하는 순간 진다

· ·

중요한 문제가 풀리지 않으면 원점으로 돌아가서 새롭게 생각해볼 필요가 있다. 오래전 헬스케어 산업에서 아시아 태평양 총괄 매니저로 근무할 때의 일이다. 우리는 유독 동남아시아 시장에서 고전을 하고 있었다. 그 중에서도 태국 시장에서는 시장점유율이 한참이나 뒤떨어진 상황이었다. 수많은 마케팅 플랜을 짜고 자본을 투입해도 좀처럼 격차를 줄이기 힘들었다. 방법이 보이지 않아서 고민에 고민을 거듭하던 중이었다.

그러던 중 경쟁사의 대리점 한 곳이 월등한 실력을 보인다는 정보가 입수되었다. 그 대리점이 시장의 대부분을 장악하고 있었던 것이다. 무엇보다 마케팅 전략과 실행력이 탁월했다. 우리 회사가 단시간에 그에 대적할만한 영업역량을 갖춘다는 것은 현실적으로 불가능해 보였다. 아시아 전체로 보았을 때 태국이 큰 시장은 아니었지만, 태국의 상황이 다른 나라에도 영향을 미쳤기 때문에 가볍게 볼 처지도 아니었다. 태국에서 승승장구한 경쟁사는 인도네시아, 필리핀, 베트남, 말레이시아 등에서도 상승세를 보였다. 동남아시아는 아시아 전체로 보면 크지 않은 시장이지만 워낙 많은 나라가 포진하고 있어 상징적인 의미가 있었다.

어떻게 이길 수 있을까? 고민에 고민을 거듭했다. 그럼에도 답이 없었다. 일단 한번 부딪혀 보기로 했다. 몇 번을 거절당하면서 경쟁사 대리점의 사장을 만날 수 있었다. 중국계 화교 출신으로 재력과 배짱을 갖춘 그는 시장에서 1등을 하고 있다는 점에 대해서 상당한 자신감과 자부심을 가지고 있었다.

당연히 우리 제품을 취급할 생각이 없느냐는 내 질문은 일언지하에 거절당했다. 그 이후에도 몇 번 만났지만 별다른 진전이 없었다. 그러던 어느 날 저녁자리에서 이런 저런 이야기를 하게 되었다. 그는 아직 미혼인데다, 재력가 집안에서 태어났으며, 본인의 사업도 잘 되고 있으니 아쉬울 것이 없다고 했다. 비집고 들어갈 틈이 없었다. 그런데 대화 도중 자신은 사업을 더 키우고 싶다고 했다. 나는 그에게 이미 돈이 충분한데 왜 사업을 키우려고 하는지 물었다. 그가 사업을 더 크게 일으키고 싶은 이유는 다른 데 있었다. 본인이 생각했을 때 재력은 충분했지만 명예는 없었던 것이다. 실제 그는 의사도 아니고, 그냥 잘 나가는 업계 대리점 사장 중 한 명일 뿐 의료계의 인정을 받은 인물이라고 할 수는 없었다. 이렇게 그와 개인적인 이야기를 나누면서 가까워졌지만 별다른 소득이 없었다. 어떻게든 그의 명예욕을 채워줄 방법도 딱히 없었다.

회사에서는 하루 빨리 시장에 대한 대책을 강구하라고 압박했다. 경쟁사 대리점을 우리 회사로 영입하려 해도 이미 시장에서 1위를 차지하며 충분한 수익을 거두고 있으니 그쪽 입장에선 무리수를 두어가며 전환할 이유가 없었고, 장비의 성능면에서도 우리 회사와 경쟁사는 1, 2위를 다투는 처지에 있어서 특별히 차별화되는 것이 아니니 그의 명예욕을 건드릴만한 자극제가 되지 못했다. 벽에 부딪힌 느낌이었다.

결단을 내려야 했다. 나는 회사에 역제안을 했다. 내게 전권을 주면 단순히 영업방법을 전환하거나 대규모 인력 투입이 아닌 획기적인 다른 방법을 시도해보겠노라는 내용이었다. 나의 복안은 그 대리점을 인수하는 것이었다.

말도 안 되는 제안이지만 해보기로 했다. 다시 미팅 날짜를 잡아서 대리점 인수에 관한 제안을 했다. 그 대리점 사장은 말도 안 되는 소리라고 했다. 그럴 이유가 전혀 없다는 것이다. 하지만 나는 한 가지 결정적인 카드를 가지고 있었다.

"당신은 항상 업계에서 인정받기를 원하지 않았는가? 우리가 인수를 하고 당신이 회사에 남아준다면 세계적인 다국적기업의 태국 대표가 될 수 있다. 어떤가?" 나의 제안에 그는 갑자기 고민에 빠졌다. 그렇지만 그는 고개를 가로저었다. 지금까지 함께 열심히 일구어온 회사의 직원들을 버릴 수가 없다는 것이다. 나는 다시 직원 모두 함께 이동하면 되는 것 아니냐고 설득했다.

그가 다시 고민에 빠졌다. 그에게는 상당히 고민스러운 제안이었을 것이다. 마침내 결단을 내렸고, 대리점 사장이었던 그는 다국적기업의 태국 대표가 되었다. 이로써 우리 회사는 시장에서 1위로 올라설 수 있었다. 물론 비용은 들었지만 우리는 원하는 것을 이룰 수 있었고, 아시아 다른 시장에서의 파급효과도 상당히 컸다. 완전히 상대의 허를 찌르면서 기선을 제압한 것이다.

이 일로 경쟁사가 엄청나게 공격적으로 나올 거라 예상했으므로 우리는 대응 시나리오를 준비했다. 하지만 의외로 경쟁사는 별다른 액션을 취하지 못했다. 예상외의 공격적인 전략에 기가 질려버린 것 같았다. 중요한 것은 우리 회사에는 승기가 살아 있었다는 점이다. 어떤 전략이든 실행하려면 과감하게 상대의 급소를 노려야 한다. 그렇지 않으면 자칫 피해는 막대하고 실익이 없는 게임이 되어 결국엔 지루한 소모전으로 변질될 수 있기 때문이다.

경쟁을 제대로 하려면 과감하게 승부수를 띄워야 한다. 스포츠에서도 최선의 공격이 최선의 방어라고 하지 않던가. 나의 약점을 보완하기 위해 방어적 전략을 세우면 오히려 수세에 몰릴 수가 있다. 상대의 강점을 나의 것으로 만들 방법이 없는지 생각의 패턴을 바꾸라. 게임의 판을 완전히 뒤집어 버릴 수 있는 패를 집어 들어라. 자신의 처지를 두려워하게 되면 상대에게 말리게 되어 오히려 이쪽이 위험해진다. 링 위에 올라서면 먼저 경쟁자의 기선을 제압하고 실질적인 액션으로 급소를 타격하라. 경쟁은 기대했던 것보다 싱겁게 끝날 것이다.

열세군 절대 불리

영국의 항공 엔지니어인 란체스터F.W. Lanchester가 1차 세계대전의 공중전을 분석한 결과로 제시한 이론이다. 전력상 차이가 있는 양측이 전투를 하면 원래 전력 차이의 제곱만큼이나 격차가 더 커진다는 것이 란체스터의 법칙Lanchester's Law의 기본 골격이다.

전투기 5대와 3대가 공중전을 벌이고 있다. 객관적인 전력에서 3대인 쪽이 분명 열세다. 단순 계산으로는 전투기 5대인 쪽에서 3대를 격추당하고 2대가 귀대할 것 같지만, 결과는 1대를 잃고 4대가 복귀한다고 한다. 물론 전력상 열세였던 3대는 전멸한다. 열세군 절대 불리의 원칙이다.

시장 세분화 전략에서 많이 응용되는데, 선정한 타깃에 집중해서 전력을 다하는 쪽이 승리한다는 논리이다. 시장점유율이 2위인 기업이 1위인 기업을 따라잡으려면 2배가 아니라 2배의 제곱에 해당하는 힘이 필요하다. 그리고 3배의 힘이 필요하다고 생각되면 실제로는 9배의 힘이 필요한 것이다.

실전 영업에서 목표 대상을 집중 공략해야 하는 이유이다. 목표라고 생각되는 잠재고객이 있다면 모든 가용자원을 집중해야 한다. 약자가 강자를 이길 수 있는 유일한 방법은 모든 전력을 집중하는 것이다. 달리 다른 길이 없다. 약자라면 전면전을 피하고 국지적인 게릴라전을 취해야 한다.

말 한마디를 할 때에도 충분히 계산되고 반복해서 검증된 말이어야 하며,
그 한마디가 고객에게 끼칠 여러 가지 영향 관계 등을 따져보아야 한다.
비단 영업뿐만이 아니다. 연애에 실패하는 사람들의 특징도 이와 다르지 않다.
그들은 모든 것의 중심을 자기에게 두고 있다.

고객의
마음을 여는
15단계

당신의 영업은 1분 안에 결정 난다

소개팅을 생각해보자. 누구나 비슷한 경험을 가지고 있을 것이다. 일단 소개팅할 상대와 자리에 앉았다. 당신이 기대했던 것은 1분 안에 결정된다. 계속 시간을 보낼 것인가. 아니면 어떻게든 자리를 뜰 것인가.

사람은 누구나 첫인상의 엄청난 영향력 아래에 있다. 처음 받은 정보에서 쉽게 벗어나지 못하는 이런 심리적 현상을 초두효과 Primary Effect라고 한다.

사람들은 개인적인 취향이 뚜렷하다. 예를 들어 키가 중요한 판단요인이라면 키 하나로 모든 의사결정을 해버릴 수도 있고, 유독 쌍꺼풀이 있는 눈을 싫어한다면 그것 하나만으로도 색안경을 낀 채 사람을 대할 수 있다. 직원채용을 위해 면접을 들어가 보면 첫인상과 짧은 자기소개서만 가지고도 절반은 결정 난다. 먼저 호감도가 결정되고 나면, 그다음은 경력을 확인하는 질문을 하게 되고 후보자의 태도를 본다. 비과학적이라고 생각할지 모르겠지만 첫인상은 인간의 판단에 적지 않은 영향을 준다. 영업에서도 이런 원칙은 철저히 적용된다.

나는 어떤 인상을 주고 있는가

당신은 어떤 인상을 주고 있는가? 사람의 얼굴과 태도에는 많은 것이 담겨 있다. 억지로 이미지 메이킹을 한다고 해서 첫인상이 바뀌지 않는다. 면접 교육을 열심히 받아서 온 입사지원자들은 반듯하지만 너무 정형화되어 있어서 자신만의 향기를 풍기지 못한다. 실제의 자신과 자신이 보여주는 모습이 일치되어야 할 텐데, 왠지 인위적이고 전체적인 밸런스에서 조화로움이 빠져있는 듯하다. 솔직히 말해 본인도 어색하다.

앞서 브랜딩에서 이야기한 것처럼 분명한 인상을 주어야 한다. 고객은 첫인상으로 이 사람과 지속적인 관계를 유지할 것인지 말 것인지를 결정한다. 메르디안의 법칙을 떠올려보자. 이미지와 제스처가 그 사람의 93%를 차지한다고 한다. 그 사람의 언어는 고작 7% 정도라고 하니 첫인상이 얼마나 중요한지는 영업인의 입장에서는 아무리 강조해도 지나치지 않다.

전문직 영업사원이라면 적어도 한 번쯤은 자신에 대한 이미지 컨설팅을 받아보는 것이 좋다. 이런 일은 소비가 아니라 투자이다. 투자에 인색할수록 그만큼 소득은 적을 수밖에 없다. 다른 사람의 관점에서 자신을 돌아볼 수 있는 좋은 기회이다. 요즘은 사람마다 각자에게 맞는 색깔이 있다는 것도 알 수 있다. 그렇지만 본인에게는 어떤 색깔이 어울리는지 아는 사람은 드물다. 이럴 때 역시 전문가의 도움을 받는 것이 좋다. 가령 전문가의 눈으로는 푸른색 계열이 어울리는 사람이 개인적으로 붉은색을 좋아한다고 해서 붉은색을 즐겨 입는다고 해보자. 본인은 만족할지 몰라도 다른 사람의 눈에 비친 모습은 십중팔구 좋지 않은 인상일 것이다.

뿐만 아니라 좋은 의상에 투자하는 습관을 가져야 한다. 사람들은 의외로 이런데 민감하다. 드레스 업Dress up이라는 말이 흔해진 것만 봐도 옷이 날개라는 말은 더 이상 여자에게만 해당되지 않는다. 본인의 스타일을 찾고 개발하는 것도 잠재고객을 발굴하는 것만큼이나 중요하고, 어떤 색깔과 스타일의 양복을 입느냐에 따라 영업의 성패가 갈리는 세상이다. 세련된 슈트에 잘 닦인 검은 구두를 매칭해 놓고 흰색 양말을 신고 있는 영업사원을 본다면 고객이 어떻게 생각할지, 상담을 하러 가면서 양복 안으로 꽃무늬가 그려진 하와이안 셔츠를 입고 있다면 영업에 어떤 영향을 미칠지 염두에 두어야 한다. 시장의 건달처럼 보이지 않겠는가. 그러나 현장에서 보면 실제 제대로 갖추어서 차려입고 다니는 영업사원이 별로 없다.

영업인들이여. 자신의 외모에 투자하자. 투자한 만큼 반드시 돌아온다.

사랑에 빠진 사람처럼
....

처음 10개의 단어가 다음에 이어질 수많은 대화를 결정한다. 첫 이미지가 거의 모든 것을 결정한다고 했었다. 관심이 사라졌다면 고객의 마음은 벌써 다른 곳에 가 있다. 그러므로 첫마디를 꺼낼 때는 신중해야 한다. 당황한 나머지 횡설수설하게 되면 분위기만 어색해질 뿐 좋은 인상을 남기기 어렵다. 대화에 있어서는 차분한 분위기에서 자기를 소개하는 것이 바로 첫 단추이다. 친한 친구가 모처럼만에 주선한 소개팅에 나온 사람처럼 말이다.

호감을 주도록 해야 한다. 영업이란 사람이 사는 것이고, 사람에게 사는 것이다. 제품의 이미지와 가격만으로 승부를 걸어보겠다고 생각한다면 지금 당장 어디든 검색을 해보라. 그리고 검색만 하면 언제든 제품의 이미지와 가격을 쏟아내는 인터넷 쇼핑몰과 자신을 비교해 보라. 앞에 앉아 있는 고객을 실망시키지 말자. 고객은 지금 호감을 주는 당신에게 흥미를 느끼는 것이다.

내가 호감을 주는 사람이 아니라면 내가 소개하는 물건도 호감을 주지 못한다. 고객에게 다가갈 때는 오랫동안 짝사랑하던 이성에게 하듯 그렇게 하는 것이다. 멋있고 사려 깊은 모습을 고객은 기대한다. 고객의 태도가 달라지길 원한다면 함부로 행동해서도, 함부로 말해서도, 함부로 입어서도 안 된다. 고객의 기대치를 벗어나서는 안 된다. 어느 날 전화번호도 모르던 짝사랑하는 이성이 만나자는 전화를 했을 때처럼, 기다리고 기다리다 드디어 그 이성을 만나러 가는 순간처럼 그렇게 처신해야 한다. 혹시 그 자리에 나서며 구겨진 양복과 먼지가 가득 낀 구두를 신고 나타날 작정이라면 좁고 어둑한 본인의 방으로 다시 돌아가는 것이 미래를 위해서도 훨씬 현명하다.

요컨대 당신을 위해서 준비했다는 마음이, 최선을 다해서 준비했다는 마음이 고객에게 전달되도록 하라. 그리고 사랑에 빠진 이성에게 무슨 말을 할까 밤새웠던 것처럼 고객을 위해서도 똑같이 고민하라. 그런 정성이라면 이제 고객을 만날 자격은 어느 정도 갖춘 셈이다.

QUICK TIP
▶첫인상은 내가 만든다
▶이미지 컨설팅을 받는 것도 한 방법!
▶드레스 업(Dress Up) 하라
▶첫 대화, 10마디가 다 한다

상대 파악이
먼저다

　　　　내 앞에 누가 있는지, 나는 어떤 사람과 이야기를 나누고 있는지 정확히 알아야 한다. 내가 상대하고 있는 고객이 누군지도 모르면서 좋은 결과를 기다린다는 건 누가 생각해도 분명 이치에 맞지 않다.

　가령 이런 상황이 있다. 매장 안으로 고객이 들어온다. 고객이 들어오자마자 기다렸다는 듯이 영업사원이 다가간다. 영업사원은 고객을 향해 제품에 관해 마구 떠들기 시작한다. 만약 그 고객이 내성적인 사람이었다면 판매는 물 건너 간 것이다. 정신 사납다고 생각한 고객은 피하려고 할 것이다. 한두 가지의 간단한 질문으로 재빨리 고객을 파악해야 한다. 방해 받지 않고 조용히 둘러보는 것을 좋아하는 스타일의 고객이라면 지켜보면서 타이밍을 찾아야 한다.

아주 간단한 것 같지만 잘 지켜지지 않는다. 나를 중심에 두기 때문이다. 철저히 고객을 중심에 두고 모든 상황을 판단해야 한다는 것을 알고는 있지만, 인간의 본능이 그것을 쉽지 않게 한다. 영업사원의 마음에는 항상 고객이 중심에 있어야 한다. 말 한마디를 할 때에도 충분히 계산되고 반복해서 검증된 말이어야 하며, 그 한마디가 고객에게 끼칠 여러 가지 영향 관계 등을 따져보아야 한다. 비단 영업뿐만이 아니다. 연애에 실패하는 사람들의 특징도 이와 다르지 않다. 그들은 모든 것의 중심을 자기에게 두고 있다.

배려 없이 설득도 없다
....

휴일 오후에 카페에 앉아서 책을 읽고 있었다. 조용한 공간이 참 마음에 드는 곳이었다. 얼마 지나지 않아서 뒤편 자리에 남녀 커플이 들어와서 앉았다. 그런데 왠지 어색한 분위기가 느껴졌다. 한눈에 보아도 처음 만난 사람들이거나, 만난 지 한두 번밖에 되지 않아서 아직 어색함이 가시지 않은 커플이었다. 남자가 이야기를 시작했다. 아마도 남자는 여자가 마음에 들었던 것 같았다. 그런데 이 남자는 쉴 새 없이 자기 이야기만 하는 것이었다. 회사생활은 어떻고, 회사에서 얼마나 인정을 받고 있는지. 연봉은 얼마나 되며, 경제적 상황은 어떤지, 자기가 얼마나 문화생활을 즐기는지. 이야기는 끊임없이 흘러나왔다. 여자가 억지로 맞장구를 쳐 주기는 했지만, 그것마저도 시간이 지남에 따라 리액션이 약해지고 있었다. 길고 긴 대화가 끝나고 카페를 나서는 남녀가 보였다. 저녁 시간에 가까워진 것 같았는데, 방금 전 함께 있던 두 사람은 서로 다른 방향을 향해 가고 있었다. 아마 저녁 약속이 있다는 여자의 말에 의해 헤어졌을 것이다. 그런데 휴일 오후에, 그것도 이성을 만나러 나온 여자에게 또 다른 저녁의 선약이 있을 것 같지는 않아 보였다. 여자는 반나절을 자신의 이야기로 일관하던 그 남자에게 실망하지 않았을까.

영업도 마찬가지이다. 상대방이 지금 무슨 생각을 하는지 알아채야 한다. 배려도 없이 설명이나 줄줄이 해댄다고 설득당할 고객은 없다. 다시 생각해보면, 그 휴일 오후의 여자는 아마 내성적인 사람일 것이다.

연애를 잘 하고 싶다면 상대를 철저히 이해해야 한다. 그것 이외에 달리 묘안이 또 있을까. 제아무리 진보적인 성향의 사람이라도 연애에 있어서는 고전적인 방식을 따르게 마련이다. 상대는 어떤 사람이며 무엇을 좋아하는지 끝없이 관찰하고 물어 노력할 것이다. 공식과도 같은 이런 연애의 진입로를 봉쇄하고서야 어떻게 하늘을 날아다니는 꿈같은 사랑을 바라겠는가.

이 남자는 외향적인 영업사원들이 하던 실수를 데이트 장소에서 저질렀다. 그가 이런 걸 정말 모르고 있었던 걸까 궁금하다. 연애든 영업이든 내 이야기만 하면 어느 누구도 좋아하지 않는다.

고객은 무엇을 원하고 있는가

....

외국계 회사의 여성 CEO인 어느 지인 이야기이다. 이분이 처음 일할 때만 해도 여성이 영업을 하는 경우는 거의 없었다고 한다. 그래서 처음 시작할 때는 여자가 영업을 해서 잘 되겠냐는 우려를 많은 사람들로부터 들었다고 한다. 그렇지만 보란 듯이 성공했고, 대표의 자리까지 올랐다. 비결에 대해서 묻자 고객들과 같이 생각하고 행동했다는 대답이 되돌아왔다. 바이오업계에는 여성 연구원들이 많은데 그들을 상대하면서 여자로서의 장점을 극대화했다는 것이다.

업계에 남성 영업사원이 없었던 것은 아니다. 그렇다고 그들이 고객들과 친해지려는 노력을 게을리한 것도 아니었다. 남자 영업사원들도 고객과 친해야 한다는 생각에 여자 고객에게 불쑥 전화를 하는가 하면 점심이나 같이하자며 갑작스럽게 방문하기도 하는 것이다. 물론 친해지려는 의사 표시이다.

여기엔 간과한 게 하나 있었다. 여자들은 미리 약속하지 않고 불쑥 찾아오는 사람들을 부담스러워한다는 점을 놓쳐버린 것이다. 특히 갑작스러운 방문자가 남자라면 두말할 나위도 없지 않은가. 아무나, 그것도 갑자기 만나고 싶지 않은 것이다. 사실 나도 남자인지라 그런 여성들의 특성을 잘 몰랐다.

그러나 그 여성 CEO는 여자라는 강점을 살려서 친구처럼 이야기했고, 여자 연구원들의 고충을 들어주는 일도 마다하지 않았다.

그들은 그렇게 편안한 관계가 되었고, 시간이 지날수록 신뢰가 쌓였다. 언제부터인지 굳이 영업 이야기를 하지 않아도 자연스럽게 비즈니스가 되었다고 한다. 심지어 고객 중엔 이분이 회사에서 영업을 담당하는지도 몰랐다는 사람도 있었다. 영업에 대해 직접 말하지 않아도 비즈니스는 잘 되었고, 구구절절 이야기하지 않으니 영업 담당인 것도 인지하지 못했던 것이다. 여성 고객들은 필요할 때마다 편하게 전화를 걸어 물어보았고, 성실히 대답해 주면서 그에 따른 문제를 해결해 주었다. 아주 자연스럽게 그야말로 물 흐르듯 영업에 연결되었던 것이다.

고객이 아마추어라면 영업자는 그 눈높이에 맞추어 처신해야 하고, 고객이 이미 경험이 많다면 프로로서 대접해야 한다. 아마추어인 고객 앞에서 프로라는 자신감으로 접근한다면 고객은 분명 위축될 것이며, 심지어 자존심마저 상할 것이다. 반대로 프로급 고객 앞에서 아마추어처럼 행동한다면 아마 시간 낭비라고 생각한 고객은 만나주지도 않을 것이다.

QUICK TIP
▶프로 앞에서는 프로처럼, 아마추어 앞에서는 아마추어처럼
▶고객을 세분화해서 파악해야 하는 이유
▶고객과도 궁합이 있다
▶내 중심에 당신이 있다

4장

3단계 ▶

무엇을 팔 것인지 선택하라

고객과 미팅을 앞두고 있다. 그러면 당신은 어떤 준비를 하고 있겠는가. 만약 제품에 관한 것을 준비하고 있었다면, 제품에 관한 특성과 이점을 어떻게 설명할 것인가. 일반론으로 접근해서, 우선 제품의 본질을 들여다보며 고민해야 한다. 그리고 고객이 기대하는 혜택을 따져봐야 한다.

같은 기능을 가진 제품은 세상에 많이 있다. 경쟁사에서도 이런 건 취급한다. 요즘엔 인터넷을 통해 고객이 직접 온라인 거래를 할 수도 있다. 어떻게 보면 영업사원의 역할이 필요 없어 보이기도 한다. 그래도 이런 틈새를 파고드는 요령이 있다. 무엇을 팔 것인지를 정확히 선택하고, 파는 것이 무엇인지를 정확히 파악하는 것이다. 결국 그 '무엇'을 선택하고 파악해야 한다.

많은 말이 필요 없다

. . . .

고프로GoPro라는 제품을 알 것이다. 액션 카메라 영역에서 최고 위치에 자리매김했던 제품이다. 최고의 자리에 있었다고 하지만 기술적인 면에서 보았을 때 고프로는 그다지 특별하지 않았다. 단지 활동하기에 편리하도록 제작된 작은 카메라에 불과했다. 그러나 고프로는 동영상 카메라를 일상의 순간을 기록하는 장치로 둔갑시켰다. 동영상 카메라라는 하드웨어보다는 활용 방안에 더욱 집중했던 것이다. 고프로 덕에 우리는 스키를 타거나 서핑을 할 때, 그리고 라이딩을 하면서도 동영상을 촬영할 수 있었고 쉽게 공유할 수 있게 되었다.

SNS에 동영상을 쉽게 공유할 수 있게 되면서 고프로는 엄청난 성공을 거두었다. 전문가들만 쓰던 액션카메라를 누구나 사용할 수 있는 제품으로 변모시킨 것이다. 당시 최고의 하드웨어를 가지고 있었던 소니는 여전히 기술적인 접근에 열을 올리고 있었다. 제품만 두고 본다면 고프로나 소니나 우위를 가리기 힘들었다. 그러나 소비자들은 '기술의 소니' 대신에 고프로를 선택했다. 고프로는 일상의 순간을 공유한다는 특징을 팔았던 것이다. 기계의 사양을 구구절절 설명하지 않고도 고객이 무엇을 사려고 하는지 본질을 꿰뚫었던 것이다.

당신이 팔고 있는 것은 무엇인지 자세히 뜯어보라. 많은 말은 필요 없다. 고프로에서 일상의 순간을 공유한다는 제품의 특징을 팔

았듯이 무엇을 팔 것인지를 정확히 선택하고, 파는 것이 무엇인지를 정확히 파악하는 것이다.

그러나 일반인들이 활동적인 동영상을 촬영하는데 결정적 기여를 했던 고프로는 최근 시장에서 중국 업체들로부터 엄청난 도전을 받고 있다. 품질은 좀 떨어져도 30-40만 원대인 고프로의 기능과 유사한 5-10만 원짜리 액션캠이 등장한 것이다. 소비자들은 이제 새로운 경험에서 가격으로 돌아서기 시작했다. 고객의 선택 기준이 바뀌고 있는 상황에서 향후 고프로의 대응이 흥미롭다. 어떤 방식으로 경쟁업체의 도전에 맞설 것인지 자못 궁금하기까지 한 건 왜일까.

고객의 우선순위는 무엇인가
....

고객에게 전달한 메시지를 '셀링 포인트'라고 한다. 한국어로는 '판매 소구점'이라고 표현하지만 일반적으로 셀링 포인트로 불린다. 제품의 여러 특징 중에서 그 제품이 주는 특별한 혜택으로, 고객이 그 제품을 살 만한 충분한 이유를 대변하는 핵심 요소라고 생각하면 된다.

아파트를 분양하는 부동산 대행업체 판매자라면 고객을 만날 때 어떤 준비를 해야 할까. 부동산 광고 전단지를 보면 여러 가지를 이야기한다. 익명의 다수를 대상으로 하는 전단지이다 보니 최대한 많은 내용을 싣고자 한다. 사실 좋은 방법은 아닌 것 같다. 고객과 일대일 상황이라면 상품의 어떤 특징을 고르겠는가. 여기서 말하는 것은 당신의 선호나 취향이 아니라, 말 그대로 고객에게 무엇을 이야기할 것인가이다. 입지, 편리한 교통, 좋은 학군, 저렴한 분양가, 환금성, 다양한 편의 시설(상가, 스포츠 센터, 주민시설 등), 녹지시설, 관리비, 채광이 좋은 남향 등. 이 중에서 팔고 싶은 것이 있다면 선택해 보자. 이 모든 것들을 주저리주저리 떠들다 보면 고객의 마음은 벌써 딴 곳에 가 있을 것이다. 무엇을 1, 2, 3의 순서로 해서 고객의 관심을 끌 것인가. 정답은 없다. 그렇지만 고객의 머릿속에는 무언가 정답에 가까운 것이 있다. 고객은 말로 표현하지는 않지만 분명히 우선순위를 가지고 있다. 영업사원이라면 고객과 코드를 맞추어 핵심을 이야기할 수 있어야 한다. 제품을 깊숙이 파고들어 그 속에 들어있는 무엇을 팔 것인지, 그것을 결정해야 한다.

QUICK TIP
▶출발점은 고객의 입장이다
▶혜택을 분석하라
▶셀링 포인트를 선택하라
▶내가 고객에게 줄 혜택을 설명하라

상대방이 쓰는 언어를 사용하라

터보 엔진 350마력, 50 토크의 파워를 가진 스포츠 세단! 이런 멘트가 어떻게 느껴지는가. 차를 웬만큼 알아서는 소화하기 힘든 용어들이다. 아는 사람들만 아는, 딱 그런 용어이다. 이런 선전 문구는 자동차를 사는 사람 중 아마 5% 이내의 사람들만 이해할 수 있을 것이다. 디자인이 좋다. 트렁크가 넓다. 시트가 편하다. 안전하다. 자동차를 살 때는 이런 단순한 말에 의해서 구매 의사가 바뀐다.

최근 신기술을 도입한 자동차들을 보고 깜짝 놀랐다. 신기술에도 놀랐지만, 그렇게 고객을 소외시키는 용어들을 아무런 저항감도 없이 사용하는 데 대해 더 놀랐다. 'LDWS 기본 장착'이라고 표시가 되어 있었다. LDWS가 뭐냐고 물어보니 Lane Departure

Warning System이라고 설명을 해준다. 여전히 아리송하다. 그러면 '차선이탈 방지시스템'이라고 설명해준다. 아직 뭔가 선명히 이해되지 않는다. 간단한 설명으로 대체할 수 없을까.

영업사원이 자동차전시관을 찾은 고객에게 이런 식으로 설명한다면 고객은 이해하려 노력하다가도 포기할 것이다. 간단히 말해 LDWS란 운전 중인 자동차가 차선을 넘어가면 경보를 울려주는 장치이다. 단 깜빡이를 켜고 차선을 이동하면 경보가 울리지 않는다. 그래서 졸음운전이나 부주의해서 차선을 넘어가는 것을 방지해주는 것이다. 물론 대부분의 영업사원들은 일반인들이 이해력에 맞추어 설명할 것으로 믿어 의심치 않는다. 만일 본인들에게 익숙하다고 LDWS로 설명하는 영업사원이 있다면 고객과는 영영 멀어지고 말 것이다.

시장의 세분화에 맞는 용어
....

여성들의 화장품 용어는 난해하기 이를 데 없다. 이런 화장품 이름을 대면서 남편에게 사 오라는 것은 눈앞에서 마법을 부리라는 것과 마찬가지이다. 영어를 이해하고 못 하고의 문제가 아니다. 다른 종류의, 심지어는 심각한 언어장벽으로까지 치닫는 것이다. 남자들의 머릿속에 있는 화장품 용어는 스킨, 로션 두 가지 정도일 텐데, 나머지는 전체가 외계어라고 할까.

트루케어 논나노 논코메도 무기자차 선크림. 실제 화장품 이름이다. 이걸 알아들을 수 있는 남자가 있다면, 아니 이 제품의 이름을 한 번 듣고 기억이라도 할 수 있는 남자가 있다면 그는 분명 대단한 사람일거다. 나에게는 선크림 이외에는 전혀 인지되지 않는다. 벌써 골치가 지끈거리는 남성들이 있다. 혹시 킬커버 에어웨어 프로텍스쳐 파운데이션이 뭔지 아는지? 이걸 지구인의 용어라고 믿을 남자는, 적어도 우리나라엔 몇 안 될 것이다.

슈퍼 리바이탈라이징 크림. 피부 표면의 미세한 컷팅면을 개선, 다이아몬드처럼 빛나는 피부로 가꾸어주는 수분 재생 크림이라고 한다. 무슨 피부에 컷팅면이 있었나? 칼에 베인 것도 아니고 면도를 하는 것도 아닌데 컷팅면이라니? 용어 자체를 논하자는 것이 아니라, 고객들이 평소에 사용하는 언어를 사용했으면 해서이다. 그래야 고객의 감성에 착 달라붙는다. 여성 고객을 상대로 하면 여성의 언어를 사용하고 남성 고객이 주요 대상이면 남성의 용어를 사용해야 한다. 그리고 구분되는 시장의 정확한 세분화(세그멘테이션; Segmentation)에 따라 당연히 연령대에도 정확히 맞는 용어를 사용해야 한다.

최근 각 분야의 용어들이 너무 어려워지기 시작했다. 일단 대표적인 주거 소비재인 아파트의 이름이 복잡한 영문으로 바뀌기 시작했고, 세상의 거의 모든 브랜드가 영어화 되면서 고객들과 점차 괴리를 보이고 있다.

고객에게 처음 접근할 때는 고객의 언어를 사용해야 한다. 시장

상인들에게 물건을 판다면 시장 상인의 용어를 사용해 설명해야 하고, 대학생을 상대하는 일이라면 대학생의 톡톡 튀는 용어를 사용해야 한다. 혹시 고객에게는 생소하지만 나에게는 너무나 익숙한 용어를 사용하고 있지는 않은가? 점검해 볼 필요가 있다.

고객이 누구인가 다시 생각하자

영업의 첫 번째 과정은 고객이 누구인지를 아는 것이고, 고객을 알아가는 시점에서부터는 고객의 문화를 이해하도록 해야 한다. 사람들은 다른 문화적 배경을 가지고 있다. 여자와 남자는 신체적 특징에서부터 다르듯, 여자 고객과 남자 고객에게 동일한 방법으로 제품을 판매하고자 한다면 결코 잘 될 리가 없다.

우선 문화는 '맞다'와 '틀리다'처럼 가부로 결정될 성질의 것이 아니다. 어떤 것은 맞고 어떤 것은 틀리다는 이분법으로 규정되는 것이 아니라 그보다는 훨씬 더 다양하고 역동적인 범위를 가진다. 그리고 서로의 다름을 인정함으로써만 접근할 수 있는 살아 움직이는 자기장(磁氣場) 같은 것이라 할 수 있다.

단지 다를 뿐인데

....

오래전이지만 2000년대 초반 중국 상하이에 거주할 때의 경험이다. 휴일 저녁 집 근처 쇼핑센터에 나가보면 잠옷을 입고 백화점에 오는 사람들이 있었다. 처음에는 눈이 휘둥그레졌다. 아무리 봐도 잠옷이었다. 백화점에서 연한 핑크색 잠옷을 입고 핸드백을 메고 있는 모습을 상상해본 적 있는가. 도저히 이해할 수가 없었다. 그런데 그런 차림의 당사자는 뻔뻔스러울 정도로 당당하고 자연스러웠다. 한두 명이 아니라 여러 명이었다. 최소한의 매너도 없다고 속으로 욕을 했다. 그런데 지인 한 분이 이런 말씀을 해주셨다. "왜 그런 것을 나쁘다고 생각하는 건지? 단지 다른 것일 뿐인데. 그냥 다르구나 하고 받아들이면 되는 것 아닌가." 나중에 들은 이야기이지만 예전에는 좋은 잠옷이 귀해서 그렇게 잠옷을 입고 다니는 것이 일종의 부의 과시였다고 한다. 물론 정확한 사실인지는 모른다. 그리고 지금은 중국에서도 이런 일은 없는 것으로 알고 있다.

적응이 안 되는 문화도 있다. 아니 그것을 떠올리기라도 하면 화부터 난다. 중국에서 돈을 건넬 때 상대방에게 던지듯이 주는 사람들이 있었다. 지금은 교육받은 사람들이 많기 때문에 그렇지 않은 경우가 많지만 예전에는 쇼핑을 하고 잔돈을 받는데 점원이 나에게 돈을 던진다. 한국 사람들이라면 당장 불 같이 화를 낼 것이다. 돈을 던지듯이 전해주면 상대가 기분이 나쁠 수 있다는 생각

자체가 없는 것이다. 문화를 이해하지 못하면 엄청나게 불쾌한 경험이다. 상대방을 이해하려면 최소한의 문화적 지식은 있어야 한다. 그렇지 않으면 절대 상대와 소통할 수 없다. 비즈니스 미팅을 위해 커다란 중국집의 둥근 식탁에 앉았다. 상대방에게 담배를 권하느라 테이블 건너로 담배를 던진다면 어떤 기분이 들 것 같은가? 이런 것이 그냥 그네들의 문화이다. 그동안 정말 다양하고 이질적인 문화를 경험했던 것 같다.

하나 더 하고 싶은 이야기가 있다. 인도인들의 머리 흔들기이다. 한국 사람들은 긍정의 표시로 머리를 끄덕인다. 말로 하지 않아도 머리를 끄덕이면 동의한 것으로 간주한다. 그러나 인도인들은 긍정이나 동의를 표현하기 위해 머리를 옆으로 흔든다.

우리나라에서 머리를 옆으로 흔들면 어떻게 생각하는가. 본인에 동의하지 않는다는 뜻으로 알고 실망할 것이다. 실망감이 아니더라도, 결코 편안하거나 유쾌한 느낌은 아니다. 한참 회의를 하고 있는데 참석한 사람들이 머리를 좌우로 흔들고 있는 것이다. 정말 난감했다. 고객이 머리를 옆으로 흔들고 앉아 있는 데서야 영업자라는 사람이 당황할 수밖에.

인도에서는 머리를 흔드는 각도에 따라서 나타내는 감정도 다르다고 한다. 인도인의 머리 흔드는 각도에 따른 감정 분석이라는 내용에 대해서는 인터넷에서도 수많은 동영상을 찾을 수 있다. 인도를 상대로 비즈니스를 하고 있다면 한 번쯤은 찾아보기 바란다.

고객의 삶을 이해하는 방식

....

도요타는 유럽산 자동차에 필적할 만한 명차를 만들기 위해서 렉서스라는 브랜드를 개발했다. 렉서스라는 브랜드는 일본에서는 사용하지 않는 해외시장만을 겨냥한 것이었다. 도요타는 경제적이지만 싼 차라는 미국 시장에서의 이미지 혁신이 너무 절실했다. 새로운 브랜드를 만들기로 한 도요타가 새로운 브랜드에 맞는 차를 개발하기 위해 했던 첫 번째 작업은 무엇일까. 자동차 개발팀을 꾸리면서 한 팀을 미국에 보내 아예 타깃으로 삼은 고객과 함께 살도록 했다. 고객이 사는 방식 그대로, 미국인으로서의 생활을 하게 한 것이다. 캘리포니아의 미국 중상류층이 사는 주택을 구입하게 하고, 쇼핑을 다니게 하고, 드라이브를 하게 했다. 그렇게 그들은 주요 고객의 생활방식을 온몸으로 이해했다. 오늘날의 렉서스는 그렇게 탄생한 것이다.

고객의 삶의 방식과 문화를 이해하는 것은 대단히 중요한 일이다. 해외 영업을 하려고 한다면 먼저 그 나라의 문화를 배워야 한다. 그러나 한 나라의 문화를 배우는 데는 너무 많은 시간이 소요된다. 특히 한국에 살면서 해외 영업을 하는 상황이라면 그들의 문화를 배울 기회가 제한적일 수밖에 없다. 아쉽지만 일단 책으로라고 배우면서 현지인들의 도움을 받아야 한다. 조심스럽게 하나씩 물어보면서 확인하는 과정을 거쳐야 오류를 줄일 수 있기 때문이다.

국내 영업도 동일한 방식이다. 타깃으로 삼은 고객이 있다면 그들이 어떻게 살고 있는지를 학습해야 한다. 연봉 5천만 원인 사람이 수억 원씩 버는 사람의 생활을 알 리가 없다. 국산차 중에도 최고급 차량은 1억 원이 넘는다. 1억 원이 넘는 차를 타는 사람을 이해 못하는데 어떻게 그것을 판매할 방법이 머릿속에 떠오르겠는가. 어디에 그들이 살고 있으며, 어디서 그들은 쇼핑을 하고, 어디에서 그들이 외식을 하는지 전혀 모른다면 대화 자체가 불가능하다. 그들의 문화를 알아야 한다. 가장 좋은 방법은 그들 속으로 들어가는 것이다.

다시 말하지만 문화는 살아 움직이는 자기장 같은 것이다. 핑크색 잠옷을 입고 쇼핑센터를 돌아다니는 사람이 당신의 고객이 될 수 있다는 점을 명심하라.

QUICK TIP

▶ 문화를 이해하고 배워야 한다
▶ 문화는 다름을 인정하는 것이다
▶ 고객과 같은 방식의 생활을 해보라

6단계 ▶

돌아가도
신뢰가 중요하다

　　　　　　정도(正道) 영업이 곧 지름길이다. 기술이 뛰어난 사람이 영업을 잘할 거라고 생각하지만 영업은 단거리 경주가 아니다. 42.195km를 달리는 마라톤은 비교도 할 수 없을 만큼의 거리를 달리는 것이 영업이다. 그래도 마라톤은 좀 낫다. 포장도로를 달리며 레이스를 펼치는 선수들을 위해서 응원해주는 관중들이 늘어서 있고 반환점이라는 게 있어서 그곳만 돌아서면 갔던 길을 되돌아올 수 있는 코스 아니던가. 정확하게 절반은 이미 내가 경험했던 길을 거꾸로 역산하면서 돌아오게끔 되어 있어서 반환점 이후엔 적어도 지루함은 덜할 것이다.

　그러나 영업의 길은 포장도로도 아니며 응원해주는 관중은 고사하고 오히려 비난받지 않으면 다행이고 반환점이라곤 전혀 찾아볼 수 없는, 가도 가도 끝없는 사막과도 같은 길이다. 여기에 제아무리 엄청난 기술이 있다고 한들 그게 얼마나 큰 차이를 만들 수 있을까. 영업은 인생의 다른 모습일 뿐이다.

영업이나 마케팅에 관한 이야기를 들어보면 요즘엔 온통 기법에만 관심이 쏠려 있는 듯하다. 어떻게 하면 더 잘 팔까? 어떻게 하면 홍보가 좀 더 될까? 어떤 방법이 더 효과적일까? 이런 관심이 문제라는 게 아니라 정작 본질에 대해서는 이야기하지 않는다는 게 우려를 낳는다. 근시안적 접근은 그 자체로 소모적일 뿐 아니라 신뢰마저 떨어뜨린다. 영업의 본질은 잘 파는 것이다. 그러나 잘 파는 것이 많이 파는 것을 의미하는 것은 아니다.

가령 A라는 제품이 있다. 제품의 내용을 잘 모르는 고객이 본인에게 유용하지도 않으면서 그것을 구매하려고 한다. 많이 파는 것이 목적인 영업사원이라면 모르는 척 건수를 올리면 그만이다. 그러나 마라톤보다 훨씬 멀고 험난한 길이 영업의 길임을 아는 영업사원이라면 이렇게 해서는 안 된다. 고객에게 최소한의 설명은 해주어야 한다. 영업은 상품을 파는 것이 아니라 가치를 파는 것이다. 고객의 기대에 미치지 못하는 가치를 판매하는 행위는 적어도 윤리적인 틀에선 공정한 거래가 아니다.

고객은 결국 깨닫는다

감언이설(甘言利說)이라는 말이 있다. '달콤한 말과 이로운 이야기'라는 뜻으로 귀가 솔깃하도록 남의 비위를 맞춘 달콤한 말과 이로운 조건을 내세워 꾀는 말을 뜻한다. 그러나 고객은 어느 순간 깨닫게 된다. 속았다 정도는 아닐지라도 분명히 느낀다. 영업사원이 나에게 좀 더 제대로 설명해주었더라면 하는 아쉬움이라도 갖게 된다. 영업사원과 원래 친분이 있는 사이였다면 인간관계에까지 문제가 생길 것이다.

영업을 하다 보면 실수할 때도 있다. 실수를 모르고 넘어가는 경우도 있지만, 때로는 사소한 것까지 끄집어내어 거칠게 항의하는 고객도 있다. 고객이 모르고 있다고 하더라도 솔직하게 이야기하도록 하자. 고백을 하는 순간 당장은 좀 부담스럽겠지만 오히려 고객과의 관계가 더욱 돈독해질 수 있다. 영업은 신뢰가 없으면 바로 무너져 내리는 외나무다리 같은 것이다.

현장에서 영업할 때의 일이다. 장비를 계약하기로 협의가 되었다. 계약서를 쓰려고 자리에 앉았다. 복잡한 계약이기 때문에 조건은 이미 협의가 되었고, 두툼한 계약서에 서명하고 도장을 찍는 일만 남았다. 고객도 모든 조건에 동의했다. 그런데 내 가슴에 찜찜함이 남아있었다. 우리 장비를 운영하려면 필수적인 소모품이 있어야 했는데, 이 소모품은 사용량에 따라서 2~3년을 주기로 교체해야 하는 것이었다. 비용이 만만치 않은 데다가 그 수명이라는 게 사용량에 따라 일정하게 정해진 바가 없는 것이어서, 최소한의 사용량은 보증해주지만 그 이후에는 소위 복불복인 셈이었다. 장비가 작동하지 않으면 반드시 교체해야 하는 것이며, 비용이 수천만 원 이상을 호가했다. 더구나 경험상 그 장비의 소모품은 고객의 기대에 못 미치고 문제를 일으켜 교체해야 하는 경우가 여러 번이었다.

당연히 그런 일이 발생하면 영업사원인 나를 찾을 것이다. 다행히 오래 사용한다면 문제가 없을 테지만, 충분히 사용했다는 생각이 들기도 전에 교체비용이 들어가기라도 한다면 분명 컴플레인이 발생할 것이다. 계약을 하는 시점이다 보니 생각만큼 오래 사용 못 할 수도 있다는 둥 부품이 말썽을 일으킬 수도 있다는 이야기를 꺼낼 수도 없었다. 계약 자체를 흔들어 놓을 만큼 중대한 문제였다. 그렇다고 모르는 척 지나갈 수는 더더욱 없었다. 혹시나 나중에 심각한 문제가 발생할 수도 있지 않은가. 계약은 제쳐두고 고민에 빠져버렸다.

잠시 후 결단을 내렸다. 그리고 볼펜을 들어 '소모품 1세트 추가'라는 문구를 계약서에 써넣었다. 고객이 깜짝 놀랐다. "왜 이렇게 하냐고?"고 물었고, 나는 "혹시 그 소모품이 생각하시는 만큼 사용하지 못하고 문제가 생길 경우도 있으니 추가 소모품을 넣어두는 것이 안전하다"는 설명으로 대답했다. "직원 입장에서 이렇게 해도 되냐"는 재차 이어진 고객의 질문에 나는 "회사에는 알아서 할 테니 걱정하지 마시고 계약을 마무리하자"는 답변으로 그에게 성의를 다했다. 차후 회사를 설득하는 것도 문제인데다 회사의 부담이 가중되는 일이었지만 결국 영업사원인 나와 회사, 그리고 고객 모두에게 이득이 되는 일이라고 믿었다.

　이후 다른 지역으로의 인사이동이 있었고 그 일을 잊고 지내던 어느 날이었다. 그 고객으로부터 연락이 왔다. 고객과 회사 간에 소모품 교체로 마찰이 좀 있었던 모양이다. 내가 걱정했던 사태가 발생한 것이다. 고객은 생각만큼 사용하지 않았는데 문제가 발생했으니 공급한 회사에서 책임을 져야 한다고 주장했고, 회사에서는 최소한의 사용량을 넘겼기 때문에 문제될 게 없다는 입장이었다. 그래서 결국 판매한 영업사원인 나에게까지 연락이 왔던 것이다. 나는 계약서를 확인해보면 추가 소모품 항목이 있으니 그것을 근거로 처리하면 된다고 알려주었다. 사태는 원만히 수습되었다.

　그런 대비를 하지 않았다면 어떻게 되었을까. 회사는 엄청난 비난을 받았을 것이고 고객과의 관계는 깨져버렸을 것이다. 영업사원 개인을 떠나서 회사의 명성이 엉망이 될지 모를 일이었다. 어쩌면 적은 금액 때문에 우리 장비를 사용하고 있는 고객을 적으로 만들 수도 있는 상황이었다.

충성 고객과 적의 '한 끗 차이'
······································

갈등과 유혹의 순간이 있다. 그렇지만 장기적으로 생각해서 갈등에서 벗어나고 유혹을 뿌리쳐야 한다. 그래야 고객에게 필요한 제안을 할 수 있는 결단의 힘이 생긴다. 순간의 잘못된 판단 때문에 친근하고 충성스럽던 고객이 적으로 바뀐다는 게 영업의 함정이다. 비현실적이라고 느낄지 모르지만 그 일이 내 일만은 아니란 보장은 못한다. 고객의 문제를 세밀하게 분석해서 고객에게 최선의 제안을 하는 것이야말로 나와 고객 모두를 위하는 길이다.

영업에 지름길은 없다. 그러나 고객에게 이익을 주는 일이 가장 현명한 영업의 기법이라는 신념은 가졌으면 좋겠다. 당장의 이익에 흔들리고 얕은 유혹에 빠지면 결국 스스로 무너지는 것이다. 사회가 발달해서 마법 같은 영업의 기술들이 여기저기서 개발된다고 하더라도 영업사원의 신념은 고객의 이익으로부터 멀어져선 안 된다.

아침에 일어나서 양치질을 할 때마다 거울 앞에서 이런 질문을 한다. 나의 제품과 서비스는 고객에게 얼마나 도움이 되는가? 그리고 나는 고객과 나의 자존심 앞에서 얼마나 솔직하고 떳떳한가? 이런 질문에 명쾌하게 답할 수 있다면 고객도 분명 그 가치를 알아줄 것이다.

7단계▶
숫자로
확신을 주어야 한다

　　　　　　　　유창하게 설명했다고 생각했는데 고객 반응이 시원찮다. 이상하다. 귀에 쏙쏙 들어오지 않기 때문이다. 상담할 때일수록 숫자를 통해 확신을 심어주어야 한다. 고객에게 우리 제품은 튼튼하다고 말하는 것은 별로 감흥이 없다. "저희 제품은 타 경쟁사 A 제품 대비 강도가 17% 강합니다. 그래서 내구성이 2년 더 지속됩니다."라는 설명은 뭔가 다르다는 느낌이 들 것이다. 정확한 숫자로 설명해야 고객에게 신뢰와 안정감을 준다.

　하나 더 예를 들어보자. 제품의 견적을 묻는 고객에게 "여러 가지 옵션을 고려하면 1,000만 원 정도는 됩니다"라고 대답했다고 치자. 이런 식의 대답을 들은 고객이 영업사원을 신뢰할까. 어딘가 허전하다는 생각을 하면서 가격에 대해 의심을 품기 시작할 것이다. "여러 가지 옵션을 고려하면"이라는 대목도 그렇고, "~정도"라는 말이 제품에 대해 정확히 모르고 있다는 인상을 풍기면서 무책임하다는 느낌마저 준다. 이럴 때 영업사원은 "옵션과 세금을 포함해서 1,090만 원입니다"라고 대답해야 한다. 그러면 고객은 가격이 정확히 계산되었다고 생각하면서 제품의 구매에 대해 진지하게 고민할 것이다.

숫자로 말해야 하는 이유

이 자동차의 연비가 좋다는 말은 별로 의미 없이 들린다. 누구나 하는 이야기라고 생각할 가능성이 높다. 연비가 좋다는 설명을 제대로 하려면 정확한 숫자로 표현해야 한다. "이 자동차의 연비는 리터당 12km로 동급 엔진 대비 8%가 좋은데 연간 20,000km를 탄다고 가정했을 때 현재 휘발유 값으로 199,500원을 절약할 수 있습니다." 이렇게 설명해야 고객은 연비가 좋다는 것을 인정한다. 물론 고객이 이런 숫자를 모두 기억하는 것은 아니다. 그렇지만 고객은 자신에게 정확히 얼마의 이득이 되는지를 듣고 싶어 한다.

어떤 영어교육 회사의 광고이다. '하루 30분 완성! 영어의 고수가 될 수 있다.' 그런데 이런 광고는 어디에서나 볼 수 있다. 단어 10분 +회화 10분 +복습 10분, 하루 30분 완성. 훨씬 더 설득력이 강하고 조금만 하면 잘 될 것 같은 느낌이 든다. 이 회사는 이런 문구에 대해서 전문가의 도움을 받은 듯하다. 170만 명이 선택하였고 2009~2015년까지 7년 연속으로 영어교육상 수상했다고 광고한다. 그냥 시장 점유율 1등이라고 표현하는 것보다 훨씬 더 설득력이 있다.

투자에 관해 설명할 때에도 정확하고 이해하기 쉬운 숫자로 하면 고객은 고개를 끄덕인다. 태양광 사업에 관련하여 이런 계산을 보았다.

월평균 전기료가 80,000원이 나오는 가정에서 가정용 태양광을 설치하면 월 전기세가 71,070원이 절감되어 전기요금이 8,930원이 나옵니다. 3KW 태양광을 설치하는데 360만 원이 듭니다. 360만 원을 회수하는데 50개월, 4년 2개월이 걸립니다. 4년 이후부터는 순수익이 남습니다. 그리고 무상 A/S 기간이 7년이니 걱정 없이 사용할 수 있습니다. 무상보증이 되는 기간만 사용해도 250만 원의 이득이 발생합니다. 아무런 걱정 없이 설치만 해도 수익이 납니다. 이렇게 숫자로 설명하면 투자 기간은 길지만 고객은 설치를 결정하게 된다.

숫자 3을 이용하라

숫자 3을 이용하라. 사람들은 세 가지 정보를 가장 편안하게 이해하고 받아들인다. 기억하기 쉽기 때문이다. 우리의 일상에 3이라는 개념은 널리 이용된다. 고전 명작은 3막으로 구성되어 있으며, 누구나 알고 있듯 삼위일체라는 말도 있다. 우리나라의 전통속담에도 3이란 숫자가 많이 등장한다. '서당 개 삼 년이면 풍월을 읊는다', '구슬이 서 말이라도 꿰어야 보배다', '귀머거리 삼년이요 벙어리 삼 년이다'.

한국에서뿐만 아니라 외국에서도 마찬가지다. 모차르트의 오페라 〈마술피리〉에서는 삼각구도를 이용하는데, 세 명의 시녀, 세 명의 천사, 세 가지 시련, 세 개의 문 등이 그것이다. 이 3이라는 숫자를 통해 자유, 평등, 박애라는 주제를 설명한다. 하물며 고스톱도세 명이 쳐서 3점이 나면 게임이 끝난다. 이처럼 사람들은 3을 안정적으로 느낀다.

고객은 심리적으로 편안해야 최종 결정을 내린다.

QUICK TIP

▶숫자로 설득하라
▶3이라는 숫자를 활용하라
▶관련된 숫자를 제시하라

엘리베이터
스피치를
연습하라

　　　　엘리베이터 스피치라는 것이 있다. 엘리베이터
에서 회사의 최고경영자를 만났다. 그런데 갑자기 이런 질문을 하
는 것이다. "김과장, 지난번 발표했던 그 프로젝트는 잘 되가나?"
프레젠테이션을 할 만한 상황도 아니고 준비된 거라고는 하나도
없다. 그러나 최선을 대해서 해야 한다. 키포인트는 엘리베이터가
도착하기 전에 질문했던 프로젝트의 핵심 사항을 완벽히 설명해
야만 한다. 공간적 조건은 겨우 몇 사람 서 있을 수 있는 엘리베이
터 안이고, 시간적 조건은 엘리베이터의 문이 열리기 전까지 1~2
분이다. 문이 열리면 미션은 끝난다. 브리핑할 것이 아직 남아있
다고 해서 따라가면서 부족분을 메울 수는 없다.

　이와 같이 엘리베이터 스피치라고 하면, 짧은 시간 내에 핵심을

설명하는 스피치의 기술을 의미한다.

고객이 원하는 그 '무엇'
· ·

엘리베이터 스피치를 평소에 연습해 놓으면 고객과 상담할 때도 큰 도움이 된다. 바쁘게 돌아가는 현대사회에서 느려터진 영업사원의 말을 들어 줄 사람은 없다. 짧은 시간에 정확히 핵심을 찔러서 설명하지 못하면 고객은 즉시 다른 곳으로 관심을 돌려버린다. 이때 엘리베이터 스피치는 상당히 유용하다. 엘리베이터 스피치를 제대로 활용하려면 물론 거듭된 준비와 연습이 있어야 한다.

준비 사항으로 상품과 서비스에 대한 철저한 분석이 있다. 이건 더 이상 말이 필요 없을 것이다. 영업이란 이름으로 상품과 서비스에 대한 분석 없이 할 수 있는 일은 아무 것도 없다. 그런데 1~2분의 짧은 시간 동안 할 수 있는 일이 얼마나 있을까. 사양이나 가격에 대한 설명이 필요한 것이 아니다. 그럼 무엇을 하려고 상품과 서비스를 분석한 것인가. 이게 중요하다. 내가 가진 상품과 서비스로 고객에게 무엇을 해줄 수 있는지를 설명하는 것이다. 다시 말해 내가 가진 상품과 서비스가 어떻게 고객에게 이익이 되며, 얼마나 이익이 되며, 왜 이익이 되는가에 대한 설명을 1~2분 동안, 그것도 또박또박 해야 하는 것이다. 이 미션을 성공하려면 고객이 찾고 있는 '무엇'을 고객보다 먼저 찾아내야 한다. 그렇게 하려면 내가 취급하는 상품과 서비스가 고객에서 무엇을 해줄 수 있는지 깊이 생각해야 한다.

고객이 새 골프채 드라이버를 사러 왔다. 그러나 역설적이게도 고객은 쇳덩어리로 된 작대기를 사러 온 것이 아니다. 다른 '무엇'을 찾고 있는 것이다. 유능한 영업인이라면 이렇게 추론해 들어갈 수 있다. 구력이 있는 골퍼라면 새로운 장비를 사서 고질적인 문제를 고쳐보려고 할 것이고, 비거리를 늘리거나 악성 슬라이스를 고치려는 생각일 것이다. 여기까지 고객에게 대한 분석을 마쳤다면 이제 고객이 찾고 있는 '그것'을 보여줘야 한다.

여기서 말하는 '무엇'은 실제로 존재하던 고객의 문제를 개선시켜야 하며 그것을 구매함으로써 만들어질 미래의 꿈도 포함된다. 정확하게 말하자면 현실의 문제 해결과 더불어 꿈을 함께 팔아야 한다는 것이다. 현재의 상황에 '무엇'이 더해짐으로써 변화될 미래가 고객에게 분명하게 전달되어야 한다. 즉 고객이 가지고 있던 불편을 만족으로 바꾸어 주는 것이 '그것'이고, 영업자는 그것을 정확한 한 문장으로 말할 수 있어야 한다.

입으로 1분 안에 요점 3가지
....

그런 '무엇'을 찾았다면 이제는 정해진 시간 안에 그것을 정확히 설명할 수 있어야 한다. 머릿속에 있다고 해서 입 밖으로 술술 나오는 게 아니다. 연습을 해야 한다. 머리로 준비하는 것이 아니라 입으로 준비해야 한다. 그것도 1분 안에 말하려는 내용의 핵심을 효과적으로 전달하도록 연습해야 한다. 실제 말하고자 하는 내용을 녹음해서 들어보기 바란다. 그리고 다시 들으면서 요점을 정리해보면 분명히 알 수 있다. 1분 동안 요점 3가지를 설명하는 연습을 반복하다 보면 빠른 시간 안에 자신의 스피치 능력이 향상되어 있음을 느낄 것이다.

고객이 '무엇'에 대해서 수긍을 했다면 다음은 '비교'가 필요한 시점이다. 비교는 결국 다른 점으로 귀착된다. 경쟁사와 비교해가며 구구절절 설명하게 되면 고객은 의심을 하거나 지루해한다. 경쟁사와 비교했을 때 확실한 포인트를 한두 가지 정도 정확하게 설명할 수 있어야 한다. 이러한 비교는 나의 장점을 돋보이게 한다. 주의할 점은 그것이 반드시 고객의 혜택으로 연결되어야 한다는 것이다.

혹시 내용은 이해하겠는데 실제로 실행하기 어렵다면 글쓰기를 배우는 것도 권할만하다. 글쓰기는 생각을 정리해주고 핵심을 파악하는 능력을 향상시킨다. 핵심을 놓치지 않은 간결한 글을 쓸 줄 안다면 엘리베이터 스피치는 쉽게 할 수 있다.

핵심을 찾아내는 일은 끝없는 생각을 통해서만 가능하다. 쉽게 얻어지는 것이 아니다. 정해진 1분 동안 요점 3가지를 정리할 수 있다는 것은 남다른 능력이다. 괴테는 여동생에게 짧은 편지를 쓰려고 했는데 시간이 없어서 긴 편지를 썼다는 말을 하기도 했다.

간결함이란 오랜 시간 공들인 노력의 산물임을 명심하자.

인간은 감정적인 동물이다

사람은 스스로를 이성적이라고 믿는다. 특히 경제적인 판단을 할 때는 더욱 자신이 이성적이라는 믿음에 철저해진다. 그런데 정말 인간은 이성적인 동물일까. 아리스토텔레스 논리학에서 나왔던 '그러므로 인간은 이성적인 동물이다'라는 말이 너무 오랫동안 관성화되었던 것 같다. 어쩌면 실제로 인간이 이성적인 동물일지도 모르겠다. 어찌되었든 인간은 생각을 할 수 있는 지구상 유일한 종족임에는 틀림없으니까. 그러나 인간의 사고 체계를, 직관으로 움직이는 빠른 생각을 하는 사고체계 1과 숙고를 통하여 결론을 내리려고 하는 사고체계 2로 구성되어있다고 주장하는 행동 경제학의 창시자 대니얼 카너먼Daniel Kahneman 같은 사람도 있다.

실제로 판단해야 할 상황에 놓여 있을 때 사람은 상당히 감정적으로 판단한다고 한다. 그리고 때로는 합리적이지도 않다. 조금 비싸더라도 잘 아는 사람한테 물건을 산다는 경우도 있는데, 그런 상황은 절대로 이성적인 모습이 아니다. 점심시간에 동료가 주문하는 메뉴를 따라 주문하는 행동도 이성적이라 보기는 어렵다. 하루 24시간 중에서 사람은 너무 많은 시간을 감정적으로 행동한다.

10%만 더
· · · · · · · · · · · · ·

우리나라에서 가장 무거운 죄가 '괘씸죄'라고 하는 농담이 있다. 괘씸하다는 것은 '못마땅하고 분하다'라는 감정적 표현이다. 상대방의 기분을 상하게 하면 이런 괘씸죄에 걸린다. 고객들을 서운하게 대해서 종종 괘씸죄에 걸리는 경우가 있다. 그렇다면 고객을 어떻게 대우해야 '괘씸'이 아닌 '감동'을 줄 수 있을까?

상대방의 입장에 서야 한다는 것이 기본이란 건 이제 다 안다. 이 기본 베이스에 10%를 더 하는 것이 이 질문의 답이다. 고객의 기대치보다 10% 더 한다면, 고객은 50~100% 더 감동받는다. 이렇게 되려면 우선적으로 고객이 기대하는 것을 잘 파악해야 한다.

직원들과 논의를 할 때마다 강조하는 부분이 있다. 고객에게 줄 선물을 고를 때는 반드시 통상적으로 기대하는 것보다 좀 더 비싼 제품을 고르라는 것이다. 선물을 준비할 때면 '이 정도면 괜찮겠지' 하면서 가장 기본적인 것을 생각하기 마련이다. 이런 선물이 고객의 어떤 반응으로 이어질까. 선물을 받아서 고맙기는 하지만, 뭐 별로 쓸 데가 없다. 다른 사람을 주기도 애매하고 본인이 직접 사용하기도 그렇다. 이런 선물은 선물로서 값어치가 없는 것이다. 반드시 고객의 기대치보다 조금 더 가치가 있는 선물을 고르도록 하자. 어떤 용도이든지 상관없다.

사용하지 못하는 선물은 의미 없는 애물단지이다. 예를 들어 고객용 선물로 회사 로고가 새겨진 골프공을 준비한다. 공 12개가 들어간 박스와 6개가 들어간 박스가 있는데 가격이 똑 같다. 그러면 무엇을 골라야 할까? 당연히 6개가 들어간 것이 좋다. 가격이 두 배나 비싼 공이라면 누구나 인정하는 최고급일 가능성이 높다. 이런 공은 본인이 구매하기엔 부담스러운 고가이므로 선물로 받는다면 기뻐할 수밖에 없는 아이템이다.

개인적으로 십여 년 전에 지인에게 선물 받은 명함지갑이 있는데, 아직도 매일 쓰고 있다. 좋은 명함 지갑이고 나에게 딱 맞는 용도였다. 그리고 비록 회사에서 회의 기념품으로 받은 것이지만 가죽으로 된 여권 케이스는 17년째 나와 함께 다닌다. 이런 선물이 진짜 선물이다. 누구한테든 선물을 할 때는 적당하다고 생각되는 것보다 최소 10~20% 더 좋은 것을 준비해보자. 받을 사람이 생각하는 것보다 더 좋은 것을 준비해야 한다. 주변에 기념품이나 선물로 받은 것 중에 실제 사용하지 않고 그냥 둔 것이 얼마나 있는지 둘러보기 바란다. 사용하기에는 적당하지 않고 성의를 생각하면 버리기 아까운 그런 물건은 부담이지 선물이 아니다.

좋은 감정을 갖게 한다는 것
....

한 가지만 더, 조금만 더 한다면 감동은 두 배가 된다. 그게 바로 최고의 서비스이다.

매일 아침 가는 헬스클럽에는 새벽에 근무하는 직원이 있다. 헬스클럽의 회원이 몇 명이나 되는지 모르지만, 그 직원은 나의 개인 사물함 번호를 정확히 기억하고 있다가 내가 엘리베이터에서 내리자마자 준비해 준다. 사실 여기까지는 오랫동안 다닌 회원에 대한 예우일 수 있다. 그런데 정말 감동을 받는 것은 나올 때이다. 주차정산을 위해서 차량번호를 등록해야 하는데 이 직원은 나의 차량번호를 정확히 기억하고 있다. 사실 나도 헷갈릴 때가 있는 차의 번호를 이 직원은 정확히 기억하는 것이다. 업무 프로세스로 교육을 받았는지 모르겠지만 나에게는 매일 아침을 기분 좋게 해주는 일이다. 이런 서비스를 받으면 어떤 사람이건 좋은 감정을 갖게 된다.

아리스토텔레스는 에토스 60%, 파토스 30%, 로고스 10%의 비중으로 감정적인 영역인 에토스와 파토스의 중요성을 이야기했다. 논리적인 영역인 로고스는 겨우 10%에 불과하다는 이야기이다. 논리가 모든 것의 결정권을 가지고 있는 것 같지만 마음을 사지 못하면 모든 것이 허사이다.

　마음을 사는 일은 감동을 불러일으키는 일이다. 상대의 기대를 넘어선 그곳에 감동이 있다. 어떤 기준이 될 만한 경계선이 있다고 할 때, 그 선을 넘어서면 감동이 되지만, 그 선에 미치지 못하면 괘씸이다. 쓸쓸한 선물이나 서비스를 받은 경우 언짢아지기도 하는데, 따지고 보면 뭐 대단한 잘못을 한 것이 아니라 기대치에 약간 못 미쳤을 뿐이었다. 감동은 종이 한 장 차이에서 온다.

QUICK TIP

▶10% 더 주라
▶기대를 뛰어넘어야 한다
▶인간은 감정적인 동물이다

인맥은 없다

영업하면 인맥이라고 생각하는 사람들이 많다. 영업에서 인맥이 중요한 것은 당연하다. 그런데 우리나라는 너무 인맥 만능주의에 빠져 있는 듯하다. 영업하는 사람들 중에는 인맥을 쌓기 위해서 엄청난 시간과 노력을 투자하는 이들이 많다. 각종 모임에 참석하고 좀 더 많은 사람들과 연결되기 위해서 동호회 활동도 열심히 한다.

이런 활동을 탓하려고 하는 것이 아니다. 다만 이렇게 쌓은 인맥이 얼마나 영업에 도움이 되는지는 냉정하게 판단해보아야 한다. 진정한 인맥이라고 하면 아무 부담 없이 전화를 걸 수 있고, 만날 수 있어야 한다. 명함의 개수나 핸드폰에 저장된 연락처 숫자가 인맥의 전부가 아니다. 그냥 아는 사이 정도라면 의미 없는 관계라고 할 수도 있다. 필요할 때 실질적인 도움을 받을 수가 없고, 실제 도와줄 형편이 안 되는 경우도 많다. 실속 없는 인맥 쌓기는 씨만 뿌리고 곡식을 거두지 못하는 것과 같다.

요즘 인맥다이어트라는 말이 유행한다. 과도한 인맥으로 스트레스를 느끼는 사람들이 체중을 감량하는 것처럼 인맥을 정리하는 것이다. 이들이 공통적으로 호소하는 것을 신조어로 '관태'라고 한다. 관태는 관계와 권태의 합성어로 인간관계에 회의를 느끼는 상태를 말한다.

영업적인 측면에서 보자면, 어떤 관계를 쌓을 것인가가 중요하지 얼마나 많은 인맥을 가지는가는 그리 중요하지 않다.

추천하시겠습니까?
. . . .

순추천고객지수NPS; Net Promoter Score라는 것이 있다. 순추천고객지수는 '추천 의향'이라는 단순한 한 문장의 질문으로 고객의 로열티(충성도)를 측정한다. 베인 앤 컴퍼니Bain & Company라는 컨설팅 회사에서 도입한 개념으로 GE, 마이크로 소프트에서 사용하면서 현재는 많은 기업들에 보급되어 있다. 이 기법은 아주 단순한 측정에서부터 시작한다. 고객들에게 '제품이나 브랜드를 주변 사람들에 추천하시겠습니까?'라는 질문 하나만을 한 후, 추천할 것이라는 비율에서 추천하지 않을 것이란 비율을 뺀 수치로 판단한다.

쉬운 개념이지만 매우 강력하다.

영업사원 입장에서도 이런 생각을 해 보아야 한다. 나에게 상품이나 서비스를 구매한 고객은 과연 주변에 얼마나 추천해 줄 것인가? 기존 고객에게 물어볼 수도 있다. 그리고 본인의 인맥이라고 생각되는 사람에게 적용해보면, 내가 말하는 인맥이라는 개념을 확실히 알 수 있을 것이다. 나의 인맥이라고 여겼던 사람이 나를 추천하지 않는다면 다시 생각해야 할 문제이다. 어쩌면 그들이 필요 없는 인맥이거나, 나의 인맥 관리가 아주 잘못되어 있는 것이다. 영업 일선에서의 진정한 인맥을 갖는다는 것은 나를 위해서 일해줄 고객을 확보한다는 의미이다.

열 명의 인맥을 관리할 여력이 있다면 2~3명에게 집중하는 것이 효율적이다. 시작은 적을지 몰라도 고객이 고객을 추천해주는 개인 NPS를 높게 유지할 수 있다면 좋은 인맥은 자연스럽게 늘어날 것이며 아울러 실적은 덩달아 늘어난다. 나의 고객은 나를 추천해줄 것인가? 인맥다이어트, 나에게도 무관한 말은 아니다.

QUICK TIP

▶인맥을 다이어트하라
▶나의 고객은 나를 추천해줄까?
▶나를 위해 일해주는 고객을 만들라

임계점을
넘어서

       임계점(臨界點)이라는 용어가 있다. 임계점은 물질의 상태를 바뀌게 만드는 전환점을 말한다. 쉽게 말해서 일정 온도에 도달한 물이 수증기가 되는 지점이다. 아무리 온도를 높이더라도 100℃가 되지 않으면 물은 수증기로 변하지 않는다. 이때 100℃의 온도를 물의 임계점이라고 한다. 물이 끓어 수증기가 되는 시점인 임계점에 도달하기 전에는 물은 변화 없이 물의 특성을 가진다.

  어떤 일에 정성과 노력을 기울여도 아무런 변화가 일어나지 않아 답답할 때가 있다. 영업도 마찬가지이다. 금방 무엇이 일어날 것 같아서 조바심을 내지만, 임계점을 통과하지 못하면 아무런 일도 일어나지 않는다. 특히 임계점에 가까워질수록 더욱더 초조하고 답답하기만 할 뿐이다. 임계점을 돌파하기 위해서는 마지막 순간의 힘이 필요하다. 이런 힘을 발휘하기 위해서는 고도의 집중 상태를 유지해야 한다. 이때 변화는 한 순간에 일어난다.

힘들면 멈추는 사람
....

어느 초등학교에서 연날리기 대회가 있었다. 연날리기대회에서 항상 일등을 하는 학생이 있어 선생님이 물었다. "너는 어떻게 항상 연을 잘 날릴 수가 있니?" 초등학생은 머리를 갸우뚱하면서 대답했다. "선생님, 연날리기는 아주 쉬워요." 선생님은 그 학생의 입에서 나올 다음의 말이 궁금해졌다. "연을 들고 뛸 때 힘차게 달리면 되요!" 듣고 보니 누구나 다 아는 이야기였다. 그리고 학생은 이렇게 말했다. "숨이 차서 죽을 것 같을 때까지 달리면 되는데요." 그렇다. 누구나 달리지만 죽을 것 같을 때까지 달리지는 않는다. 힘들면 멈춘다. 이 학생은 변화의 시점을 넘어설 때까지라는 임계점을 알고 있는 것이다. 그리고 달리는 것이다.

우스갯소리 하나 하자. 한때 '주유소 습격사건'이라는 영화 속에 나왔던 대사 같은데, '한 놈만 팬다'는 말이 있다. 추석 특선 TV 프로그램이었던 것으로 기억한다. 왠지 나사가 하나쯤은 빠진 듯해 보이는 젊은 청년이 여러 명과 시비가 붙었는데, 정말 하나만 골라서 죽자고 두들겨 팬다. 나머지 건달들에게는 떡이 될 정도로 맞으면서도. 계속 맞던 건달이 "왜 나면 때리냐?"고 따지니까 하는 말이 바로 "난 늘 한 놈만 패"였다. 정말 웃음이 터지는 상황이었다. 한 놈만 팬다는 건 싸움을 잘 하는 방법이기도 하겠지만 영업적으로도 참고가 될 법한 대사였다.

한 놈만 때리는 이유는 한정된 힘으로 대상에 집중할 수 있기 때문이다. 임계점 근처까지 노력을 기울였다면 모든 에너지를 집중해야 할 순간이 온 것이다. 그때는 전력투구를 해야 한다. 집중의 힘이 발휘되는 순간이다. 그러면 고객도 그 에너지를 느끼고 결정을 하게 된다. 99%와 100%가 다르듯, 99도와 100도 역시 1도의 차이이지만 엄연히 다르다. 100도에서 물은 끓기 시작하고 수증기로 변한다.

이런 임계점 돌파의 경험이 조금씩 쌓이면 영업사원은 언제가 99도인지를 깨닫게 된다. 사실 아직은 80도 정도밖에 안 되는데, 99도인 줄 알고 돌진하다가 지쳐서 탈진하는 경우도 심심찮게 볼 수 있다. 상태를 정확히 파악하고 99도에 다다랐다고 판단될 때 마지막 힘까지 전부 쏟아 부어야 한다. 그 마지막 1%가 좋은 결과를 만든다. 그리고 1%에 집중할 때는 다른 모든 생각을 버리고 정말 한 놈만 팬다는 각오로 임해야 한다. 초집중 상태를 말하는 것이다. 그래야 1%의 기적이 일어난다.

단순함과 간결함을 추구한다는 미니멀리즘의 방식을 동원하는 것도 영업인으로서 추천할만한 일이다. 어쩌면 영업이란 기교와 장식을 최소화하고 본질에 집중했을 때 달성되는 진정성 같은 것이기 때문이다. 1%의 집중 상태를 기억하고 경험이 쌓인다면 실력 있는 영업사원으로 다시 태어날 것이다.

4장

12단계 ▶

끝날 때까지 끝난 것이 아니다

졸면 죽는다. 이 말이 왠지 섬뜩하다. 군대에서 쓰이는 용어인데, 요즈음은 고속도로에서 자주 보게 된다. 고속도로 교통사고 사망자의 61%가 졸음운전으로 발생하기 때문에 경각심을 불러일으켜서라도 집중적으로 강조하는 것이다. 운전뿐만 아니라 영업에서도 졸면 죽는다. 방심하는 순간 언제든지 상황은 변할 수 있다.

계약서에 도장 찍을 때의 짜릿함 때문에 영업을 한다는 영업사원도 있다. 영업의 종점은 계약이라고 할 수 있다. 특히 1~2년 동안의 기나긴 협상을 거친 다음 대형 계약을 완료할 때의 기쁜 마음은 충분히 짐작하고도 남는다. 날아갈 것처럼 기쁘다는 표현이 가장 정확할 것이다.

방심한 죄

....

그러나 끝났다고 끝난 것이 아니다. 기나긴 상담을 거쳐 마침내 수억대의 계약을 마무리했을 때의 일이다. 마침내 계약서에 도장을 찍은 것이다. 고객은 그동안 고생 많았다며 점심을 같이하자고 한다. 얼마나 맛있는 점심이었겠는가. 계약금은 점심 먹고 수표로 결재하겠는데, 당시에는 온라인 송금이 불편하던 시절이라 보통 수표로 결제를 했으므로 특별한 일도 아니었다. 화기애애하게 점심식사를 마쳤다. 계약금을 수령하러 병원에 돌아왔는데, 경리부장이 외출 중이라서 지금은 계약금을 줄 수 없다는 것이다. 오후에 다시 오던지 내일 오전에 들어와서 수령하라고 했다. 계약금을 받고 최종적으로 마무리한 것이 아니라 좀 아쉬움이 남았지만, 막 계약을 마친 흥분 때문에 별로 개의치 않았다. 기다려서 받아갈까 하다가 결제기안도 할 겸 사무실로 돌아왔다. 오후에도 경리부장으로부터 연락이 없었다. 좀 의아했지만 내일 오전에 들어가겠다는 메시지를 남기는 것으로 그날은 그냥 넘어갔다.

다음날 오전 경리부장을 만나러 병원에 들어갔다. 당연히 계약금을 줄 거라 생각했다. 그런데 계약서 검토 후 결제하겠다면서 조금만 기다리라는 것이다. 이미 계약서는 충분히 검토해서 도장을 찍었는데 무슨 검토를 또 해야 하나. 불안이 엄습했다. 소심한 성격 탓에 과한 걱정을 하는 것이라 위안을 하면서, 언제 오면 되냐고 물었다. 조금만 기다리면 연락을 주겠다고 했다. 불안감은 점점 커져갔다. 그렇다고 더 이상 어떻게 할 방법이 없었다. 오후에 병원의 다른 관계자로부터 연락이 왔다. 병원 내에 이상한 소문이 있으니, 빨리 들어와서 확인을 해 보라는 것이었다. 운전하는 동안 머릿속에는 별의별 생각이 다 들었다.

병원에 도착해서 병원장을 찾아갔으나 외출 중이었다. 경리부장은 기다리라는 말만 반복하며 의도적으로 만남을 피하고 있었다. 기다림에 지쳐갈 즈음 다른 관리부장이 나타났다. 미안한데 이번 계약을 파기하기로 결정했고, 자기들은 경쟁사와 계약하기로 했다는 것이다. 이게 무슨 날벼락인가. 당시 경험이 일천한 나에겐 실로 엄청난 충격이었다.

실무진에게 들어보니 계약일 오후 계약에 대한 소문을 듣고 경쟁사의 고위 임원이 직접 와서 파격적인 조건을 제시했다는 것이다. 물론 계약을 해지했을 때 발생하는 위약금보다 엄청나게 큰 혜택이 있었고, 심지어 위약금까지 대납해주겠다는 조건이었다. 경험상으로 보면 터무니없는 조건이었다. 이전에 몇 건의 계약을 놓친 경쟁사는 배수진을 치고 있었고, 이번 계약을 통해 전략적으로 이겨야겠다는 생각을 하고 있었다고 한다.

계약서만 썼을 뿐이지 계약금을 받은 것도 아니고 별다른 방법이 없었다. 물론 소송을 하면 계약금을 받을 수는 있겠지만 업계의 관행상 그렇게 하면 향후의 모든 관계는 끊어지는 것이다. 엄청난 자책감으로 고개를 들 수 없었다. 정말 무슨 실수를 했는지 이해할 수 없었지만 현실은 냉정했다. 아니 기가 막혔다.

그 이후 선배에게서 들은 이야기였는데 이런 일이 가끔 발생한다는 것이다. 그래서 그 선배는 고객이 나중에 준다고 하면, 회사의 규정이라고 우기면서 작은 돈이라도 고객의 지갑에 있는 현금을 탈탈 털어서 온다는 것이다. 나의 가장 큰 실수는 고객의 말을 순진하게 믿고, 사무실로 돌아온 것이었다. 끝난 것이 끝난 것이 아니었다. 나만 착각한 것이다.

끝나지 않았다

10억 원대의 장비 협상이 끝났다. 90년대의 계약치고는 큰 금액이었다. 최종 결정자에게 승인을 받고서 기분이 날 듯했고, 고객에게 맛있는 저녁 대접을 받았다. 고객에게 저녁 대접을 받으며 고생했다는 말을 들을 때의 기쁨은 영업사원으로서는 말할 수 없을 정도이다. 정말 행복한 순간이다. 내일 오전에 계약서를 작성해서 오라는 말을 듣고 잠을 이룰 수가 없었다. 아침 일찍 병원으로 달려갔다. 그런데 전날 밤에 있었던 수술에서 환자가 사망하는 사건이 발생했다. 병원은 아수라장이었다. 그런 와중에 계약 이야기를 꺼낼 수가 없었다. 고객이 문제의 중심에 있는데 내 목적만 내세울 수는 없는 일 아닌가. 기다린다는 메모를 건네고 막연히 기다렸다. 그날은 아무도 만날 수 없었다. 그다음 날 병원은 더 어수선했고, 무작정 기다리는 일밖에 달리할 만한 게 없었다. 병원 관계자는 상황이 수습되면 연락드릴 테니 걱정하지 말고 그때 오라고 했다. 그러나 이미 계약이 뒤집어지는 상황을 많이 경험했고, 나 역시 계약을 뒤집어 본 경험이 있었기 때문에 절대로 연락만 기다릴 수는 없는 노릇이었다.

그날 이후 매일 고객의 병원으로 출근을 했다. 기다린다는 메모만 남긴 채 구석에서 묵묵히 기다렸다. 핸드폰조차 없던 시절이었으니 기다리면서 달리할 것도 없었다. 책을 읽고 있으려니 한가롭게 보이는 것 같기도 해서, 그냥 묵묵히 앉아 있을 수밖에 없었다. 병원의 하얀 벽면과 문만 쳐다보는 신세가 되었다. 한 시간이 하루 같았다. 그래서 다음날부터 제품 카탈로그를 한 가방 싸 들고 가서 평소 대충 보았던 카탈로그를 한 글자씩 꼼꼼하게 읽기 시작했다. 병원장은 경찰서와 검찰을 오가면서 사태를 잘 해결한 듯 보였다. 병원장은 당시 본인이 계약하기로 한 것도 잊어버릴 정도로 정신이 없었다. 그러나 며칠이 지난 후 계약서를 마무리하게 되었다. 물론 계약금도 꼭 챙겨서 받았다. 이분은 본인이 이야기한 것을 상황에 따라서 바꾸거나 할 분은 아니었지만, 나는 최선을 다해야 했다. 끝날 때까지 끝난 것이 아니기 때문이었다.

계약은 끝이 아니라 새로운 시작이며, 실제 장비가 설치되기까지는 절대 긴장을 늦추어선 안 된다. 그리고 설치 후 잔금이 들어올 때까지는 일이 완전히 끝났다고 할 수도 없다. 당신이 잠든 사이 경쟁자는 활발히 움직이며 무언가를 꾸밀지도 모르는 일 아닌가. 미국의 전설적인 야구선수인 요기베라Yogi Berra는 '끝날 때까지 끝난 것이 아니다'라는 명언을 남겼다. 골프 내기에서 18홀이 끝나고 장갑을 벗어 보아야 결과가 확정되는 것처럼 끝까지 긴장해야 한다.

내성적인 영업사원은 꼼꼼한 성향이기 때문에 이런 상황에 노출되었을 때 실수를 상대적으로 적게 할 수 있다. 시원하게 처리하지 못해 답답해 보이긴 하더라도 엉뚱한 실수를 줄일 수 있기 때문이다. 복잡한 계약을 훌륭하게 처리할 수 있다.

13단계 ▶

우연을
필연으로

　　　주변에 운이 좋은 사람들이 많다. 하는 일마다 척
척 잘 풀리는 데다가 막힌 데 없이 고속도로다. 겉으로 보기엔 별
로 노력도 안 하는 것 같은데 성공을 한다. 영업을 하는 데도 실적
이 쑥쑥 올라가는 사람이 있다. 부럽기만 할 따름이다. 도대체 그
런 사람은 어떻게 항상 운이 좋은 걸까.

　세상일은 계획한 대로만 되지는 않는다. 꼭 하려고 했던 계약이
고객의 사정으로 미루어지거나 취소되기도 한다. 생각지도 않는
일이 셀 수 없이 일어난다. 반대로 어떤 일은 우연히 이루어지기
도 한다. 이런 변화무쌍한 세상을 살아가는 일은 정말 쉽지 않다.
그러나 모든 일이 생각처럼 된다면 세상살이야 쉽겠지만 정말 심
심할 것 같기도 하다.

생각도 못 한 일이 일어나는 것을 우리는 우연이라고 한다. 세상은 참으로 많은 우연으로 이루어져 있다. 살아온 과정을 뒤돌아보면 우연의 연속이었다. 특히 대학 전공이나 첫 직장, 현재의 직업까지도 우연한 기회로 결정되었을지 모른다. 그런데 이런 우연들이 나에게 유리하게 작용한다면, 혹 작용하도록 만들 수 있다면 기대 이상의 엄청난 결과를 불러올지도 모를 일이다.

계획된 우연의 5가지 기술

스탠퍼드 대학교의 존 크롬 볼츠John D. Krumboltz라는 교육심리학 교수의 사회학습이론이 흥미롭다. 이 이론에는 '계획된 우연 Planned Happenstance'이라는 개념이 나온다. 모든 일이 계획된 대로 성공한 것이 아니라 우연히 만난 사람이나 우연한 일을 통해 성공하게 된다는 것이 핵심 내용이다. '계획된 우연' 연구에서는 직업적으로 성공한 사람들을 보니 우연히 그 직업을 선택해서 성공한 사람들이 80%나 되었다고 한다. 심리학과 교수의 연구에서 밝혀진 내용이다 보니 더욱 설득력 있다. 인생을 살면서 많은 우연한 사건이 일어나곤 하는데, 크롬 볼츠는 이런 우연한 사건이 긍정적으로 작용하는 것을 계획된 우연이라고 정의한다. 물론 평소 적극적이고 긍정적으로 행동하는 사람에게 이런 우연이 작용한다는 사실 또한 잊어서는 안 된다.

크롬 볼츠 박사는 계획된 우연이 일어날 가능성을 높이려면 5가지 기술이 필요하다고 한다. 호기심, 인내심, 융통성, 낙관성, 위험감수이다. 영업에서도 이런 5가지 기술은 당연히 효력을 발휘한다. 이런 기술을 잘 적용한다면 우연을 필연으로 만들 수 있다. 최선을 다하여 계획된 우연을 실천한다면 목표를 이루는 데 훨씬 효과적일 것이다.

특히 영업의 관점에서 보면 호기심은 필수이다. 호기심이 없는 사람들은 새로운 것을 보는 데 한계가 있고, 항상 같은 방식으로 세상을 대하게 된다. 관점을 달리해야 새로운 고객과 방법이 보인다. 인내심이란 기술은 영업에서는 변하지 않고 강조되는 부분이니 더 이상 논할 필요도 없다. 융통성의 기술은 고객을 대할 때 정말 중요하다. 영업사원은 유연성을 가져야 한다. 고객이라는 그릇에 물처럼 담기듯 고정됨 없이 언제든지 자신을 변화시킬 수 있어야 한다. 그렇다고 자신의 주장마저 포기하라는 말은 아니다. 줏대 없이 흔들리는 것이 아니라 고객의 니즈에 맞게 유연해질 필요가 있음을 강조한 것이다. 그리고 낙관성의 기술은 영업에 있어서 가장 중요한 덕목이다. 모든 고객들은 긍정적인 사람을 만나고 싶어 한다. 긍정적인 사람은 주변에 사람을 모으는 재주가 있고 늘 자신이 가진 긍정의 에너지를 전파한다. 위험감수의 기술은 도전 정신을 말한다. 아무리 힘들더라도 시도할 줄 아는, 그리고 만약 실패했을 때를 대비해 새로운 방법을 모색할 줄 아는 것이 성장하는 영업인으로서의 지름길이다.

이런 5가지의 기술을 잘 익혀둔다면 우연이라고 불리는 사건들이 나에게는 의미 있는 사건이 될 것이다. 세상에 떠다니는 우연과 우연이 더해져서 내가 원하는 필연이 된다. 내 가슴 깊이 품고 있는 소망이 세상에 떠다니는 우연과 결합하여 의미를 만들어낸다. 지나가는 우연으로 흘려보내지 않고 내 것으로 만들기 위해서는 크롬볼츠 박사가 제시한 5가지 기술을 곰곰이 생각해 볼 일이다. 우연을 필연으로 만드는 것 또한 나의 몫이다.

QUICK TIP

▶우연과 횡재는 없다
▶단 계획된 우연만 있다
▶호기심, 인내심, 융통성, 낙관성, 위험감수의 기술을 갖추라

결정적 한마디, 마무리 숏을 해야 한다

마지막 구매 결정을 해야 할 때 고객은 심리적 저항감을 느낀다. 이미 결심을 한 후에도 최종적인 상황에서는 망설이게 된다. 이때 고객이 결정하도록 도와주는 것이 영업사원의 역할이다. 그런데 많은 영업사원들은 이 순간에 한 마디의 클로징 멘트를 던지지 못한다. 마치 자신이 고객을 강요하거나 압박하는 것처럼 느껴지는지 그 한 마디를 하는 데 상당히 머뭇거린다. 그러나 9부 능선이 넘어섰다면 고객을 도와 마무리를 해야 한다.

무슨 말을 해야 할지 모르겠어요. 아무런 생각이 나지 않아요. 고객이 기분 상할 수도 있지 않을까요? 스스로 변명까지 만들어 둔다. 원인은 간단하다. 준비를 하지 않았기 때문이다. 준비를 하지 않으면 누구나 횡설수설하게 된다. 일반적으로 제아무리 짧은 스피치라도 그냥 되겠지 하는 생각에 아무런 준비 없이 나서면 100명 중 고작 한두 명이 성공할까 말까이다. 머릿속으로 그리는 것은 의미가 없다.

실전에 있어서 연습 없이 성공하는 사례는 드물다. 이럴 때는 고객 앞에 나서기 전 시나리오를 준비해서 시뮬레이션을 해보는 것이 최선이다. 상대가 앞에 있다고 상상하면서 1인 2역을 해보는 것이다. 고객의 예상 질문과 영업사원의 답변을 동시에 생각해볼 수 있는 좋은 기회이다. 실전을 가상한 시뮬레이션 연습이 무르익으면 스스로 확신 같은 게 생기기도 한다. 대화 도중 상대가 가진 확신을 느끼는 사람은 대부분 확신에 찬 사람에 끌리게 되어 있다. 고객은 이런 확신에 찬 영업사원을 믿고 결정을 하는 것이다.

마지막 능선을 넘었는가

요즘 진행하고 있는 계약 건은 언제쯤 완료될 것 같아요? 업무 파악도 할 겸 가끔 이렇게 물으면, 고객이 잠시만 시간을 달라고 했다느니, 고객이 연락을 주기로 했다느니, 고객 측에서 최종 검토 중이라느니 하는 대답이 돌아올 때가 있다. 이렇게 대답한 영업사원들은 본인이 추진하고 있는 계약 건들이 거의 마무리되었다고 생각할지 모르겠다. 그러나 나는 이런 대답을 들으면 성사되기 어렵겠다고 여긴다. 이런 상황은 아직 마지막 능선을 넘지 못했음을 암시한다. 아니면 고객과 영업사원이 동상이몽을 꾸고 있던지. 절대로 짧은 시간 내에 계약이 이루어질 상황이 아니다. 고객의 마음이 다른 곳에 가 있어서 조금씩 멀어지고 있는 징후라고 할 수도 있다. 마지막 능선으로 고객을 리드하는 것도 능력이다.

마무리할 때는 마무리를 해야 한다고 하는데, 어떻게 해야 하는 건지 혼란스러울 때도 있다. 클로징하는데 어려움이 있다면 이런 방법을 사용해보는 것도 권장할만하다. 우선 직접 질문법으로, 고객에게 직접 물어본다. "이제 결정을 내리시죠!"라고 단도직입적으로 구매를 권하는 것이다. 그러나 여기에는 반드시 계약에 대한 충분한 논의와 상호 신뢰가 선행되어야 한다. 소비재를 판매한다면 선택 질문법도 유용하다. "결제는 카드로 하시겠습니까? 현금으로 하시겠습니까?"처럼 행동을 확정짓는 멘트가 도움이 될 때도 있다. 아니면 "상품은 언제 필요하신가요? 어떻게 배송해드리면 될까요? 택배로 보내드려도 괜찮을 까요?"라고 묻는 것이다. 이렇게 물으면 고객은 구매를 기정사실로 여기고 이제 다음 차례인 방법에 대한 생각으로 페이지를 넘긴다. 다음으로 특별제안법이 있다. "지금 구매하시는 것이 가장 좋습니다. 5% 더 디스카운트 해드리겠습니다. 무상 서비스를 1년 더 해드리겠습니다." 등 조건을 내세워 마지막 결정을 유도하는 것이다. 그리고 고객에게 그 동안의 제안을 요약해서 설명하고 고객의 결정을 유도하는 요약종결법도 하나의 방법이다.

모든 운동경기에는 득점이 필요하다. 아무리 화려한 드리블로 상대의 혼을 빼놓는다고 해도 득점이 없으면 잘해봐야 비기는 것 이상은 없다. 득점은 슈팅을 하느냐 못하느냐에 달려있다. 슈팅을 하지 않으면 골은 없다.

QUICK TIP

▶슈팅이 없으면 골도 없다
▶마무리를 시뮬레이션 해보라
▶영업의 완성은 클로징이다

이미 구매한 고객을 어떻게 관리하는가?

가끔 고객 중에는 제품을 팔고 난 뒤 영업사원은 코빼기도 안 보인다고 불평하는 사람도 있다. 고객은 구매 직후 본인이 결정을 잘 한 것인지 고민할 수밖에 없다. B2B 제품이나 B2C 제품에 상관없이 구매 직후에는 고객 관리를 해야 한다.

자동차를 구매해서 차를 인도받은 후 영업사원에게 연락을 받은 적이 있는가? 일주일이나 이주일 가량 지난 후, 고객에게 연락해서 자동차는 문제가 없는지, 궁금한 점은 없는지, 도와드릴 점은 없는지 등을 물어본다면 고객 입장에서는 작은 정성이지만 고마워할 것이다. 여기다 한두 번이라도 더 연락을 취한다면 고객의 머릿속에는 특별한 영업사원으로 자리 잡을 것이다. 요즘은 냉장고, 세탁기 등 전자제품을 구매하고 나면 제조사마다 해피콜이란 것을 한다. 큰 비용을 들여가며 해피콜을 하는 이유도 고객 만족의 관점으로 해석할 수 있다. 실질적으로 고객 만족에 미치는 영향이 크다.

일반적으로 자동차 같은 내구재는 재구매하는 주기가 상대적으로 길다. 자동차나 세탁기, 냉장고를 매년 구매하지는 않는다. 이런 제품을 판매했음에도 불구하고 반드시 고객관리를 해야 하는 이유는, 제품을 구매한 고객의 직접적인 만족에도 영향을 미치지만 구매고객의 1차적 만족이 판매 소개로 이어지는 간접적 원인으로 확장되기 때문이다.

나를 위해 일해주는 고객

임희성 씨는 충남 공주에서 연간 357대의 차를 팔아 전국 1위의 자동차 판매왕이 된 사람이다. 자동차 판매왕으로 이름을 올린 그는 '땀으로 그린 꿈의 지도'라는 책에서 이렇게 말했다. "제가 이룬 것이 100이라면 순전히 내 노력으로 이룬 건 그 중의 10밖에 안 된다. 나머지 90은 기존 고객들이나 나를 아는 분들이 도와주어서 된 것이다…(중략)…어떤 달은 내가 발로 뛰어서 판매한 차는 대여섯 대도 안 될 때가 있는데, 기존 고객들이나 주위 분들의 소개로 그 10배인 50여대를 팔기도 했다." 임희성 씨는 기존 고객에게 문제가 생기면 신규 계약을 하다가도 달려가서 문제를 해결해 주었다고 한다. 결국 나를 위해서 일해주는 고객을 만들었던 것이다. 정성을 다해 기존 고객을 지원한 것이 엄청난 영업 결과를 만들어 내는 데 일조한 사례이다.

고객과 가까워지는가 아니면 고객으로부터 멀어지는가의 기로에는 아주 중요한 사실이 숨겨져 있다. 그것은 바로 이미 구매한 고객을 어떻게 관리하느냐이다. 고객의 마음에 믿을만한 영업사원으로 남고 싶은가. 이미 구매한 고객이 추가구매를 하거나 다른 고객을 소개해주기를 바라는가. 그렇다고 생각한다면 이미 구매한 고객에게 최선을 다하라.

특히 B2B 영업을 한다면 이점은 더더욱 중요하다. 계약은 모든 것의 종료가 아니라 시작점이라는 것을 항상 명심해야 한다. 누구나 계약을 할 때까지 최선을 다한다. 그래서 계약을 따낸 것이다. 계약 이후에는 아무래도 느슨해진다. 같은 시간에 두 개의 다른 전화를 받았다고 해보자. 한 명은 얼마 전 계약을 한 고객이고, 다른 한 명은 오늘 내일 계약할 것 같은 고객이다. 누구의 요청을 먼저라고 생각하고 처리할 것인가. 둘 다 응답을 하지 않았다고 한다면 이미 구매한 고객이 훨씬 더 서운해 할 것이다. 잡은 물고기에게는 밥을 주지 않는다는 말이 있다. 영업을 기준으로 했을 때 이 말은 틀렸다. 잡은 고기를 더 열심히 관리하라. 잡은 고기를 뒷전으로 하고 새로운 고기를 잡는 데 열중한다고 해서 내 어장이 풍부해지는 것이 아니다.

기존 고객에게 최선을 다해야 하는 이유

조금 더 깊이 보자. 고객은 이 제품을 왜 구매했을까. 제품보다는 제품의 가치를 소유하고 싶어서이다. 고객은 제품을 사용하는 동안 제품을 통해 기대했던 이득과 그것의 가치가 지속되기를 바란다. 자동차를 보더라도, 적어도 영업사원이라면 고객이 자동차만을 구입했다고 생각해선 안 된다. 자동차의 사용가치를 구매한 것이므로 자동차보다는 자동차를 사용함으로써 얻을 수 있는 만족감을 추구한다. 그것이 어떤 제품이건 고객이 구매한 제품의 사용가치를 제대로 누릴 수 있도록 하는 것은 영업사원의 의무이다.

특히 B2B 고객이라면 이런 부분은 더 민감해진다. 개인인 고객이 아니라 조직 내에서 조직을 대표해서 결정을 내린 것인 데다, 구매한 제품 또한 조직에서 사용한다. 고객이 제품이나 서비스를 최대한 활용할 수 있도록 적극적으로 힘을 보태야 한다. 이것이야말로 나를 지원해준 고객을 진심으로 대접하는 길이다. 제품의 가치를 최대한 활용할 수 있도록 제품에 대한 교육을 해준다거나 빠른 시일 내에 사용에 익숙해지도록 고객을 돕는 것이다. 이렇게 하면 고객이 제품을 사용하는 데 드는 비용을 줄일 수 있다. 비용을 줄이기 위해서는 제품을 더 많이 사용해서 사용 단가를 줄이는 방법도 있다. 고객과 영업사원은 이런 식으로 점점 더 가까워져야 한다.

실제로 고객은 일단 제품을 구매하지만 모든 기능을 사용하지는 못한다. 간단한 사례로 스마트폰의 기능을 전부 사용하는 경우는 극히 드물 것이다. 일 년 이상을 가지고 있는 스마트폰이라도 다른 사람이 사용하는 것을 보고서야 이런 기능도 있었나 하는 것들이 좀 많은가. 다른 제품들도 그렇다. 매일 타고 다니는 자동차만 봐도 그렇지 않은가. 예를 들어, 오토 홀더Auto Holder라는 게 있다. 브레이크 페달에서 발을 떼어도 차량이 스스로 브레이크를 밟고 있는 기능이다. 내리막길, 오르막길, 평지의 신호대기 중일 때 이 기능을 이용할 수 있다. 잠시 정차되어 있던 차는 액셀레이터(가속페달)를 다시 밟으면 오토 홀더 기능이 해제되어 출발할 수 있다. 그런데 이런 기능이 있는지조차 모르는 사람이 무척 많다. 자동차 회사에서는 편리한 기능이라고 개발했지만 소비자들은 사용을 못한다. 자동차 회사와 고객, 모두 손해이다.

기존 고객을 유지하는 것은 신규 고객을 개척하는 것에 비할 때 현저히 적은 비용으로도 가능하다. 기업들은 기존 고객을 유지하는 데 많은 비용을 들인다. 영업사원도 그들을 함부로 여겨서는 안 된다. 기존 고객에게 최선을 다하라. 그러면 기존의 고객은 나를 위해 더 많은 것을 베풀 것이다.

QUICK TIP

▶잡은 고기에 최선을 다하라
▶나를 위해서 일해주는 고객이 생기는 비결
▶고객과 관계를 지속하라

일단 거절을 당연한 것으로 받아들이자. 형태에 따라서는 다르지만
10번에서 9번은 거절당하는 것이 영업이다. 거절에 대해서 너무 예민하게 생각하는 것보다는
당연하게 받아들이는 것이 좋다. 영업을 시작할 때부터 이미 거절은 준비된 과정 중 하나였으니
편안하게 받아들이자는 것이다. 의사가 환자의 아픔을 매일 보는 것이나, 법조인이 매일
복잡한 범죄를 다루는 것처럼 영업을 하는 사람들도 거절을 당연하게 받아들여야 한다.

12가지
Q & A로 배우는
영업 실행의
기술

고객 앞에서 입이 떨어지지 않아요. 어떻게 대화를 이어갈 수 있을까요?

A ▶ 영업을 잘 하려면 고객에게 정확한 메시지를 전달해야 한다. 그런데 고객 앞에서 입이 떨어지지 않는다면 당황할 수밖에 없다. 말이 입에서만 맴도는 벙어리 영업사원이라면 영업에서는 치명적이다. 사실 나도 그런 경험을 많이 해보았다. 고객하고 어렵게 약속을 잡아서 만났는데, 무슨 말을 해야 할지 몰라 어색하기만 했다. 인사를 하자마자 무작정 제품 설명을 해댈 수는 없지 않은가. 말이 나오지 않으면 1분이 하루 같을 수도 있다.

고객을 만나기 전에 미리 준비해야 한다. 그냥 술술 나오는 멘트는 없다. 이야기를 꺼내기에 어떤 소재들이 좋을까. 고객의 성향이나 취미를 미리 알아보는 것도 괜찮은 방법이다. 하지만 이런 것도 바쁜 시대에는 힘들다. 뜬금없다고 생각하는 고객도 있을 것이다. 지금 막 안면을 튼 사이인데, 초면에 인사하자마자 취미활동으로 무얼 하세요? 어떤 운동 좋아하세요? 골프 하세요? 어떤 음식을 좋아하세요? 이런 질문을 할 수는 없지 않은가.

고객 회사에서 미팅을 하기로 했다면 약속시간보다 미리 도착하기 바란다. 근처에 도착했으면 회사 주변에 특징적인 것들이 있는지 살펴보라. 장소에 대한 이야기로 대화를 시작하면 좀 더 부드럽다. 예를 들어, 고객이 근무하는 회사가 새로운 랜드 마크 빌딩이라면 건물 이야기나 건물이 들어선 위치에 관련된 이야기로 시작하면 안성맞춤이다. 고객의 입장에서는 아주 부담 없는 주제인 데다가 여기에 영업사원의 경험을 좀 더 첨가할 수 있다면 좋은 이야깃거리가 된다. 혹시라도 그 주변에 있는 중·고등학교들나왔다면 이야기가 쉬워진다. 아니면 주변의 명소와 연결 지을 수도 있고, 주변에 유명한 음식점이 있어서 자주 들른다는 것도 좋은 소재이다. 유명한 음식점이라면 고객도 분명히 알고 있을 테니까 어떻게든 다음 이야기로 자연스럽게 연결될 수 있다. 일단 말의 물꼬가 터지면 그다음은 출퇴근에 관한 이야기, 그다음은 사는 곳에 관한 이야기 등 화제가 계속 이어질 수 있다. 장소와 관련된 이야기는 어색한 분위기를 편안하게 유지하면서도 화제를 자연스럽게 다른 방향으로 유도할 수 있는 가장 안전한 도구이다.

고객이 근무하는 회사에 대한 정보를 미리 확인해두면 좋다. 뉴스 검색을 통해서 회사 관련 정보를 찾아보고, 최근 신제품을 발표했다면 제품에 관해서 물어보는 것이다. 아마 본인의 회사에 관련된 일이기 때문에 고객은 편안하면도 자세히 대답해 줄 것이다. 물론 고객의 회사와 관련된 기본적인 정보들은 상식적인 선에서 숙지해 둘 필요가 있다.

혹시 말이 끊어지더라도 억지로 이으려 할 필요는 없다. 안절부절못한 채 괜히 불필요한 말을 꺼내서 분위기가 더 나쁜 쪽으로 흐를 수 있다. 잠시 말이 끊어지더라도 서두르지 않고 기다리다 보면 자연스럽게 상대방이 말을 시작할 것이다. 힘들지만 침묵을 두려워하지 말아야 한다. 대화가 매끄럽게 흐르지 않는다고 어떻게든 말을 꺼내려는 강박에서 벗어나자. 무리하다 보면 부적절하거나 썰렁한 주제로 흐르기 십상이다. 일단 대화가 시작되면 추임새만 잘 넣어도 분위기는 좋은 방향으로 흘러간다. 고개를 끄덕이면서 상대에게 긍정적인 반응을 보이는 것이다. 이때는 짧은 질문만 던져도 이야기가 흐르게 되어있다. 고객이 어떤 주제에 흥미를 느끼고 몰입한다면 이제 이야기는 부드럽게 흘러간다. 적절히 맞장구를 치면서 경청하면 되는 것이다. 고객이 아주 흥미롭게 이야기하는 부분에서는 고객이 말한 내용을 반복해서 말하는 것이다. 그러면, 고객은 이야기를 잘 듣고 있다는 신호로 받아들인다. 단순히 반복만 하는 것이 아니라 약간의 의견을 더하게 되면 이야기는 더욱 무르익어 분위기는 발전된다.

대화는 기술이다. 항상 생각하고 연습하면 익숙해진다. 습관이 되는 것이다. 습관이 되면 맞춘 옷처럼 편해진다.

Q2▶

사람의 눈을 보는 것이 힘들어요. 진실되지 못한 사람이라고 오해받는 것 같아요.

A▶ 원래 한국 사람들은 눈을 쳐다보는데 익숙하지 않다. 더구나 내성적인 사람들에게 눈을 정면에서 바라보며 이야기하라는 주문은 무리한 요구이다. 그런데 사람의 눈을 쳐다보지 않으면 진실하지 않는 사람으로 오해받을 수 있다. 특히 외국에서는 확실하게 오해를 받는다. 실제 외국 사람들은 그렇게 생각한다.

미국에서 열리는 회의에 처음 참석했을 때 기억이 생생하다. 모든 사람들이 눈을 빤히 쳐다보면서 이야기를 하는 것이었다. 불편해서 정말 혼났었다. 심지어 눈동자의 홍채 주름이 다 보일 지경이었으니, 그때는 정말 당황했었다. 당시에는 솔직히 불편하다는 사실 때문에 눈을 맞춘다는 것이 어떤 의미인지는 잘 몰랐다. 나

중에서야 눈을 쳐다보고 말하지 못하는 사람은 뭔가를 감추고 있거나 진솔하지 못한 사람으로 간주된다는 것을 알게 되었다.

사람의 눈은 많은 것을 이야기한다. 눈은 소리를 내지 않고도 많은 의미를 전달한다. 눈으로 마음 전체를 전달할 수는 없더라도 최소한 상대와 눈을 맞추지 못해서 생기는 오해는 받지 말아야 한다. 일단 상대방의 눈을 쳐다보자. 마치 불에 덴 것처럼 얼굴이 화끈거리고 온몸이 안절부절못하더라도. 부담스러워할 건 없다. 말은 안 해도 대부분 사람들이 비슷하다.

간단한 처방전이 있다. 일단은 눈을 짧게 쳐다보는 습관을 들인다. 오래는 절대 못 보더라도 일단 눈을 보고 시작한다. 1~2초간 집중적으로 보고 불편해지면 눈을 약간 내린다. 그러면 상대방의 코를 보게 된다. 넥타이 매듭까지 내려와도 상관이 없다. 상대방에게 눈을 피한다는 생각이 들지는 않을 것이다. 조금 편안해지면 다시 눈을 보고 있다가, 불편해지면 다시 눈을 내리면 된다. 약간의 얼굴 표정만 잘 이용하면 상대방에게 아주 편안한 인상을 줄 수 있다.

이 방법이 좀 편해지면 이제 한발 더 나아간다. 대화의 리듬에 맞추어 단락이나 주제가 바뀔 때마다 눈을 잠깐씩 마주치면 된다. 그러면 상대방에게 주의도 환기하면서 대화에 더 몰입시킬 수 있다. 단순히 눈을 맞추는 것을 넘어서 대화의 기술이 발전하는 것이다.

이런 방법이 전혀 통하지 않는 중증이라면 또 다른 물리적인 방법을 사용하는 수밖에 없다. 아예 상대방이랑 45도 각도 정도를 유지하면서 이야기를 한다. 고객과 상담을 해야 할 때 맞은편이 아니라 아예 90도 각도의 방향으로 앉는 것이 좋다. 이런 사선 각도로 앉으면 정면으로 눈을 보지 않아도 된다. 그렇지만 상대방에게 자연스럽게 보이도록 익숙해질 때까지 평소에 연습해야 한다.

가급적이면 물건을 놓고 이야기하거나 메모지에 무언가를 쓰면서 이야기를 하는 것도 좋은 방법 중 하나이다. 이렇게 하면 눈을 마주치지 않더라도 상대방하고 자연스러운 논의를 할 수 있다. 조금만 익숙해지면 이런 것들은 아주 편안하고 자연스러운 행동이 된다.

상대방의
이름과 얼굴을
잘 기억하지 못하겠어요.

A ▶ 유독 사람의 얼굴과 이름을
잘 기억하지 못하는 사람이 있다. 나도 그런 사람 중의 하나이다.
몇 번을 만났는데도 시간이 조금만 지나면 얼굴하고 이름이 따로
기억되어 실수하는 경우가 종종 있었다. 참 난감한 일이었다. 반
갑다는 인사를 한다는 것이 '전' 대표님을 '강' 대표님이라고 부
르는 어이없는 실수를 하기도 했다. 그렇게 실수하고도 태연하게
이야기를 나누다가 아차 하는 생각이 들면 다음 이야기는 잘못 부
른 이름 생각에 횡설수설하게 된다.

독일계 회사로 이직을 하고 나서 겪은 일은 좀 더 곤란했다. 회
사 내의 호칭이 없고 직급에 상관없이 모든 직원들이 서로 ○○님
이라고 부르는 것이 회사의 규정이었다. 그런데 ○○님으로 부르

려면 얼굴과 이름을 정확하게 기억해야 했다. 보통의 회사라면 김 대리님, 이 과장님으로 부르면 되는데 정확하게 이름 석 자를 불러야만 대화가 가능했던 것이다. 적지 않은 숫자의 직원들 이름을 얼굴과 함께 어떻게 기억을 해야 한다는 건지. 이름과 얼굴을 잘 기억하는 사람들이 부러울 따름이었다. 주어진 환경이 그랬으니 어쩔 수 없었다. 먼저 전체 직원의 사진이 나온 조직도를 커다랗게 인쇄해서 사무실에 붙여놓고 틈 날 때마다 외우기 시작했다. 그런데 그렇게 쉽게 외워질 것 같으면 원래 고민을 할 필요가 없었다. 영업 직원처럼 사무실에 자주 오지 않는 직원들이나 지방에 근무하는 직원들 이름은 정말 외우기 힘들었다. 혹시나 이름을 잘못 부르면 어떡하나 하는 생각에 항상 조심스러웠다.

꼭 필요한 일이 있으면 방법을 찾아야 한다. 가장 좋은 방법은 첨단 IT 기기를 이용하는 것이다. 일단 만나는 사람마다 명함을 스캔해서 핸드폰에 저장을 해두고 미팅 전에 열어서 이름을 몇 번씩 속으로 불러본다. 그러면 최소한 면전에서 실수하는 일은 없다. 거래처의 처음 만난 직원으로 생각했는데 "지난번 어디에서 뵈었습니다"라고 이야기하면 "아 네 잘 지내시죠?"라고 인사하면서도 머릿속이 하얗게 변한다.

그래서 만난 사람들의 특징을 꼭 한 가지씩만 기억한다. 어떤 모양의 안경을 쓴 사람, 얼굴에 점이 있는 사람, 머리카락이 풍성한 사람 등. 한 가지만 기억하려고 노력하고 핸드폰 명함첩에 기록을 해둔다. 좀 유명해서 인터넷에서 사진을 구할 수 있는 사람은 사진을 명함첩에 같이 저장을 해두면 많은 도움이 된다. 스마트폰이 나를 구해주는 유일한 도구이다. 그리고 시간이 날 때 스마트폰 명함첩을 열어서 순서대로 한 번씩 보면, 기억하는 데에 많은 도움이 된다. 좀 더 여유가 있어서 안부 문자라도 한 번씩 보내면 모두 반갑게 회신을 해준다. 요즈음은 SNS를 통해서 가끔씩 안부를 묻곤 하는데, 상대방의 근황을 기억하고 있으면 오랜만에 만나도 자주 본 듯한 생각이 든다.

약점을 고치기는 힘들어도 찾아보면 충분히 보완할 방법이 있다. 적극적으로 방법을 찾는 것이 최선의 방법이다. 외모에 특징이 있는 사람을 만나면 반갑다. 최소한 잘 기억할 수 있으니 말이다.

거절을 감내하기 힘들어요. 마치 나 자신이 거절당하는 것 같아요.

A ▶ 영업에서 거절 없는 계약은 없다고 했다. 거절을 받는 것은 어쩌면 영업하는 사람의 숙명인지도 모른다. 그렇지만 나 역시 영업을 하던 초기에 고객들에게 차갑게 거절을 당하면 적잖이 당황스럽고 심지어 얼굴이 벌겋게 달아올랐다. 마치 무슨 잘못을 한 것 같기도 하고, 모욕을 당했다는 생각이 들기도 했다. 매일 점잖게 또는 거칠게 고객에게 거절을 당하게 되면 마음이 너무 무거웠다. 내성적인 성격이다 보니 상처가 더 컸던 것 같다. 아주 심한 소리를 듣고 나면, 하루 종일 그 생각이 마음을 짓눌렀다. 영업에 대한 회의가 가장 많이 드는 때였다.

거절에 대한 마음의 준비도 없이 무방비로 많은 거절을 당하다 보면 공포심이 생기거나, 심지어는 상태가 점차 악화될 수도 있다. 혹시 내가 무언가 잘못하고 있는 건 아닌가 하는 극도의 불안감에 시달릴 수도 있다. 최근 언론에서 나왔던 민감증HSP: Highly Sensitive Person으로 악화될 수도 있다. 민감증은 자극에 지나치게 민감한 반응을 하는 것을 말하며, 혹시 실수를 하지 않을까 전전긍긍하는 사람이 이 증세에 속한다. 민감증이 심해지면 수면장애나 우울증으로 이어질 수도 있다고 한다. 심리학계에서는 5명 중에 1명이 겪을 정도로 흔한 기질이라고 한다.

영업을 하면서 거절을 받지 않을 방법은 없을까? 영업을 하는 동안 거절을 피할 수 있는 방법은 없다. 그러면 거절을 관리하는 방법을 익혀야 한다. 특별한 묘약은 없지만 진지하게 생각해보면 관리를 잘할 수는 있을 것이다.

일단 거절을 당연한 것으로 받아들이자. 형태에 따라서는 다르지만 10번에서 9번은 거절당하는 것이 영업이다. 거절에 대해서 너무 예민하게 생각하는 것보다는 당연하게 받아들이는 것이 좋다. 영업을 시작할 때부터 이미 거절은 준비된 과정 중 하나였으니 편안하게 받아들이자는 것이다. 의사가 환자의 아픔을 매일 보는 것이나, 법조인이 매일 복잡한 범죄를 다루는 것처럼 영업을 하는 사람들도 거절을 당연하게 받아들여야 한다.

거절을 받을 때는 누구나 감정적으로 반응하기 쉽다. 감정적으로 반응을 하면 자존감에 심대한 영향을 미친다. 이렇게 생각해야 한다. 거절은 사람이 싫어서 하는 것이 아니다. 고객은 영업사원이 싫어서 거절한 것이 아니라, 제품이나 서비스에 관한 제안이 본인에게 맞지 않아서 한 것일 뿐이다.

거절 자체보다는 거절의 원인에 집중해야 한다. 그래야 거절에 대한 돌파구를 찾을 수 있다. 고객의 입장에서는 습관적으로 거절했을 수도 있고, 특별한 원인이 있어서 그랬을 수도 있다. 모든 사람에게 거절당한 것은 아니지 않은가. 다음에는 꼭 나의 제안을 받아들일 거라는 확신을 갖는 것이 정신 건강에도 좋다.

우선 고객이 거절하는 원인을 확인하는 습관을 들여야 한다. 원인에 집중하지 않으면 해답을 찾을 수 없다. 거절당하는 순간 당황하지 말고 침착하게 원인을 물어보고 확인하는 것이 좋다. 원인을 찾았다면 다른 제안을 만들어 새롭게 실마리를 풀어나가면 된다. 거절을 당하더라도 감정보다는 이성으로 반응하는 것이 실제 영업에 훨씬 도움이 된다. 인간관계에서 모든 사람이 당신을 좋아할 수는 없듯이, 영업을 할 때 모든 고객이 당신의 제품이나 서비스를 구매하는 것이 아니다.

머릿속엔 항상 근심 걱정이 한가득, 부정적인 생각만 듭니다

　　　　　　　　　　A▶내성적인 사람들은 걱정이
많다. 걱정도 팔자라는 이야기도 많이 들을 것이다. 그렇다. 생각
이 많다 보니 걱정이 많고, 장기적인 영업 건이라도 진행할 때는
걱정과 스트레스로 엄청나게 힘들 수 있다. 주변에선 걱정을 안
하면 되는 거 아니냐고들 쉽게 이야기 하지만, 걱정이라는 게 안
하려고 마음먹는다고 간단히 사라지는 게 아니다. 그렇게 쉽다면
애초부터 근심거리도 아닌 것이다. 영업을 하다 보면 생각하지도
않았던 변수들이 나타나서 다 된 밥에 재를 뿌리는 경우도 있게
마련인데, 이런 일들을 자주 겪다 보면 근심과 걱정이 점점 심해
진다.

　　걱정을 없애는 방법은 없다. 훌륭한 처방이 될지는 모르겠으나

몇 가지 방법을 제시해 보겠다. 걱정이라는 놈은 통상 애매모호한 특징이 있다. 분명하게 정의된 것이라기보다는 그럴 것 같은 막연함이라고 할 수 있다. 그렇다면 걱정을 좀 확실하게 규정할 필요가 있다. 문제를 정확히 파악해야지만 답을 제대로 찾을 수 있기 때문이다.

일단 걱정거리가 생기면 무조건 메모를 하자. 정말 도움이 된다. 문자로 기록해두면 떠오른 걱정을 잊지도 않을뿐더러, 그것의 실체를 좀 더 명확하게 볼 수 있다. 덤으로 도움을 받을 수 있는 사람을 찾을지도 모른다.

그리고 걱정되는 일이 있다면 즉시 확인을 해보는 것이 좋다. 우리가 흔히 말하는 걱정거리란 단순한 것들이 대부분이다. 한마디로 시간이 약이어서 조금만 지나면 해결될 일이거나, 실제로 그것이 일어날 확률도 지극히 낮은 편이다. 관계되는 사람에게 물어보면 대부분은 쉽게 해결이 된다.

걱정거리를 하나씩 잘 정리해서 상대방에게 확인해보면 의외의 수확이 될 수도 있다. 통상 영업에서는 '의외의 복병이 나타났다'는 경우가 간혹 있다. 그러나 차근차근 생각해보면 의외라기보다는, 일단 염려는 했지만 심각하지 않게 넘겼던 문제가 막판에 중요 변수로 떠오르는 경우가 십중팔구다. 이런 경우 미리 걱정거리가 될 만한 것들을 잘 단속해두면 막판의 돌발 변수는 나타나지 않을 것이다. 더구나 이렇게 염려될 만한 사항을 확인해서 고객에게 미리 이야기해둔다면 오히려 상당한 신뢰를 얻을 수도 있다.

고객은 약간 번거롭더라도 꼼꼼하게 챙기는 영업사원의 모습에서 큰 실수가 없을 거라는 믿음을 갖는다.

걱정거리가 생겼을 때 소심하게 바라보지만 말고 적극적인 자세로 임하자. 내 손 안으로 끌어들여 직접 해결해가면서 그것을 나의 장점으로 만들 수도 있다. 내가 아는 영업사원 중에는 이런 경우도 있었다. 오랫동안 열심히 영업을 해서 고가의 장비를 계약했다. 그런데 그 장비가 설치될 공간에 장비가 들어가지 않아서 납품을 못했다는 것이다. 정말 황당하고도 엄청난 실수 아닌가. 걱정될 만한 사항들을 조금이라도 확인하며 고객과 상의했더라면 이런 어이없는 일은 발생하지 않았을 것이다. 걱정은 너무 많아도 문제고 너무 없어도 문제다. 그렇지만 숱하게 많은 걱정거리들이 존재하더라도 생각과 태도를 조금만 바꾼다면 꼼꼼하게 일처리 잘하는 사람으로 신뢰받을 수 있다. 즉 자신이 가졌던 근심과 걱정이 도리어 자신의 장점으로 탈바꿈하기도 한다.

걱정 관리를 해주는 핸드폰 애플리케이션이나 메모 앱 같은 것을 사용해보길 권장한다. 알람 기능을 설정해서 기록해두면 최소한 잊어버려서 낭패를 보는 경우도 없을뿐더러 마음의 안정까지 찾을 수 있다.

Q6▶

때로 나만의 동굴이 필요해요, 스트레스 관리를 어떻게 해야 할까요?

A▶영업을 하다가 보면 힘들고 지칠 때가 있다. 영업사원이 무슨 로봇도 아니지 않은가. 더구나 일까지 잘 풀리지 않으면 일단 감정적으로 힘들게 된다. 특히 내성적인 사람은 이런 감정적인 상황에 더욱 민감하다. 민감해진 감정은 한번 다운되면 좀처럼 회복되지 않는다. 이런 상태에서는 고객을 만나도 결코 좋은 결과를 가져올 수 없다. 다운된 감정이 나도 모르게 전염되기 때문이다. 고객도 분명히 상대방의 지치고 가라앉은 감정을 느낄 것이다. 사람은 행복한 상태에서 좀 더 결정을 잘 내린다고 한다. 고객에게 행복 바이러스를 전달하지는 못할지언정 그 반대의 상황이라면 무슨 일이든 어떻게 진행할 수 있겠는가.

내성적인 사람은 이런 감정적 영향을 더 예민하게 받는 편이고, 해소하는 방법에 있어서도 외향적인 사람들과 매우 다르다. 외향적인 사람이 활발히 사람을 만나거나 격렬한 운동을 즐기면서 이를 해소하려 한다면, 내성적인 사람은 자기만의 시간을 가지면서 정신적인 에너지를 보충하는 방법을 선택한다. 사실 이게 그들에게 가장 맞는 방법이다.

여러 가지가 있겠지만 혼자서 할 수 있는 걸 만들어야 한다. 일단 혼자서 편안하게 가는 장소를 만드는 것도 좋은 방법이다. 가까운 바닷가의 카페도 좋고, 어디든지 본인이 가장 선호하는 장소를 만들어두면 좋다. 조용히 산책을 하거나 혼자 새벽길을 드라이브하는 것도 좋다. 방법은 얼마든지 있다. 무엇을 하든지 혼자만의 시간이 필요하다.

개인적으로는 오토바이를 즐겨 탄다. 주변 사람들이 깜짝 놀라기도 한다. 외향적으로 보이지 않는데 가장 남성스러운 활동을 하는 것이 왠지 잘 어울리지 않는다고 생각했나 보다. 어쩌면 무리지어 타는 한껏 소란스러운 바이크를 상상했을지도 모른다. 나는 스타일이 조금 다르다. 조용히 혼자서 달리기를 좋아한다. 바이크를 탈 때는 오로지 길만 보고, 모든 생각의 중심을 도로에 집중한다. 이렇게 집중하는 것은 의외로 정신을 맑게 해준다. 휴일의 이른 아침에 라이딩 기어를 차려 입고 조용한 시내를 빠져나와 경춘 국도, 강화도 같은 곳으로 혼자서 길을 떠난다. 주말 아침의 한가로운 도로 위에서 나는 도로와 하나가 되어 흘러간다. 길을 가다 마음에 드는 카페가 보이면 여유롭게 차 한 잔을 마신다. 이렇게 마음이 끌리는 곳으로 바람을 따라 시원하게 달리고 나면 정말 개운해진다. 비록 번잡한 도시로 다시 돌아오지만 마치 깨끗이 목욕을 마치고 돌아온 듯하다. 배터리를 충전해서 새로운 에너지를 품고 돌아왔으므로 복잡한 도심도 더 이상 거북하지 않다. 이제는 머리를 비우고 몰입하는 것이 중요하다.

아마 외향적인 사람은 절대 이해하지 못하겠지만, 내성적인 사람에게는 혼자만의 시간이 절대적으로 필요하다. 그것이 그들에게 에너지를 보충해주기 때문이다. 외향적인 사람은 사람들과 어울리는 활동을 통해서 에너지를 보충하기 때문에 이렇게 혼자 있으면 오히려 스트레스를 받거나 우울증에 시달릴지도 모른다. 어쩌면 에너지 소모가 많아질 것이다. 그러나 내성적인 사람은 혼자로 돌아가야 한다. 사냥을 마친 남자들은 혼자만의 동굴로 들어간다. 특히 내성적인 남자는 성격상 동굴이 필요하다.

슬럼프가 왔어요,
용기를 다시 찾을 수 있는
방법이 필요해요

　　　　　　　　A▶누구나 살다 보면 슬럼프가 찾아온다. 특히 대외적으로 영업활동을 하는 사람들은 스트레스를 많이 받기 때문에 슬럼프에 빠지는 일이 많다. 슬럼프Slump란 보통 운동경기에서 많이 사용하는 용어로 '자기 실력을 제대로 발휘하지 못하고 저조한 상태가 길게 계속되는 상태'를 말한다. 부진이나 침체로 어려움을 겪는 상태이다.

　슬럼프를 어떻게 극복해야 할까. 사람마다 다른 대안을 가지고 있다. 영업 직원은 슬럼프가 왔다고 해서 무작정 쉴 수도 없고 훌쩍 여행을 떠날 수도 없다. 현실적이지 못하다. 오히려 해가 될 때도 있다.

　갑자기 자신감이 사라질 때, 항상 비슷한 일정이 반복된다고 느껴질 때, 고객들에게 뜻하지 않는 비난을 받는다거나 했을 때 영업직원들은 슬럼프에 빠지곤 한다. 이럴 때는 나에게 용기를 북돋워주는 사람이 필요하다. 그러나 친구들과 만나 소주잔을 기울이며 힘내라는 몇 마디 위로의 말을 듣는다고 해결되지도 않는다. 그럴 것 같으면 아예 슬럼프가 오지도 않았을 것이다.

답을 고객에게서 찾으면 어떨까. 영업을 하는 동안 나에게 가장 호의적이었던 고객과 가장 어려웠던 계약 건을 떠올려보자. 분명히 떠오르는 고객이 있을 것이다. 고객 리스트에서 가장 친절했던 고객과 가장 어려웠던 고객을 분류한 다음 그분들을 다시 만나보길 권하고 싶다. 오래전에 만났던 고객일수록 좋다. 과거를 회상하게 만들고 초심으로 돌아갈 수 있게 만들 것이다. 영업의 초기 시절에는 미숙함으로 많은 어려움을 겪었다. 아마 옛날 생각에 미소를 지을 수도 있을 것이다. 본인 스스로 얼마나 성장했는지 느낄 수도 있다.

더불어 이런 방문은 부수적인 효과도 있다. 고객의 입장에서는 오랜만에 영업사원이 찾아와서 반갑다. 누구나 그렇듯, 영업을 하러 온 것이 아니라 그냥 인사를 하러 왔다는 사실을 알고는 기분이 더 흐뭇해진다. 반갑고 흐뭇한 마음은 오랜만에 찾아온 사람에게 무언가 도움을 주고 싶다는 마음으로 바뀌기 시작한다. 누구를 소개해줄 수 없을까 하다가 갑자기 떠오른 잠재고객을 연결해준다. 오랜만에 기존 고객을 방문해서 인사도 했고, AS도 해주었고, 더불어 소개도 받았다. 슬럼프 치료제로는 아주 효과적이지 않은가.

물론 당장의 실적 때문에 쫓기는 형편이라면 이런 여유를 부리기 힘들 수 있다. 하지만 깊은 슬럼프에 빠져 있을 때는 어차피 실적도 나오지 않는다. 지금보다 더 깊은 슬럼프로 빠져들기 전에 옛날 고객을 만나보자. 분명 어떤 방식으로든 새로운 것을 얻을 것이다.

일보다 접대와 회식이 제일 힘드네요. 고객에게 어디까지 맞춰야 하는 걸까요?

A▶ 내성적인 사람은 많은 사람들과 어울리는 것을 힘들어한다. 소란스러운 자리에서의 모임은 특히 힘들다. 좀 시끄러운 고깃집 같은 데서 이야기를 하다 보면 마치 시장판에서 물건을 흥정하듯이 소리를 질러야 하고, 상대도 못 들었다고 목소리를 높여 되묻는 경우가 허다하다. 말하기 좋아하는 사람이 여기에 몇 명이라도 끼어 있으면 서로 말을 하려고 말을 가로채는 일도 벌어진다. 이런 모임을 한번 참석하고 나면 에너지가 방전되어 탈진한다. 여러 사람이 같이 하는 저녁 접대 자리에라도 참석하면, 고객에게 신경도 써야 하고 소란스러운 대화에 정신이 완전히 나가버린다. 그렇다고 영업을 하면서 고객에게 식사나 접대를 안 할 수도 없고 난감하다. 엄청난 스트레스가 된다.

이런 자리에서는 술 잘 마시고 이야기 잘하는 사람들이 좋은 평가를 받는다. 오죽했으면 술 잘 마시고 잘 노는 사람들이 영업직 인터뷰를 할 때 최고로 평가되기도 했으니 말이다. 사실 이런 것은 타고난 성격이고 품성이다. 원하지 않는 일을 억지로 잘 하려고 노력해도 결코 남보다 뛰어날 수가 없다. 그저 다른 사람들을 따라가는 정도로 더 이상은 무리다. 그렇다면 스타일에 맞는 방법을 생각해 봐야 한다.

나 역시 시끄러운 자리를 정말 싫어한다. 심지어 쇼핑도 백화점 개점시간에 가서 점심시간 전에 나오려고 하고, 심야시간 아니면 대형마트 같은 데는 가지도 않는다. 오랜만에 모임이 있어도 사람들이 세 명 이상만 모이면 불편하다. 저녁 식사를 마치고 누군가 바람을 잡아서 노래방에라도 가는 날이면 완전히 초주검이 된다.

문득 모든 사람이 떠들썩한 저녁 자리를 좋아하지는 않는다는 생각이 들었다. 물론 고객도 예외가 아니다. 그래서 일단 사교적인 저녁 자리든지 접대 자리든지 절대 2명 이상을 초대하지 않는다. 깊은 대화가 필요하면 1대 1의 2명이 좋고, 좀 편한 자리라 하더라도 3명 정도가 적당했다. 3명 정도면 서로가 하고 싶은 말을 충분히 할 수가 있다. 인원도 중요하지만 장소를 고르는 데 많은 노력을 기울여야 한다. 장소 자체가 화제가 되면 좋다. 드물긴 하지만 아주 긴 역사를 가진 특색 있는 음식점도 있다. 예를 든다면 오래된 궁중음식점은 음식에 대한 풍부한 스토리를 담고 있다. 와인을 좋아한다면 와인과 어울리는 좋은 음식점을 충분히 찾을 수 있다. 식사 후 못다 한 이야기로 바로 헤어지기 힘들다면 가볍게 한잔 마실 수 있는 스카이라운지 등으로 자리를 옮기면 좀 더 충실한 대화를 나눌 수 있다.

중요한 점은 고객 명단을 관리하듯이 접대할 장소를 나의 취향에 맞게 준비해두고 있다가 고객의 성향에 맞추어야 한다. 약속을 잡을 때 고객에게 주도권을 주지 말고 어떤 종류의 장소와 음식에 관한 취향을 가졌는지 확인한 후, 그에 알맞은 장소 두세 군데를 먼저 제안하는 것이 좋다. 고객에게 선택을 맡겨두면 영업사원 입장에서는 전혀 모르는 장소를 가야 하는 부담이 있고, 생각하지 못했던 당황스러운 상황에 부딪힐 수 있다. 고객에게도 가치가 있을 만큼 충분한 이야깃거리와 명분이 있는 장소를 먼저 제안한다면 고객도 흔쾌히 용납할 것이다. 우물쭈물하다 떠밀려서 가게 되면 엉뚱한 장소에서 오히려 위험만 가중시키는 상황이 될 수 있다.

아울러 가능하면 전문가 소리를 들을 수 있는 음식 방면을 개발해두는 것이 좋다. 풍부한 이야기를 나눌 수 있을 만큼 깊은 내력이 있는 공간이라면 초대받는 사람도 당연히 좋아할 것이다. 본인이 좋아하는 한 술도 와인, 위스키 등 종류에 대해서 일반인 이상의 지식을 가지고 있다면 상당히 좋은 대화 재료가 된다.

전통술에 관심이 많아서 직접 빚은 전통 청주를 고객에게 접대한 적이 있었다. 그때 반응은 가히 폭발적이었다고 할 만하다. 술맛 자체보다는 오랜 기간 정성을 들여 직접 빚은 술을 준비했다는 사실과 더불어 그 술에 대한 풍부한 이야기는 서로를 가깝게 하기에 충분했다고 자평한다.

　나만의 장소와 나만의 분위기를 찾는다면 스트레스를 받지 않고 충분히 즐기면서도 접대와 회식자리를 마련할 수 있다. 내가 스트레스를 받는 자리에서는 절대로 고객을 행복하게 해 줄 수 없다. 나에게 기쁨이 되는 것을 나눈다면 분명 고객에게 좋은 느낌을 전달할 것이다.

고객에게 나를 특별하게 기억하게 하는 방법은 무엇일까요?

A▶사람들은 잘 잊어버린다. 특히 스쳐 가는 정보는 너무 쉽게 잊는다. 어떤 잠재 고객을 만났다. 그 고객이 얼마나 오랫동안 당신을 기억할 수 있을까? 다음에 방문하거나 모임에서 만났는데 혹시 누구신지라고 되묻는다면 당황스러울 것이다. 아니 서글플지도 모른다.

어떻게 하면 고객이 나를 잘 기억할 수 있을까? 확실한 어떤 것을 남겨야 고객 머릿속 기억장치에 저장될 것이다. 나를 상징할만한 뚜렷한 것이 있어야 한다. 책의 앞부분에서 말한 브랜드를 기준으로 해서 뭔가 상징성 있는 물건이 있어야 하고, 아울러 그에 관련된 스토리가 탑재되어야 한다.

우리 회사에는 빨간 보우타이(나비넥타이)를 매고 다니는 영업사원이 한 명 있다. 처음 보았을 때는 참 신기했다. 그래서 왜 빨간 보우타이를 하고 다니는지 물었더니 대답이 너무 간단했다. 워낙 평범한 스타일이라서 고객이 절대 자기를 기억해주지 않기 때문이라는 것이다. 고객들은 잘 기억해준다고 한다. 물론 어떤 스토리를 덧붙여서 다니는지 모르겠지만 아이디어는 칭찬할만하다. 자기만의 컬러를 가지는 것은 꼭 물건이 아니라도 된다. 특히 요즘처럼 다양성을 강조하는 시대에는 독특한 취미를 가지는 것도 그 사람을 기억하는 데 많은 도움이 된다. 예를 들어, 봉춤(폴댄스)을 한다고 해보자. 영업사원이 이런 취미를 가지고 있다면 확실히 기억에 남을 것이다. 그런데 이런 취미가 일과 관련된 스토리 메이킹까지 된다면 더욱 효과적일 것이다. 전문가 수준의 봉춤(폴댄스) 실력을 갖추고 있으면서 건강한 스타일이라면 건강 관련 제품이나 다이어트 관련 물품, 서비스 영역에서 일하면 확실하게 기억시킬 수 있다.

　뭐든지 어렵게 생각하면 어렵다. 나이트클럽에 박찬호, 박세리 등 유명인의 이름이 웨이터의 이름으로 둔갑하는 것을 보면 이들 역시 고객에게 기억되지 않으면 끝이라는 생각을 하고 있기 때문이다. 정말 탁월한 발상의 이름도 많다. 이런 것들을 고려하면서 본인을 기억시키면 의외로 고객들의 기억에 오래 남는다. 오랜만에 보더라도 최소한 그 기억을 바탕으로 다시 이야기를 시작할 수도 있다. 꼭 우스꽝스럽지 않아도 된다. 그냥 자신을 가장 잘 나타낼 수 있는 독특함이 사람들에게 좋은 기억으로 남는 것이다.

지금 현장에서 영업을 한다면 정말 멋진 스포츠카를 하나 사고
싶다. 내가 좋아하는 것이기도 하지만 아마 고객들의 기억에도 확
실히 남을 것이다. 눈에 띄는 컬러의 스포츠카라면 더 좋을 것 같
다. 예전에 화진화장품이라는 회사의 임원들은 빨간색 그랜져를
타고 다녀서 화제가 된 적이 있었다. 물론 영업사원이 비싼 차를
몰고 다니면 정신없는 놈이라고 욕하는 사람도 있을 것이다. 그러
나 이 세상 어떤 것도 모든 사람을 만족시킬 수는 없다. 결국 선택
이다.

지금도 간혹 볼 수 있는데 특별한 명함을 만드는 것도 방법이다.
자기 회사 제품이나 상징물 같은 것이 들어가는 명함이라면 명함
자체가 이야깃거리가 된다. 아주 오래된 이야기지만 컬러 사진 명
함이 귀하던 시절 코닥 직원들의 사진 인화지에 선명한 사진이 들
어간 명함은 참 신선했다. 그 당시엔 상당히 차별화된 발상이었
다. 어떻게 하면 나의 명함을 버리지 않게 할 수 있을까. 특별한 고
객이나 기념해야 될 순간이 있다면 순금 명함을 만들어 보는 것도
좋은 방법이다. 정말 얇은 금으로 명함을 만들 수 있다. 시중에 판
매도 많이 한다. 최소한 실제 금으로 된 명함이 바로 쓰레기통이
나 서랍 구석으로 직행하는 경우는 드물 것이다. 물론 일반 종이
명함보다는 월등히 비싸지만 결국 얼마간 투자를 해야 하는 일이
고, 투자해서 얼마를 얻는가가 더 중요한 것 아닌가. 나는 고객의
기억 속에 어떻게 남아 있는가. 항상 고민해야 한다.

고객 앞에만 서면 행동이 불편해요, 여유 있는 몸짓을 하려면 어떻게 해야 할까요?

A▶ 인간의 몸짓(바디랭귀지)이 이미지를 결정한다. 비즈니스에서도 영업사원의 바디랭귀지는 첫인상을 결정하는 주요한 요인이다. 내성적인 사람들은 처음 만나는 사람 앞에서는 쑥스러워서 그런지 어찌할 바를 모른다. 사실은 고객도 마찬가지이다. 어색한 분위기가 지속되면 서로가 당황스럽다. 더구나 어색한 몸짓이 계속되면 상대에게 상당히 좋지 않은 인상을 준다. 불안한 상태에 있을 때 자신이 어떤 행동을 하는지를 미리 알고 대비하는 것이 좋다.

사람을 만나면 먼저 인사를 하고 악수를 한다. 악수를 할 때 지나치게 어색해하거나 조심성이 지나쳐 소극적이면 상대방은 오해를 한다. 하는 둥 마는 둥 너무 소심하게 손을 내미는 것도 상대방을 불쾌하게 할 수 있다. 악수는 상대방과 허용되는 유일한 신체접촉이다. 악수를 할 때 한국 사람들은 손을 너무 느슨하게 잡는 경향이 있는데, 이것도 명백한 결례이다. 외국인들은 손을 가볍게 잡아서 힘을 주고 난 뒤에 적절한 타이밍에 힘을 풀고 손을 놓는다. 꽤나 자연스럽다. 여기서 포인트는 손을 잡을 때 생각보다 힘을 더 주는 것이다. 손에 힘을 주면 신뢰감을 준다. 그러나 최근 이슈가 된 미국 대통령 트럼프처럼 상대방이 아플 정도로 힘을 주는 것도 예의에서 벗어난 것이다. 악수는 기싸움을 하려는게 아니라 상대에게 반갑다는 신호를 보내는 것이다. 악수의 기원은 상대에게 어떤 무기도 가지지 않았음을 보여주는 몸짓이었으며 상대방을 공격하지 않겠다는 표시였다. 악수는 신뢰감과 유대감을 표시하는 행위이다. 그러므로 당연히 악수를 할 때는 눈을 맞추어야 한다. 사람은 습관의 동물이다. 아무리 해도 어색하다면 배우자나 자녀와 함께 매일 악수하는 연습을 권해본다. 훈련도 되고 가족 간의 스킨십도 늘어나니 일석이조이다.

소심한 사람들이 저지르는 또 다른 실수 중 하나가 불안한 마음에 시계를 자주 보거나 핸드폰을 만지작거리는 것이다. 상대방에게는 이것이 다른 용무가 있다는 표현으로 보일 수 있다. 불안한 마음에 별 의미 없이 하는 행동이 상대방에게 잘못된 의미로 전달된다면 억울하다. 양손을 비빈다거나, 양손으로 턱을 괸다거나, 콧잔등을 만지작거리는 것은 상당히 부정적인 메시지로 보일 수 있다. 손을 어디에다 두어야 할지 몰라 쩔쩔매는 경우라면 간단한 소품을 활용하기 바란다. 좋은 펜을 마련해서 손에 쥐고 있으면, 고객 입장에서는 메모를 하려는 의도로 생각하거나, 경청하려는 태도로 느낀다. 이처럼 적절한 소품을 활용하는 것은 분명 도움이 된다. 그러나 과유불급이라고 했다. 과도하게 만지작거리면 이 또한 고객의 눈에 거슬릴 수 있으니 주의해야 한다.

마지막으로 습관적으로 다리를 떠는 사람들이 있다. 병적으로 다리를 떠는 사람을 하지 불안 증후군Restless Leg Syndrome이라고 한다. 그러나 일반적으로도 많은 사람들이 긴장을 하게 되면 스트레스를 완화하기 위해 무의식적으로 다리를 떤다. 다리떨기는 본인에게는 긴장감을 완화시켜주지만 상대방에게는 긴장감을 더해준다. 통계에 따르면 취업 면접 시 다리떨기는 부정적인 이미지를 주는 나쁜 몸짓 중에서 3위라는 설문조사가 있다. 무의식 중 행동이기 때문에 정작 본인도 잘 모르고, 그렇다고 꼭 집어서 말해주는 사람도 없다. 혹시 이런 버릇이 있는 것을 안다면 영업 면담을 할 때 손을 무릎 위에 두고 스스로 확인해보도록 하자.

따지고 보면, 좋지 않은 많은 버릇은 긴장감에서 나온다. 긴장을 하면 자신도 모르는 사이에 호흡이 빨라지고, 호흡이 빨라지면 모든 신체기관들이 예민해져서 과도한 반응을 하는 것이다. 호흡을 정상적으로 되돌리기 위해서 복식호흡을 하면 도움이 된다. 숨을 깊게 천천히 들이마시고 내뱉는 긴 호흡을 4-5회 하는 것만으로도 많은 도움이 된다.

고객 접대 시 특별한 식사 예절이 있을까요?

A▶ 고객과의 식사는 중요한 영업활동 중의 하나이다. 우리는 "언제 식사 한번 하시지요?"라고 쉽게 이야기하지만, 같이 하는 밥 한 번이 영업에서 결정적인 기회가 될 수 있다. 흔한 밥 한 번을 특별한 '밥 한 끼'로 만들어야 한다. 그렇지만 이 좋은 기회에 실수를 하는 경우가 많다.

우선 식사를 할 때는 분명한 목적이 있어야 한다. 그냥 지나는 '밥 한 끼'가 되면 안 된다. 영업사원의 시간도 중요하지만 고객의 시간도 중요하다. 서로가 중요한 시간을 나누고 있는 것이다. 그렇다면 식사 시간을 통해서 반드시 이루고자 하는 것이 있어야 한다. 고객과의 식사는 단순히 밥 먹으러 온 것 이상의 의미가 있다. 맛있는 음식을 즐기는 것은 나중에 해도 된다. 무엇을 말하고자

하는지 무슨 대답을 원하는지 항상 염두에 두고 있어야 한다.

그러므로 음식을 고를 때는 식사 중 충분히 대화를 나눌 수 있는 메뉴를 선택하도록 한다. 먹기에 난해한 음식을 주문하는 것은 곤란한 상황을 만든다. 만일 고객과 감자탕을 먹는다고 해보자. 서로 뼈를 발라 먹느라 정신이 없을 것이다. 면 종류도 마찬가지이다. 라면이나 국수를 아주 편안하고 우아하게 먹기는 정말 힘들다. 서로 대화할 수 있는 메뉴를 고르도록 한다.

고객 중에서는 영업사원의 식사 매너를 보고 그 사람의 됨됨이를 파악하는 경우도 있다. 식사 시간을 함부로 생각해서는 안 되는 이유이다. 음식을 허겁지겁 먹는 습관을 가진 사람이 있는데, 음식을 한 입 가득 물고 우걱우걱 씹어댄다면 좋은 이미지를 줄 수 없다. 더구나 입에 음식을 한 가득 문 채 말을 한다면 최악이다. 음식을 소리 내어 씹는 것도 피해야 한다. 요즘 만들어지는 음식 프로그램들에서는 맛있게 보이도록 하려고 먹는 장면에서 과도한 소리와 동작을 연출하기도 한다. 아무런 여과도 없이 따라서 행동하는 사람이 있는데 비즈니스에 있어서는 조심해야 한다. 특히 외국인들은 이런 모습을 상당히 매너 없는 행위로 여긴다. 언젠가부터 면을 먹을 때 소리를 내면서 먹는 사람들이 늘어났다. 일본에서는 그렇게 먹었지만 한국에서는 절대 면이라도 그렇게 먹지 않았다. 더구나 외국에서 그렇게 소리 내서 면을 먹었다간 정말 매너 없는 행동으로 낙인찍힐 것이다.

휴대폰을 테이블에 올려놓고 문자가 올 때마다 소리가 나게 한다면 식사에 방해가 되는 것은 당연하다. 식사를 하는데, '카톡' 이라는 소리가 수십 번씩 울려대는 것을 듣고 불쾌한 정도를 넘어 어이가 없었던 적도 있었다. 잠시 꺼두는 것이 한 방법이지만, 최소한 진동으로 해서 주머니 속에 넣어두도록 하자. 식사도 영업이라고 했다. 지금 함께 있는 사람이 이 세상에서 가장 중요한 사람이다.

마지막으로 식사하는 속도를 조절해야 한다. 사람마다 식사하는 속도가 다르다. 급하게 먹는 사람과 천천히 먹는 사람이 식사를 마치는 데 걸리는 시간에는 꽤 많은 차이가 있다. 먼저 식사를 마친 사람이 다른 사람이 먹는 모습을 쳐다보는 것은 누구라도 참 민망스럽다. 먹는 사람도 부담스러워 제대로 식사를 못한다. 속도 조절이 필요하다. 일반적으로 빠르게 식사하는 사람보다는 천천히 식사하는 사람들에게 더 신뢰를 느낀다고 한다. 혹시 고객이 빨리 먹는 타입이라면 적절한 시점에 식사를 같이 멈추는 것이 좋다.

같이 식사를 하는 것은 영업에 있어서 정말 좋은 기회이다. 고객의 사무실을 방문하는 것은 고객의 홈그라운드로 가는 것이다. 상대적으로 위축될 수밖에 없다. 그러나 식사를 하기 위한 장소에서는 대등한 입장이 된다. 누구의 영역도 아닌 곳에서 음식이라는 매개를 사이에 두고 대화를 나눈다. 영업사원에게는 흔치 않은 기회이다. 이런 기회를 제대로 이용할 줄 아는 지혜가 필요하다.

SNS를 효과적으로 잘 활용하고 싶어요.

A▶SNS가 생활의 일부가 되었다. 물론 영업에 있어서도 SNS를 활용하는 사례가 늘고 있다. SNS 홍보를 위해서 교육을 받으러 다니기도 한다. SNS를 잘 이용하면 영업에 엄청난 효과가 있다는 건 사실이다. 그러나 양날의 검처럼 잘못 사용하면 독이 될 수도 있다는 것을 명심해야 한다.

SNS도 사람끼리 소통하는 것과 다르지 않다. 진심이 아닌 SNS는 시간 낭비이고, 신뢰만 떨어뜨린다. SNS를 활용해서 효과를 얻으려면 염두에 두어야 할 몇 가지 주의사항이 있다. 우선 글을 남기는데 신중해야 한다. 말은 잊히기도 하지만, 여기에 올린 글은 두고두고 남는다. 삭제를 할 수 있지만, 이미 캡처되었을 수 있고 공유되었을 수도 있다. 글을 올리기 전 이 글이 오랫동안 남아서 다른 사람들에게 공유되어도 될지 깊이 생각해야 한다. 오래전 올린 글이 문제가 되어 화를 입는 유명인들도 많다는 점을 명심해야한다.

SNS를 효과적으로 활용하려면 주기적인 활동이 필요하다. 사람들은 쉽게 흥미를 갖기도 하지만 쉽게 잊어버린다. 주기적으로 활동을 해야지 하는 마음은 있지만 사실 주기적으로 정보를 올리는 일은 쉽지 않다. 너무 무리한 계획을 세우기보다는 지킬 수 있는 계획이 더 낫다. 매일 어떤 정보를 올리겠다는 욕심은 SNS를 전업으로 하지 않는 한 무리다. 일주일에 한 번 등으로 여유 있게 계획을 세우고 양질의 콘텐츠를 공유하는 것이야말로 훌륭한 방법이다. 고객과의 약속이라고 생각하고 철저히 지켜야 한다. 앞서 이야기한 에펠탑의 효과를 상기하기 바란다. 지속적으로 노출되면 고객도 글쓴이를 친숙하게 느낀다.

쌍방향 소통이 중요하다. 어떤 사람들은 본인의 이야기만 열심히 해댄다. 그러나 SNS의 생명은 소통이다. 나와 관계를 맺고 있는 사람들이 공유하는 내용에도 적극적으로 반응해야 한다. 누구든 자기 이야기에 관심을 기울이면 호감을 느낀다. 내가 하고 싶은 말도 중요하지만, 다른 사람의 이야기에 관심을 기울이는 것이 더 효과적일 수 있다. 요즈음 많이 사용하는 페이스북을 봐도 상황은 같다. 자기 이야기를 열심히 올리고 친구를 늘리는 데 집중하는 사람들이 있는데, 이런 사람들이 또 다른 사람의 이야기에는 관심조차 없다. 이런 사람들에게는 서운한 마음이 들 수밖에 없다. 이래서는 안 한 것만도 못하다. 상대방에 관심을 두는 것은 일상생활에서나 사이버 공간에서나 마찬가지이다. 일방적으로 나의 이야기만 하면 누구도 관심을 받지 못한다.

특히 내성적인 사람들은 SNS를 잘 활용하면 많은 도움을 받을 수 있다. 자주 만나지 않더라도 SNS상에서 서로 소통하는 것이 실제 만났을 때의 서먹함을 줄여줄 수 있다. 멀리 있는 고객과도 심리적으로는 상당히 가까운 거리를 유지할 수 있다. SNS상의 관계도 우리의 실제 관계와 별로 다르지 않다. 내가 하는 만큼 상대도 반응한다. 특히 솔직해야 한다는 것과 타인의 말을 듣는 것이 중요하다는 점에서는 다를 바 없다.

세상엔 두 종류의 사람이 있다

친구들 중에 전문가로 인정받는 변호사, 회계사, 의사들이 있다. 이들은 전문적인 기술을 가진, 소위 잘 나가는 사람들이었다. 그런데 독립하여 개인 사업을 시작하자마자 하나같이 어려움을 호소하기 시작했다. 예전에는 전문적인 서비스만 제공하면 되었는데 자기 비즈니스를 하게 되니 하는 일의 절반 이상이 영업이라는 것이었다. 당연히 처음 해보는 영업에 대한 부담감과 스트레스가 만만치 않을 것이다.

그동안 자기 기술로 남 앞에 아쉬운 소리할 필요 없던 전문직에서 사업체의 대표로 변신했으니, 이제 영업이 회사의 승패를 좌우하는 상황에 직면한 것이다. 그럼에도 이들에게 영업을 배워보라고 권하면 손사래를 친다. 소위 전문가인데 '영업 같은 것'을 배워야 한다는 사실에 자존심이 상해하기도 한다. 자영업은 어떤가. 영업과 그다지 관련이 없이 직장생활을 했었지만 퇴직을 하는 순간 상황이 달라진다. 싫더라도 어쩔 수 없이 영업을 시작해야 한다. 어떤 자영업자도 영업이 8할이다. 아주 작은 규모의 치킨집 하나를 성공시키기 위한 역량도 바로 영업에서 비롯된다.

길게 말할 것도 없다. 그들에게 밥을 가져다주는 것은 바로 영업이다. 영업을 모른다면 결코 성공할 수 없다.

'영업 같은 것'을 배워야 한다

회사에 입사하면 모두 큰 꿈을 갖는다. 임원이 되거나 최고경영자가 되고 싶어 한다. 모든 신입사원들의 공통된 꿈이자 포부라고 할까. 이런 야망을 가진 친구들에게 영업부터 시작하라고 권해보지만, 마케팅, 영업관리, 기획, 재무 등 소위 인기 있는 직종으로 배치되기를 원한다. 그렇지만 모든 것은 때가 있는 법이다. 젊을 때 영업을 배우지 못하면 실전 업무를 제대로 배울 기회를 잃어버린다. 중년의 관리자가 되어서 처음으로 영업 현장에서 활동하려면 난감하다. 현장의 영업 경험도 없이 영업 관리자가 되어도 어렵기는 마찬가지이다. 현장에서 경험을 쌓은 베테랑 영업직원들을 관리하는 일은 결코 만만치가 않다.

당신이 만약 최고가 되기를 꿈꾼다면(전문적인 연구개발, 기술직이 아니라면) 영업으로 시작하라. 이렇게 배운 영업은 두고두고 좋은 자산이 될 것이다. 다시 한번 강조하지만 영업이라는 주춧돌을 세우고 사회생활을 시작하라. 누구든 영업을 배워야 한다. 제대로 배운 영업 전략과 실행력은 당신 인생의 중요한 디딤돌이 될 것이다. 어떤 직종이나 직업을 가지더라도 영업의 기본기는 살아가는 중요한 기술 중 하나이다.

많은 대학 졸업생들이 자의반 타의반 영업이라는 직업으로 사회 발을 내디딜 것이다. 그런데 학교에서는 영업에 대해서 단 한

과목도 가르치지 않는다. 총쏘기도 가르치지 않고 전장에 내보내는 것과 마찬가지이다. '대학이 직업학교냐'라는 반론을 제기할 수도 있지만, 그러면 영어 교육에는 왜 그렇게 많은 시간과 돈을 투자하는가? 과연 졸업하고 배운 영어를 매일 사용하면서 일하는 직업은 몇이나 될까.

지금 이 시간에도 많은 사람들이 현장에서 영업을 하고 있다. 그러나 자신의 직업임에도 불구하고 영업에 대해서 진지하게 고민하는 사람들이 많지 않다. 인생에서 꺼낸 무엇보다 중요한 하루를 아무런 사명감도 없이 소비하고 있다고 생각하면 쓸쓸하기 그지없다. 자신이 하고 있는 일의 본질적인 가치를 깨달았으면 하는 마음이다. 전체 인생을 놓고 볼 때 하루는 정말 너무 짧아 보잘것 없어 보여도 삶의 간절함에 따라 그 가치가 바뀌는 것이다. 이런 말이 있지 않은가. 당신의 오늘은 어제 죽은 사람의 간절한 내일 이었다는. 이건 타인에게 하는 충고나 조언이라기보다 나 자신에게 들려주는 또 다른 좌우명이라고 하고 싶다.

영업은 우리가 살아가는 동안 공기처럼 존재한다. 영업을 안다는 것은 인생의 엄청난 진리를 깨우치는 것과 같다. 이 책이 영업에 대한 좁은 시각에서 벗어나 스스로 발전의 계기가 되기를 소망해본다. 이 작은 책 한 권이 영업하는 사람들에게 작은 힘과 보탬이 될 수 있다면 이 글을 쓰기 위해 보냈던 많은 시간이 보상받을 것 같다.

오늘도 영업현장을 가기 위해서 비행기에 몸을 실었다. 세상의 모든 영업자들에게 말하고 싶다. 오늘 고민하고 땀을 흘린 당신의 노력은 인생을 값지게 만들 것이다. 세상에는 두 종류의 사람이 있다. 치열하게 영업을 해본 사람과 영업을 해보지 않은 사람. 영업의 경험은 세상의 다른 어떤 일을 하더라도 든든한 밑거름이다. 나는 그것을 확신한다.

"현장에서 고민하고 땀 흘리는 당신을 응원합니다."

나는 내성적인 영업자입니다

초판 1쇄 발행 | 2018년 1월 8일
초판 4쇄 발행 | 2020년 4월 1일

지은이 | 신동민
펴낸곳 | 주식회사 시그니처
출판등록 | 제2016-000180호
주소 | 서울시 마포구 큰우물로 57 1308호(도화동, 성지빌딩)
전화 | (02)701-1700
팩스 | (02)701-9080
전자우편 | signature2016@naver.com

ISBN 979-11-958839-7-4 03320

값 16,000원